T0193290

Printed in the United States
By Bookmasters

موسوعة
التلوث البيئي

موسوعة
التلوث البيئي

تأليف

سحر أمين حسين

2010

رقم الإيداع لدى دائرة المكتبة الوطنية (2007/9/2884)

363

حسين ، سحر .

موسوعة التلوث البيئي / سحر امين حسين . عمان: دار دجلة 2010.

(250) ص

ر.ا: (2007/9/2884).

الواصفات:/ التلوث البيئي // البيئة // مكافحة التلوث // حماية البيئة /

أعدت دائرة المكتبة الوطنية بيانات الفهرسة والتصنيف الأولية

2010

دار دجلة
ناشرون وموزعون

المملكة الأردنية الهاشمية

عمان- شارع الملك حسين- مجمع الفحيص التجاري

تلفاكس: 0096264647550

خلوي: 00962795265767

ص. ب: 712773 عمان 11171- الأردن

جمهورية العراق

بغداد- شارع السعدون- عمارة فاطمة

تلفاكس:0096418170792

خلوي: 009647705855603

E-mail: dardjlah@yahoo.com

978-9957-478-96-4 :ISBN

البيئة

مقدمة:

البيئة لفظة شائعة الاستخدام يرتبط مدلولها بنمط العلاقة بينها وبين مستخدمها فنقول:- البيئة الزراعية، والبيئة الصناعية، والبيئة الصحية، والبيئة الاجتماعية والبيئة الثقافية، والسياسية..... ويعني ذلك علاقة النشاطات البشرية المتعلقة بهذه المجالات...

وقد ترجمت كلمة Ecology إلى اللغة العربية بعبارة "علم البيئة" التي وضعها العالم الألماني إرنست هيجل Ernest Haeckel عام 1866م بعد دمج كلمتين يونانيتين هما Oikes ومعناها مسكن، و Logos ومعناها علم وعرفها بأنها "العلم الذي يدرس علاقة الكائنات الحية بالوسط الذي تعيش فيه ويهتم هذا العلم بالكائنات الحية وتغذيتها، وطرق معيشتها وتواجدها في مجتمعات أو تجمعات سكنية أو شعوب، كما يتضمن أيضا دراسة العوامل غير الحية مثل خصائص المناخ (الحرارة، الرطوبة، الإشعاعات، غازات المياه والهواء) والخصائص الفيزيائية والكيميائية للأرض والماء والهواء.

ويتفق العلماء في الوقت الحاضر على أن مفهوم البيئة يشمل جميع الظروف والعوامل الخارجية التي تعيش فيها الكائنات الحية وتؤثر في العمليات التي تقوم بها. فالبيئة بالنسبة للإنسان- "الإطار الذي يعيش فيه والذي يحتوي على التربة والماء والهواء وما يتضمنه كل عنصر من هذه العناصر الثلاثة من مكونات جمادية، وكائنات تنبض بالحياة. وما يسود هذا الإطار من مظاهر شتى من طقس ومناخ ورياح وأمطار وجاذبية و مغناطيسية..الخ ومن علاقات متبادلة بين هذه العناصر.

فالحديث عن مفهوم البيئة إذن هو الحديث عن مكوناتها الطبيعية وعن الظروف والعوامل التي تعيش فيها الكائنات الحية.

أقسام البيئة:

وقد قسم بعض الباحثين البيئة إلى قسمين رئيسين هما:

البيئة الطبيعية:

وهي عبارة عن المظاهر التي لا دخل للإنسان في وجودها أو استخدامها ومن مظاهرها: الصحراء، البحار، المناخ، التضاريس، والمياه السطحية، والجوفية والحياة النباتية والحيوانية. والبيئة الطبيعية ذات تأثير مباشر أو غير مباشر في حياة أية جماعة حية Population من نبات أو حيوان أو إنسان.

البيئة المشيدة:

وتتكون من البنية الأساسية المادية التي شيدها الإنسان ومن النظم الاجتماعية والمؤسسات التي أقامها، ومن ثم يمكن النظر إلى البيئة المشيدة من خلال الطريقة التي نظمت بها المجتمعات حياتها، والتي غيرت البيئة الطبيعية لخدمة الحاجات البشرية، وتشمل البيئة المشيدة استعمالات الأراضي للزراعة والمناطق السكنية والتنقيب فيها عن الثروات الطبيعية وكذلك المناطق الصناعية وكذلك المناطق الصناعية والمراكز التجارية والمدارس والمعاهد والطرق...الخ.

والبيئة بشقيها الطبيعي والمشيد هي كل متكامل يشمل إطارها الكرة الأرضية، أو لنقل كوكب الحياة، وما يؤثر فيها من مكونات الكون الأخرى ومحتويات هذا الإطار ليست جامدة بل أنها دائمة التفاعل مؤثرة ومتأثرة والإنسان نفسه واحد من مكونات البيئة يتفاعل مع مكوناتها بما في ذلك أقرانه من البشر، وقد ورد هذا الفهم الشامل على لسان السيد يوثانت الأمين العام للأمم المتحدة حيث قال "أننا شئنا أم أبينا نسافر سوية على ظهر كوكب مشترك..

وليس لنا بديل معقول سوى أن نعمل جميعا لنجعل منها بيئة نستطيع نحن وأطفالنا أن نعيش فيها حياة كاملة آمنة". و هذا يتطلب من الإنسان وهو العاقل الوحيد بين صور الحياة أن يتعامل مع البيئة بالرفق والحنان، يستثمرها دون إتلاف أو تدمير... ولعل فهم الطبيعة مكونات البيئة والعلاقات المتبادلة فيما بينها يمكن الإنسان أن يوجد ويطور موقعا أفضل لحياته وحياة أجياله من بعده.

عناصر البيئة:

يمكن تقسيم البيئة، وفق توصيات مؤتمر ستوكهولم، إلى ثلاثة عناصر هي:-

البيئة الطبيعية:-

وتتكون من أربعة نظم مترابطة وثيقا هي: الغلاف الجوي، الغلاف المائي، اليابسة، المحيط الجوي، بما تشمله هذه الأنظمة من ماء وهواء وتربة ومعادن، ومصادر للطاقة بالإضافة إلى النباتات والحيوانات، وهذه جميعها تمثل الموارد التي اتاحها اللـه سبحانه وتعالى للإنسان كي يحصل منها على مقومات حياته من غذاء وكساء ودواء ومأوى.

البيئة البيولوجية:-

وتشمل الإنسان "الفرد" وأسرته ومجتمعه، وكذلك الكائنات الحية في المحيط الحيوي وتعد البيئة البيولوجية جزءا من البيئة الطبيعية.

البيئة الاجتماعية:-

ويقصد بالبيئة الاجتماعية ذلك الإطار من العلاقات الذي يحدد ماهية علاقة حياة الإنسان مع غيره، ذلك الإطار من العلاقات الذي هو الأساس في تنظيم أي جماعة من الجماعات سواء بين أفرادها بعضهم ببعض في بيئة ما، أو بين جماعات متباينة أو متشابهة معا وحضارة في بيئات متباعدة، وتؤلف أنماط

تلك العلاقات ما يعرف بالنظم الاجتماعية، واستحدث الإنسان خلال رحلة حياته الطويلة بيئة حضارية لكي تساعده في حياته فعمر الأرض واخترق الأجواء لغزو الفضاء.

وعناصر البيئة الحضارية للإنسان تتحدد في جانبين رئيسيين هما :

أولا: الجانب المادي:-

كل ما استطاع الإنسان أن يصنعه كالمسكن والملبس ووسائل النقل والأدوات والأجهزة التي يستخدمها في حياته اليومية،

ثانيا: الجانب الغير مادي:

فيشمل عقائد الإنسان و عاداته وتقاليده وأفكاره وثقافته وكل ما تنطوي عليه نفس الإنسان من قيم وآداب وعلوم تلقائية كانت أم مكتسبة.

وإذا كانت البيئة هي الإطار الذي يعيش فيه الإنسان ويحصل منه على مقومات حياته من غذاء وكساء ويمارس فيه علاقاته مع أقرانه من بني البشر، فإن أول ما يجب على الإنسان تحقيقه حفاظا على هذه الحياة أن يفهم البيئة فهما صحيحا بكل عناصرها ومقوماتها وتفاعلاتها المتبادلة، ثم أن يقوم بعمل جماعي جاد لحمايتها وتحسينها و أن يسعى للحصول على رزقه وأن يمارس علاقاته دون إتلاف أو إفساد.

البيئة والنظام البيئي

يطلق العلماء لفظ البيئة على مجموع الظروف والعوامل الخارجية التي تعيش فيها الكائنات الحية وتؤثر في العمليات الحيوية التي تقوم بها، ويقصد بالنظام البيئي أية مساحة من الطبيعة وما تحويه من كائنات حية ومواد حية في تفاعلها مع بعضها البعض ومع الظروف البيئية وما تولده من تبادل بين الأجزاء الحية وغير الحية، ومن أمثلة النظم البيئية الغابة والنهر والبحيرة والبحر.

وواضح من هذا التعريف أنه يأخذ في الاعتبار كل الكائنات الحية التي يتكون منها المجتمع البيئي (البدائيات، والطلائعيات والتوالي النباتية والحيوانية) وكذلك كل عناصر البيئة غير الحية (تركيب التربة، الرياح، طول النهار، الرطوبة، التلوث...الخ) ويأخذ الإنسان - كأحد كائنات النظام البيئي - مكانة خاصة نظرا لتطوره الفكري والنفسي، فهو المسيطر- إلى حد ملموس - على النظام البيئي وعلى حسن تصرفه تتوقف المحافظة على النظام البيئي وعدم استنزافه.

يتكون كل نظام بيئي مما يأتي:

كائنات غير حية:- وهي المواد الأساسية غير العضوية والعضوية في البيئة.

كائنات حية:- وتنقسم إلى قسمين رئيسين:-

أ. كائنات حية ذاتية التغذية:

وهي الكائنات الحية التي تستطيع بناء غذائها بنفسها من مواد غير عضوية بسيطة بواسطة عمليات البناء الضوئي (النباتات الخضراء)، وتعتبر هذه الكائنات المصدر الأساسي والرئيسي لجميع أنواع الكائنات الحية الأخرى بمختلف أنواعها كما تقوم هذه الكائنات باستهلاك كميات كبيرة من ثاني أكسيد الكربون خلال عملية التركيب الضوئي وتقوم بإخراج الأكسجين في الهواء.

ب. كائنات حية غير ذاتية التغذية:

وهي الكائنات الحية التي لا تستطيع تكوين غذائها بنفسها وتضم الكائنات المستهلكة والكائنات المحللة، فآكلات الحشائش مثل الحشرات التي تتغذى على الأعشاب كائنات مستهلكة تعتمد على ما صنعه النبات وتحوله في أجسامها إلى مواد مختلفة تبني بها أنسجتها وأجسامها، وتسمى مثل هذه الكائنات المستهلك الأول لأنها تعتمد

مباشرة على النبات، والحيوانات التي تتغذى على هذه الحشرات كائنات مستهلكة أيضا ولكنها تسمى "المستهلك الثاني" لأنها تعتمد على المواد الغذائية المكونة لأجسام الحشرات والتي نشأت بدورها من أصل نباتي، أما الكائنات المحللة فهي تعتمد في التغذية غير الذاتية على تفكك بقايا الكائنات النباتية والحيوانية وتحولها إلى مركبات بسيطة تستفيد منها النباتات ومن أمثلتها البكتيريا الفطريات وبعض الكائنات المترممة.

الإنسان ودوره في البيئة

يعتبر الإنسان أهم عامل حيوي في إحداث التغيير البيئي والإخلال الطبيعي البيولوجي، فمنذ وجوده وهو يتعامل مع مكونات البيئة، وكلما توالت الأعوام ازداد تحكما وسلطانا في البيئة، وخاصة بعد أن يسر له التقدم العلمي والتكنولوجي مزيدا من فرص إحداث التغير في البيئة وفقا لازدياد حاجته إلى الغذاء والكساء.

وهكذا قطع الإنسان أشجار الغابات وحول أرضها إلى مزارع ومصانع ومساكن، وأفرط في استهلاك المراعي بالرعي المكثف، ولجأ إلى استخدام الأسمدة الكيميائية والمبيدات بمختلف أنواعها، وهذه كلها عوامل فعالة في الإخلال بتوازن النظم البيئية، ينعكس أثرها في نهاية المطاف على حياة الإنسان كما يتضح مما يلي:

- **الغابات:** الغابة نظام بيئي شديد الصلة بالإنسان، وتشمل الغابات ما يقرب 28 بالمائة من القارات ولذلك فإن تدهورها أو إزالتها يحدث انعكاسات خطيرة في النظام البيئي وخصوصا في التوازن المطلوب بين نسبتي الأكسجين وثاني أكسيد الكربون في الهواء.

- **المراعي**: يؤدي الاستخدام السيء للمراعي إلى تدهور النبات الطبيعي، الذي يرافقه تدهور في التربة والمناخ، فإذا تتابع التدهور تعرت التربة وأصبحت عرضة للانجراف.

- **النظم الزراعية والزراعة غير المتوازنة**: قام الإنسان بتحويل الغابات الطبيعية إلى أراض زراعية فاستعاض عن النظم البيئية الطبيعية بأجهزة اصطناعية، واستعاض عن السلاسل الغذائية وعن العلاقات المتبادلة بين الكائنات والمواد المميزة للنظم البيئية بنمط آخر من العلاقات بين المحصول المزروع والبيئة المحيطة به، فاستخدم الأسمدة والمبيدات الحشرية للوصول إلى هذا الهدف، وأكبر خطأ ارتكبه الإنسان في تفهمه لاستثمار الأرض زراعيا هو اعتقاده بأنه يستطيع استبدال العلاقات الطبيعية المعقدة الموجودة بين العوامل البيئية بعوامل اصطناعية مبسطة، فعارض بذلك القوانين المنظمة للطبيعة، وهذا ما جعل النظم الزراعية مرهقة وسريعة العطب.

- **النباتات والحيوانات البرية**: أدى تدهور الغطاء النباتي والصيد غير المنتظم إلى تعرض عدد كبير من النباتات والحيوانات البرية إلى الانقراض، فأخل بالتوازن البيئيي.

أثر التصنيع والتكنولوجيا الحديثة على البيئة

إن للتصنيع والتكنولوجيا الحديثة آثارا سيئة في البيئة، فانطلاق الأبخرة والغازات وإلقاء النفايات أدى إلى اضطراب السلاسل الغذائية، وانعكس ذلك على الإنسان الذي أفسدت الصناعة بيئته وجعلتها في بعض الأحيان غير ملائمة لحياته كما يتضح مما يلي:-

- **تلويث المحيط المائي**: إن للنظم البيئية المائية علاقات مباشرة وغير مباشرة بحياة الإنسان، فمياهها التي تتبخر تسقط في شكل أمطار ضرورية للحياة على اليابسة، ومدخراتها من المادة الحية النباتية

والحيوانية تعتبر مدخرات غذائية للإنسانية جمعاء في المستقبل، كما أن ثرواتها المعدنية ذات أهمية بالغة.

- **تلوث الجو:** تتعدد مصادر تلوث الجو، ويمكن القول أنها تشمل المصانع ووسائل النقل والانفجارات الذرية والفضلات المشعة، كما تتعدد هذه المصادر وتزداد أعدادها يوما بعد يوم، ومن أمثلتها الكلور، أول ثاني أكسيد الكربون، ثاني أكسيد الكبريت، أكسيد النيتروجين، أملاح الحديد والزنك والرصاص وبعض المركبات العضوية والعناصر المشعة. وإذا زادت نسبة هذه الملوثات عن حد معين في الجو أصبح لها تأثيرات واضحة على الإنسان وعلى كائنات البيئة.

- **تلوث التربة:** تتلوث التربة نتيجة استعمال المبيدات المتنوعة والأسمدة وإلقاء الفضلات الصناعية، وينعكس ذلك على الكائنات الحية في التربة، وبالتالي على خصوبتها وعلى النبات والحيوان، مما ينعكس أثره على الإنسان في نهاية المطاف.

الإنسان في مواجهة التحديات البيئية

الإنسان أحد الكائنات الحية التي تعيش على الأرض، وهو يحتاج إلى أكسجين لتنفسه للقيام بعملياته الحيوية، وكما يحتاج إلى مورد مستمر من الطاقة التي يستخلصها من غذائه العضوي الذي لا يستطيع الحصول عليه إلا من كائنات حية أخرى نباتية وحيوانية، ويحتاج أيضا إلى الماء الصالح للشرب كجزء هام يمكنه من الاستمرار في الحياة.

وتعتمد استمرارية حياته بصورة واضحة على إيجاد حلول عاجلة للعديد من المشكلات البيئية الرئيسية التي من أبرزها مشكلات ثلاث يمكن تلخيصها فيما يلي:-

أ. كيفية الوصول إلى مصادر كافية للغذاء لتوفير الطاقة لأعداده المتزايدة.

ب. كيفية التخلص من حجم فضلاته المتزايدة وتحسين الوسائل التي يجب التوصل إليها للتخلص من نفاياته المتعددة، وخاصة النفايات غير القابلة للتحلل.

ت. كيفية التوصل إلى المعدل المناسب للنمو السكاني، حتى يكون هناك توازن بين عدد السكان والوسط البيئي.

ومن الثابت أن مصير الإنسان، مرتبط بالتوازنات البيولوجية وبالسلاسل الغذائية التي تحتويها النظم البيئية، وأن أي إخلال بهذه التوازنات والسلاسل ينعكس مباشرة على حياة الإنسان ولهذا فإن نفع الإنسان يكمن في المحافظة على سلامة النظم البيئية التي يؤمن له حياة أفضل، ونذكر فيما يلي وسائل تحقيق ذلك.

الإدارة الجيدة للغابات: لكي تبقى الغابات على إنتاجيتها ومميزاتها.

الإدارة الجيدة للمراعي:

من الضروري المحافظة على المراعي الطبيعية ومنع تدهورها وبذلك يوضع نظام صالح لاستعمالاتها.

الإدارة الجيدة للأراضي الزراعية:

تستهدف الإدارة الحكيمة للأراضي الزراعية الحصول على أفضل عائد كما ونوعا مع المحافظة على خصوبة التربة وعلى التوازنات البيولوجية الضرورية لسلامة النظم الزراعية، يمكن تحقيق ذل:

أ.   تعدد المحاصيل في دورة زراعية متوازنة.

ب.   تخصيب الأراضي الزراعية.

ت.   تحسين التربة بإضافة المادة العضوية.

ث.   مكافحة انجراف التربة.

4. مكافحة تلوث البيئة:

نظرا لأهمية تلوث البيئة بالنسبة لكل إنسان فإن من الواجب تشجيع البحوث العلمية بمكافحة التلوث بشتى أشكاله.

5. التعاون البناء بين القائمين على المشروعات وعلماء البيئة:

إن أي مشروع نقوم به يجب أن يأخذ بعين الاعتبار احترام الطبيعة، ولهذا يجب أن يدرس كل مشروع يستهدف استثمار البيئة بواسطة المختصين وفريق من الباحثين في الفروع الأساسية التي تهتم بدراسة البيئة الطبيعية، حتى يقرروا معا التغييرات المتوقع حدوثها عندما يتم المشروع، فيعملوا معا على التخفيف من التأثيرات السلبية المحتملة، ويجب أن تظل الصلة بين المختصين والباحثين قائمة لمعالجة ما قد يظهر من مشكلات جديدة.

6. تنمية الوعي البيئي:

تحتاج البشرية إلى أخلاق اجتماعية عصرية ترتبط باحترام البيئة، ولا يمكن أن نصل إلى هذه الأخلاق إلا بعد توعية حيوية توضح للإنسان مدى ارتباطه بالبيئة و تعلمه أن حقوقه في البيئة يقابلها دائما واجبات نحو البيئة، فليست هناك حقوق دون واجبات.

البيئة هي حياتنا

الارتفاع المتزايد لعدد السكان وارتفاع المداخيل الفردية، باتا يشكلان ضغوطا على النظم البيئية الطبيعية لاقتصاديات كثيرة، وفي عشرات البلدان تؤدي إلى عجز بيئي من حيث الافراد في قطع الأشجار وزراعة الأرض ورعي المواشي وضخ المياه ونتج عن ذلك منطقة جافة ذات عواصف غبارية مهولة الأبعاد.

أيضا التلوث الكيميائي هو أحد الأخطار الكبرى التي تهدد العالم وصحته، فخلال الخمسين سنة الماضية تم تصنيع أكثر من 75,000 مادة كيميائية جديدة أدخلت إلى بيئتنا، إلى هوائنا، ومائنا وطعامنا وأدواتنا وكل

ما نتداوله يوميا من أشياء، ولكثير منها آثار خطيرة على صحتنا الجسدية والذهنية، والدليل على ذلك الازدياد المريع في حالات الإصابة بأمراض التنفس والحساسية والسرطان والتشوهات الخلقية، كذلك فإن انبعاثات احتراق الوقود من السيارات والمصانع ومحطات الطاقة ودخان السجائر هي السبب الرئيسي للأمراض التنفسية.

أكثر من خمسة ملايين طفل يموتون في كل سنة نتيجة أمراض وحوادث لها علاقة بالبيئة التي يعيشون فيها، وأكثر من ثلث مجمل الأمراض في العالم تسببه عوامل بيئية، يموت كل سنة حوالي مليوني طفل تحت سن الخامسة نتيجة التهابات تنفسية حادة، وتعتبر الالتهابات التنفسية أول قاتل رئيسي للأطفال الصغار، ويموت كل سنة حوالي 50 ألف طفل نتيجة حالات تسمم عرضية، خصوصا بغاز أول أكسيد الكربون الذي ينبعث من المواقد، وملوثات أخرى موجودة في المبيدات والمنظفات المنزلية، والتعرض لبعض المواد الكيميائية يلحق أضرارا بالجهاز العصبي للإنسان ونموه ووظائف أعضائه.

تلوث المياه وغياب كفاءة المرافق الصحية سببان رئيسيان للاسهال الذي يعد ثاني أكبر قاتل للأطفال، ومسؤول عن وفاة 1,3 مليون طفل كل سنة في العالم، وكذلك الملاريا التي ينقلها البعوض الذي يتكاثر في المياه الآسنة، تقتل حوالي مليون طفل سنويا.

تحذر منظمة الصحة العالمية على الدوام من الأخطار الكيميائية التي تهدد الأطفال، ولا سيما من الصناعات غير المنضبطة، والمكبات العشوائية للنفايات السامة، ومنفوقات السيارات في الأماكن المزدحمة، كذلك تنبه المنظمة إلى ضرورة التأكد من سلامة تخزين وتوضيب واستعمال المنظفات والوقود والمذيبات والمبيدات والمواد الكيميائية الأخرى في البيت ووضع ملصقات واضحة عليها.

التدخين بموجبه تلتزم الدول الموقعة بمكافحة «العواقب المدمرة لاستهلاك التبغ والتعرض له»، وتلزم الاتفاقية الدول الموقعة أيضا بحظر

الإعلانات أو فرض قيود صارمة على حملات الإعلانات والترويج للتبغ على مدى خمسة أعوام، وتضع الاتفاقية قواعد جديدة للتحذير من أضرار التدخين على عبوات السجائر وتطرح توصيات خاصة بزيادة الضرائب على منتجات التبغ وتدعو لشن الحملات على تهريب السجائر بالإضافة إلى إجراءات أخرى لمحاربة التدخين وصناعة التبغ.

وإضافة إلى أن التدخين هو أهم مسببات للإصابة بسرطان الرئة فإن تأثيره ينتقل إلى الأجنة فهو السبب الأبرز لما يسمى بـ «موت المهد» الذي يصيب الجنين بعد الولادة، فهو يصيب 7 من كل عشرة آلاف ولادة حية، وتزداد نسبته ليصيب 300 من الأطفال المولودين لأمهات مدخنات فيما تزداد النسبة لأكثر اذا كان الطفل لأم وأب مدخنين، أي أن تدخين الأم عامل من عوامل موت المهد، هذا فضلا عن الأمراض التي تلحق بالمولود من التهابات الأذن الوسطى، الجيوب الأنفية، اضطرابات النوم وضيق التنفس الليلي.

غير المدخنين أقل عرضة للإصابة بالأمراض السرطانية من المدخنين إلا أن التدخين السلبي (اي استنشاق دخان سجائر الآخرين) يعرض الإنسان لنحو 4000 مادة كيميائية أكثر من 40 منها تسبب السرطان، والتدخين السلبي مسؤول عن ملايين حالات الالتهاب في مجرى التنفس السفلي وهو يزيد نوبات الربو والموت الفجائي لدى الأطفال.

إذا فمن نافلة القول ان نعرف اننا بأمس الحاجة إلى المحافظة على هذه البيئة التي وهبنا إياها الخالق نظيفة سليمة، أن لا نفسدها بأيدينا، فنحن بحاجة إلى حماية كل ذرة هواء وكل قطرة ماء.. إلى زراعة الأشجار.. إلى حماية الأحياء.. والجبال والرمال والبحار... إن حماية هذه الأرض يجب أن تكون من صميم أخلاقنا.. فهي لنا ولأبنائنا من بعدنا.

وأخيرا مما تقدم يتبين أن هناك علاقة اعتمادية داخلية بين الإنسان وبيئته فهو يتأثر ويؤثر عليها وعليه يبدو جليا أن مصلحة الإنسان الفرد أو المجموعة تكمن في تواجده ضمن بيئة سليمة لكي يستمر في حياة صحية سليمة.

التلوث البيئي

مقدمة:

مصطلح يعنى بكافة الطرق التي يتسبب بها النشاط البشري في إلحاق الضرر بالبيئة الطبيعية. ويشهد معظم الناس تلوث البيئة في صورة مطروحة مكشوفة للنفايات أو في صورة دخان أسود ينبعث من أحد المصانع. ولكن التلوث قد يكون غير منظور، ومن غير رائحة أو طعم. وبعض أنواع التلوث قد لا تتسبب حقيقة في تلوث اليابسة والهواء والماء، ولكنها كفيلة بإضعاف متعة الحياة عند الناس والكائنات الحية الأخرى. فالضجيج المنبعث من حركة المرور والآلات مثلا، يمكن اعتباره شكلا من أشكال التلوث.

والتلوث البيئي أحد أكثر المشاكل خطورة على البشرية، وعلى أشكال الحياة الأخرى التي تدب حاليا على كوكبنا. ففي مقدور هواء سيء التلوث أن يسبب الأذى للمحاصيل، وأن يحمل في طياته الأمراض التي تهدد الحياة.

لقد حدت بعض ملوثات الهواء من قدرة الغلاف الجوي على ترشيح إشعاعات الشمس فوق البنفسجية، والتي تنطوي على الأذى .ويعتقد العديد من العلماء أن هذه الإشعاعات، وغيرها من ملوثات الهواء، قد أخذت تحدث تغييرا في مناخات العالم. وتهدد ملوثات الماء والتربة وقدرة المزارعين على إنتاج الغذاء الضروري لإطعام سكان العالم، كما تهدد الملوثات البحرية الكثير من الكائنات العضوية البحرية.

أنواع التلوث البيئي

تشتمل أنواع التلوث البيئي على تلوث الهواء، وتلوث الماء، وتلوث التربة، والتلوث الناتج عن المخلفات الصلبة والمخلفات الخطرة والتلوث بالضجيج.

تلوث الهواء

يعني اختلاط الهواء بمواد معينة، مثل وقود العوادم والدخان. وبإمكان تلوث الهواء الإضرار بصحة النباتات والحيوانات، وتخريب المباني والإنشاءات الأخرى. وتقدر منظمة الصحة العالمية أن ما يقرب من خمس سكان العالم يتعرضون لمستويات خطرة من ملوثات الهواء.

يتكون الغلاف الجوي، في وضعه الطبيعي، من النيتروجين والأكسجين وكميات صغيرة من ثاني أكسيد الكربون والغازات الأخرى والهبائيات (جسيمات دقيقة من المواد السائلة أو الصلبة). ويعمل عدد من العمليات الطبيعية على حفظ التوازن بين مكونات الغلاف الجوي. فمثلا، تستهلك النباتات ثاني أكسيد الكربون وتطلق الأكسجين، وتقوم الحيوانات بدورها باستهلاك الأكسجين وإنتاج ثاني أكسيد الكربون من خلال دورة التنفس. وتنبعث الغازات والهبائيات إلى الغلاف الجوي من جراء حرائق الغابات والبراكين، حيث تجرفها أو تبعثرها الأمطار والرياح.

يحدث التلوث الهوائي عندما تطلق المصانع والمركبات كميات كبيرة من الغازات والهبائيات في الهواء، بشكل تعجز معه العمليات الطبيعية عن الحفاظ على توازن الغلاف الجوي.

ويوجد نوعان رئيسيان من التلوث هما:

1- التلوث الخارجي.

2- التلوث الداخلي.

تلوث الهواء الخارجي:

تطلق في كل عام مئات الملايين من الأطنان من الغازات والهبائيات داخل الغلاف الجوي. ويحدث معظم هذا التلوث نتيجة احتراق الوقود المستخدم في تشغيل المركبات وتدفئة المباني، كما يصدر بعض التلوث عن

العمليات الصناعية والتجارية. فمثلا، يستخدم مركب فوق كلوريد الإثيلين ـ وهو ملوث خطر ـ في الكثير من معامل التنظيف الجاف، لإزالة الأوساخ من على الملابس. وقد يؤدي حرق النفايات إلى انطلاق الدخان والفلزات الثقيلة مثل الرصاص والزئبق داخل الغلاف الجوي. ومعظم الفلزات الثقيلة سام جدا.

ومن أكثر الملوثات الهوائية الخارجية شيوعا

الضباب الدخاني:

وهو مزيج ضبابي من الغازات والهبائيات بني اللون، يتكون عندما تتفاعل غازات معينة، منطلقة نتيجة احتراق الوقود والمنتجات البترولية الأخرى، مع أشعة الشمس في الغلاف الجوي، حيث ينتج عن هذا التفاعل مواد كيميائية ضارة تشكل الضباب الدخاني.

ومن الكيميائيات الموجودة في الضباب الدخاني شكل سام من أشكال الأكسجين يسمى الأوزون. ويؤدي التعرض لتركيزات عالية من الأوزون إلى الإصابة بالصداع وحرقة العيون وتهيج المجرى التنفسي لدى العديد من الأفراد. وفي بعض الحالات قد يؤدي وجود الأوزون في الطبقات المنخفضة من الغلاف الجوي إلى الوفاة. كما يمكن للأوزون أن يدمر الحياة النباتية، بل ويقتل الأشجار.

المطر الحمضي :

يطلق مصطلح المطر الحمضي على المطر وغيره من أشكال التساقط، التي تتلوث بشكل رئيسي بحمضي الكبريتيك والنيتريك. ويتكون هذان الحمضان عندما يتفاعل غاز ثاني أكسيد الكبريت وأكاسيد النيتروجين مع بخار الماء في الهواء.

وتنتج هذه الغازات أساسا عن احتراق الفحم والغاز والزيت في المركبات والمصانع ومحطات الوقود، وتتحرك الأحماض الموجودة في المطر الحمضي خلال الهواء والماء.

ويسبب الضرر للبيئة على مدى مساحات شاسعة. وقد أدى المطر الحمضي إلى قتل تجمعات سمكية كاملة في عدد من البحيرات. ويؤدي أيضا إلى تلف المباني والجسور والنصب التذكارية. ويرى العلماء أن التركيزات العالية من المطر الحمضي يمكنها أن تتسبب في الإضرار بالغابات والتربة. وتشمل المناطق المتأثرة بالمطر الحمضي أجزاء شاسعة من شرق أمريكا الشمالية وإسكندينافيا ووسط أوروبا.

تتكون الأمطار الحمضية من تفاعل الغازات المحتوية على الكبريت. وأهمها ثاني أكسيد الكبريت مع الأكسجين بوجود الأشعة فوق البنفسجية الصادرة عن الشمس، وينتج ثالث أكسيد الكبريت الذي يتحد بعد ذلك مع بخار الماء الموجود في الجو، ليعطي حمض الكبريت. الذي يبقى معلقا في الهواء على هيئة رذاذ دقيق تنقله الرياح من مكان لآخر، وقد يتحد مع بعض الغازات في الهواء مثل النشادر، وينتج في هذه الحالة مركب جديد هو كبريتات النشادر، أما عندما يكون الجو جافا، ولا تتوفر فرصة لسقوط الأمطار، فإن رذاذ حمض الكبريت، ودقائق كبريتات النشادر يبقيان معلقين في الهواء الساكن، ويظهران على هيئة ضباب خفيف، لاسيما عندما تصبح الظروف مناسبة لسقوط الأمطار فإنهما يذوبان في ماء المطر، ويسقطان على سطح الأرض على هيئة مطر حمضي.

هذا وتشترك اكاسيد النيتروجين مع أكاسيد الكبريت في تكوين الأمطار الحمضية حيث تتحول أكاسيد النيتروجين بوجود الأكسجين والأشعة فوق البنفسجية إلى حمض النيتروجين. ويبقى هذا الحمض معلقا في الهواء الساكن، وينزل مع مياه الأمطار، مثل حمض الكبريت مكونا الأمطار الحمضية.

ولا بد من إبداء الملاحظتين الآتيتين في هذا المجال:

الملاحظة الأولى: الغازات الملوثة تنتقل بواسطة التيارات الهوائية تؤكد الدراسات في اسكندنافيا إن كمية غازات الكبريت اعلى (2.0) مرة مما تطلقه مصانعها، وفي الوقت نفسه، لا تزيد كمية غازات الكبريت في أجواء بعض أقطار أوروبا الغربية، وخاصة المملكة المتحدد عن 10-20بالمائة. وهذا يعني إن هذه الغازات الملوثة، تنتقل بواسطة التيارات الهوائية من أوروبا الغربية إلى اسكندنافيا وإنكلترا.

الملاحظة الثانية:

الأمطار تزداد مع الزمن، كما جاء في كتاب "التلوث مشكلة العصر" تشير الدراسات إلى أن حموضة الأمطار التي سقطت فوق السويد عام 1982 كانت أعلى بعشر مرات من حموضة الأمطار التي سقطت عام 1969، حيث لاحظ الخبراء إن نسبة حموضة مياه الأمطار زادت بشكل منذر بالخطر، أما درجة حموضة الأمطار في بريطانيا فقد وصلت إلى 4.5 في عام 1979.

ووصلت في نفس العام في كندا إلى 3.8 وفرجينيا إلى 1.5، حيث كانت درجة حموضة أمطار فرجبنيا تقارب درجة حموضة حمض الكبريت (أسيد البطاريات) وفي أسكتلندا، وصلت إلى 2 .7 عام 1977، ووصلت في لوس انجلوس إلى 3 عام 1980.

أي أن أكثر حموضة من الخل وعصير الليمون، ولا يقتصر التوزع الجغرافي للأمطار على البلاد الصناعية، إذ يمكن ان تنتقل الغيوم لمسافات بعيدة عن مصادر التلوث الصناعي، فتهطل أمطارا حمضية على مناطق لا علاقة لها بمصدر التلوث. ولا بد من الإشارة إلى ان درجة حموضة ماء المطر النقي هي بين 5.5 - 6 أي تميل إلى الحموضة قليلا، ولم يسجل أي تأثير سلبي لهذه النسبة، حصل خلال ملايين السنين، ويمكن اعتبار ماء المطر نقيا في حدود هذه الدرجة وغير ضار بالبيئة حسب المعلومات المتوفرة.

الآثار التخريبية للأمطار الحمضية في البيئة أثر المطر الحمضي في البحيرات أو المحيطات :

أثرت الأمطار الحمضية في بيئة البحيرات، فبينت الدراسات إن 15 ألف بحيرة من أصل 18 الفاقد تأثرت بالأمطار الحمضية، حيث ماتت وتناقصت أعداد كثيرة من الكائنات الحية التي تعيش في هذه البحيرات وخاصة الأسماك والضفادع.

وثمة سؤال هنا: من أين تأتي خطورة الأمطار الحمضية على البحيرات؟ تبين إن زيادة حموضة الماء تعود إلى انتقال حمض الكبريت وحمض الأزوت اليها مع مياه السيول والأنهار بعد هطول الأمطار الحمضية. إضافة إلى ذلك فإن الأمطار الحمضية تجرف معها عناصر معدنية مختلفة بعضها بشكل مركبات من الزئبق والرصاص والنحاس والإلمنيوم، فتقتل الأحياء في البحيرات، ومن الجدير ذكره إن درجة حموضة ماء البحيرة الطبيعي تكون بين 5- 6 فإذا قلت عن الرقم 5 ظهرت المشاكل البيئية.

وكما أن ماء البحيرات يذيب بعض المركبات القاعدية القلوية الموجودة في صخور القاع أو تنتقل إليها مع مياه الأنهار والسيول، فتنطلق شوارد البيكربونات وشوارد أخرى تعدل حموضة الماء، وتحول دون انخفاض الرقم الهيدروجيني، ويعبر عن محتوى الماء من شوارد التعديل بـ"سعة تعديل الحمض"، فإذا كانت سعة تعديل الحمض كبيرة يكون تأثيرالبحيرة بالحموضة فعلا..

إلا أن الزيادة المطردة في حموضة مياه الأمطار، جعلت قدرة سعة تعديل الحمض لبعض البحيرات دون المستوى ا لمطلوب، فارتفعت حموضتها، وبشكل خاص البحيرات الموجودة في المناطق الصناعية في الولايات المتحدة الأميركية وأوروبا.

وتدل الإحصائيات على أن عدد البحيرات التي كانت حموضتها أقل من 5 درجات في أميركا في النصف الأول من هذا القرن كان 8 بحيرات فقط. وأصبح الآن 109 بحيرات، كما أحصي في منطقة أونتاريو في كندا، أكثر من ألفي بحيرة حموضة مياهها أقل من 5 درجات، وفي السويد أكثر من 20بالمائة من البحيرات تعاني من ارتفاع الحموضة، وبالتالي الخلل البيئي واضطراب الحياة فيها.

أثر المطر الحمضي في الغابات والنباتات :

إن تدمير الغابات له تأثير في النظام البيئي، فمن الملاحظ إن إنتاج الغابات يشكل نحو 15بالمائة في الإنتاج الكلي للمادة العضوية على سطح الأرض، ويكفي أن نتذكر إن كمية الأخشاب التي يستعملها الإنسان في العالم تزيد عن 2.4 مليار طن في السنة، كما إن غابات الحور المزروعة في واحد كم2 تطلق 1300طن من الأكسجين، وتمتص نحو 1640 طنا من ثاني أكسيد الكربون خلال فصل النمو الواحد..

كذلك تؤثر الأمطار الحمضية في النباتات الاقتصادية ذات المحاصيل الموسمية وفي الغابات الصنوبرية، فهي تجرد الأشجار من اوراقها، وتحدث خللا في التوازن الشاردي في التربة، وبالتالي تجعل الامتصاص يضطرب في الجذور، والنتيجة تؤدي لحدوث خسارة كبيرة في المحاصيل وعلى سبيل المثال: فقد بلغت نسبة الاضرار في الاوراق بصورة ملحوظة في احراجها 34بالمائة سحابة من الغيوم تنذر بوقوع الكارثة في المانيا في لسبعينات وازدادت الى 50بالمائة عام 1985.

وفي السويد وصلت الاضرار إلى 30 بالمائة في إحراجها، وتشير التقارير إلى إن 14 بالمائة من جميع أراضي الاحراج الأوروبية قد أصابها الضرر نتيجة الأمطار الحمضية. إضافة إلى أن معظم الغابات في شرقي الولايات المتحدة الأميركية، تتأثر بالأمطار الحمضية، لدرجة إن أطلق علـى هذه الحالة اسم فالدشترين وتعني موت الغابة، علما بأن أكثر الأشجار تأثرا بالأمطار الحمضية هي الصنوبريات في المرتفعات الشاهقة.. نظرا لسقوط أوراقها قبل

أوانها مما يفقد الأخشاب جودتها، وبذلك تؤدي إلى خسارة اقتصادية في تدمير الغابات وتدهورها.

أثر المطر الحمضي في التربة :

تبين التقارير إن التربة في مناطق أوروبا، أخذت تتأثر بالحموضة، مما يؤدي إلى اضرار بالغة من انخفاض نشاط البكتيريا المثبتة للنيتروجين مثلا. وانخفاض معدل تفكك الأداة العضوية، مما أدى إلى سماكة طبقة البقايا النباتية إلى الحد الذي أصبحت فيه تعوق نفاذ الماء إلى داخل التربة وإلى عدم تمكن البذور من الإنبات، وقد أدت هذه التأثيرات إلى انخفاض إنتاجية الغابات.

أثر المطر الحمضي في الحيوانات :

تتوقف سلامة كل مكون من مكونات النظام البيئي على سلامة المكونات الأخرى، دخان المصانع السبب الرئيسي فمثلا تأثر النباتات بالأمطار الحمضية يحرم القوارض من المادة الغذائية والمأوى، ويؤدي إلى موتها أو هجرتها، كما تموت الحيوانات اللاحمة التي تتغذى على القوارض أو تهاجر أيضا وهكذا..

وقد يلاحظ التأثير المباشر للأمطار الحمضية في الحيوانات. كما لوحظ موت القشريات والأسماك الصغيرة في البحيرات المتحمضة، نظرا لتشكل مركبات سامة بتأثير الحموض (الأمطار الحمضية)، تدخل في نسيج النباتات والبلانكتون- العوالق النباتية- (نباتات وحيدة الخلية عائمة).. وعندما تتناولها القشريات والأسماك الصغيرة، تتركز المركبات السامة في أنسجتها بنسبة أكبر.

وهكذا تتركز المواد السامة في المستهلكات الثانوية والثالثية حتى تصبح قاتلة في السلسلة الغذائية.. ولابد من الإشارة إلى أن النظام البيئي لا يستقيم إذ أحدث خلل في عناصره المنتجة أو المستهلكة أو المفككة وبالنتيجة يؤدي موت الغابات الى موت الكثير من الحيوانات الصغيرة، وهجرة الكبيرة منها.. وهكذا.

أثر المطر الحمضي في الإنسان :

يتشكل الضباب الدخاني في المدن الكبيرة، وهو يحتوي على حموض، حيث يبقى معلقا في الجو عدة ايام، وذ لك عندما تتعرض الملوثات الناتجة عن وسائل النقل بصورة فادحة إلى الاشعة فوق البنفسجية الآتية من الشمس، فيحدث بين مكوناتها تفاعلات كيميائية، تؤدي إلى تكوين الضباب الدخاني الذي يخيم على المدن وخاصة في ساعات الصباح الأولى، والأخطر في ذلك، هو غازي ثاني أكسيد النيتروجين، لأنه يشكل المفتاح الذي يدخل في سلسلة التفاعلات الكيميائية الضوئية التي ينتج عنها الضباب الدخاني وبالتالي نكون امام مركبات عديدة لها تأثيرات ضارة على الإنسان إذ تسبب احتقان الاغشية المخاطية وتهيجها والسعال والاختناق وتلف الانسجة وانخفاض معدل التمثيل الضوئي في النبات الأخضر.

وكل هذا ينتج عن حدوث ظاهرة الانقلاب الحراري، كما حدث في مدينة لندن عام 1952 عندما خيم الضباب الدخاني لمدة ثلاثة ايام، مات بسببه 4000 شخص، وكذلك ما حدث في انقرة واثينا.

بالإضافة إلى أثر المطر الحمضي على المنشآت الصناعية والأبنية ذات القيمة التاريخية والتماثيل، اذ يكلف ترميمها مبالغ كبيرة من دخل الفرد أو الدخل القومي وابسط مثال على ذلك "تفتت بعض الاحجار في برج لندن الشهير وكنيسة وست مينستر ابي"، ناهيك عن تفاعل حمض الازوت مع كثير من المعادن في المنشآت الصناعية وتخريبها.

علاج المشكلة :

نظرا لخطورة ظاهرة الأمطار الحمضية وما ينتج عنها من آثار تخريبية على كافة الاصعدة اقترح الباحثون علاجين.

الأول: علاج مكلف ومتكرر، نظرا لتكرار سقوط الأمطار الحمضية، وهذه الطريقة تتمثل في معادلة الأنهار والبحيرات الحمضية والاراضي الزراعية بمواد قلوية.

والثاني: علاج دائم ويتمثل بتنقية الملوثات قبل ان تنتشر في الغلاف الهوائي.

ولذلك يجب أن لا تكون النظرة إلى البيئة نظرة مجردة، كالنظرات إلى مواضيع أخرى عديدة سياسية واقتصادية وثقافية على صعيد الشعوب والدول. وإن المطلوب من أجل ذلك يتمثل في إيجاد نظام متطور للرقابة البيئية، حيث إن النظام المتكامل للرقابة البيئية، ضروري لرؤية ومتابعة خلفية ونشاط جمع العناصر الملوثة للوسط الطبيعي، نتيجة للتقدم التكنولوجي.

وبناء عليه، يجب فسح المجال لتكنولوجيا متطورة كاملة، تتوافق مع الطبيعة وديمومتها، وضرورة ادراج الجدوى الاقتصادية للعمليات الايكولوجية والاهم في ذلك هو توعية الإنسان، توعية بيئية شاملة ووضع اسس عملية لاستغلال الموارد النباتية والحيوانية، ووضع خطط دقيقة لحماية كوكب الارض من كافة مصادر التلوث الكيميائية والحرارية والنووية، وتخفيض استهلاك الوقود في وسائل المواصلات، وايجاد وسائل بديلة لا تترك اثار سلبية في البيئة.

وتلوث كيميائيات تسمى الكلوروفلوروكربونات طبقة الأوزون في الغلاف الجوي العلوي . وتستخدم هذه المركبات في الثلاجات والمكيفات وفي صناعة عوازل الرغوة البلاستيكية .ويشكل الأوزون، وهو الملوث الضار الموجود في الضباب الدخاني، طبقة واقية في الغلاف الجوي العلوي، حيث تحمي سطح الأرض من

أكثر من 95 بالمائة من إشعاعات الشمس فوق البنفسجية، ولأن الكلوروفلوروكربونات تقلل طبقة الأوزون فإن المزيد من الإشعاعات فوق البنفسجية سيصل إلى الأرض. ويدمر التعرض المفرط لهذه الإشعاعات النباتات، ويزيد من خطورة تعرض الناس لسرطان الجلد.

وتأثير البيت المحمي هو التسخين الناتج عن احتباس الغلاف الجوي لحرارة الشمس.

ويسبب هذه الظاهرة غاز ثاني أكسيد الكربون والميثان والغازات الجوية الأخرى، والتي تسمح لأشعة الشمس بالوصول إلى الأرض، ولكنها تحول دون خروج الحرارة من الغلاف الجوي. وتسمى هذه الغازات التي تعمل على احتباس الحرارة غازات البيت المحمي.

يؤدي احتراق الوقود والنشاطات البشرية الأخرى إلى زيادة كمية غازات البيت المحمي في الغلاف الجوي. ويعتقد كثير من العلماء أن هذه الزيادة تكثف تأثير البيت المحمي وتؤدي إلى رفع درجة الحرارة عالميا. وقد تؤدي هذه الزيادة في درجة الحرارة والتي تسمى التدفئة العالمية إلى حدوث مشاكل كثيرة.

وبإمكان تأثير البيت المحمي، إذا كان قويا، أن يتسبب في انصهار المثالج وأغطية الجليد القطبية، وأن يؤدي إلى فيضان الشواطئ. وبإمكانه أيضا إحداث تحول في أنماط تساقط الأمطار، مما يؤدي بدوره إلى ازدياد الجفاف وحدوث العواصف المدارية الشديدة.

تلوث الهواء الداخلي:

يحدث هذا التلوث عن احتباس الملوثات داخل المباني التي تعاني أنظمة تهويتها من سوء التصميم. وأنواعه الرئيسية هي : دخان السجائر، والغازات المنبعثة من المواقد والأفران، والكيميائيات المنزلية، وجسيمات الألياف، والأبخرة الخطرة المنبعثة من مواد البناء، مثل العوازل والبويات والأصماغ.

وتتسبب الكميات الكبيرة من هذه المواد داخل بعض المكاتب في حدوث الصداع وتهيج العيون ومشاكل صحية أخرى للعاملين فيها. وتسمى مثل هذه المشاكل الصحية أحيانا متلازمة المباني المريضة.

والرادون ـ وهو غاز مشع ينبعث عن انحلال اليورانيوم في الصخور الأرضية ـ ملوث خطر آخر. ففي مقدوره أن يسبب سرطان الرئة إذا ما استنشق بكميات وافرة.

ويتعرض الناس لغاز الرادون إذا ما تسرب هذا الغاز إلى الطوابق السفلى من المنازل المبنية فوق تربة أو صخور مشعة. وفي مقدور المباني عالية الكفاءة، والتي تحافظ على الهواء الساخن أو البارد داخلها، أن تحتبس الرادون في الداخل وأن ترفع من تركيزه

تلوث الهواء يعرف أيضا :

هو كل المخلوط الغازي الذي يملأ جو الأرض بما في ذلك بخار الماء ، ويتكون أساسا من غازي النيتروجين نسبته 78,084بالمائة والأكسجين 20,946بالمائة، ويوجد إلى جانب ذلك غاز ثاني أكسيد الكربون نسبته 0,033بالمائة وبخار الماء وبعض الغازات الخاملة وتأتي أهمية الأكسجين من دورة العظيم في تنفس الكائنات الحية التي لا يمكن أن تعيش بدونه وهو يدخل في تكوين الخلايا الحية بنسبة تعادل ربع مجموع الذرات الداخلة في تركيبها .

ولكي يتم التوازن في البيئة ولا يستمر تناقص الأكسجين شاءت حكمة اللـه سبحانه أن تقوم النباتات بتعويض هذا الفاقد من خلال عملية البناء الضوئي ، حيث يتفاعل الماء مع غاز ثاني أكسيد الكربون في وجود الطاقة الضوئية التي يمتصها النبات بواسطة مادة الكلوروفيل الخضراء ولذلك كانت حكمة اللـه ذات اثر عظيم رائع فلولا النباتات لما استطعنا أن نعيش بعد أن ينفد الأكسجين في عمليات التنفس واحتراق ، ولا تواجد أي كائن حي في البر أو

في البحر ، إذا أن النباتات المائية أيضا تقوم بعملية البناء الضوئي ، وتمد المياه بالأكسجين الذي يذوب فيها واللازم لتنفس كل الكائنات البحرية .

قال تعالى: ﴿**هذا خلق الله فأروني ماذا خلق الذين من دونه بل الظالمون في ضلال مبين**﴾ [لقمان :11]

لكل إنسان العصر الحديث قد جاء ودمر الغابات ، وطعن بالعمران على المساحات الخضراء وراحت مصانعه تلقي كميات هائلة من الأدخنة في السماء، ولهذا كله أسوأ الآثار عى الهواء وعلى توازن البيئة ، واذا لجأنا إلى الأرقام لنستدل بها ، فسوف نفزع من تضخم التلوث ، فثاني أكسيد الكربون كانت النسبه المئوية الحجمية له حوالي 0,029بالمائة في نهاية القرن الماضي ، وقد ارتفعت الى 0,033بالمائة في عام 1970 وينتظر أن تصل الى أكثر من 0,038بالمائة في عام 2000، ولهذه الزيادة آثار سيئة جدا على التوازن البيئي .

هو وجود أي مواد صلبه أو سائلة أو غازية بالهواء بكميات تؤدي إلى أضرار فسيولوجية واقتصادية وحيوية بالإنسان والحيوان والنباتات والالات والمعدات ، او تؤثر في طبيعة الاشياء وتقدر خسارة العالم سنويا بحوالي 5000مليون دولار ، بسبب تأثير الهواء ، على المحاصيل والنباتات الزراعية .

ويعتبر تلوث الهواء من أسوأ الملوثات بالجو ، وكلما ازداد عدد السكان في المنطقة الملوثة .

وعلى مدار التاريخ وتعاقب العصور لم يسلم الهواء من التلوث بدخول مواد غريبة عليه كالغازات والابخرة التي كانت تتصاعد من فوهات البراكين، أو تنتج من احتراق الغابات ، وكالاتربة والكائنات الحية الدقيقة المسببة للأمراض، الا أن ذلك لم يكن بالكم الذي لا تحمد عقباه ، بل كان في وسع الإنسان أن يتفاداه أو حتى يتحمله ، لكن المشكلة قد برزت مع التصنيع وانتشار الثورة الصناعية في العالم ، ثم مع هذه الزيادة الرهيبة في عدد السكان ، وازدياد عدد وسائل المواصلات وتطورها ، واعتمادها على المركبات الناتجة من تقطير

البترول كوقود، ولعل السيارات هي أسوأ أسباب تلوث الهواء بالرغم من كونها ضرورة من ضروريات الحياة الحديثة ، فهي تنفث كميات كبيرة من الغازات التي تلوث الجو ، كغاز أول أكسيد الكربون السام ، وثاني أكسيد الكبريت والأوزون .

طرق تلوث الهواء :

أولا : بمواد صلبة معلقة : كالدخان، وعوادم السيارات ، والأتربة ، وحبوب اللقاح ، وغبار القطن ، وأتربة الاسمنت ، وأتربة المبيدات الحشرية .

ثانيا : بمواد غازية أو أبخرة سامة وخانقة مثل الكلور ، أول أكسيد الكربون ، أكسيد النيتروجين ، ثاني أكسيد الكبريت ، الأوزون .

ثالثا : بالبكتيريا والجراثيم، والعفن الناتج من تحلل النباتات والحيوانات الميتة والنفايات الادمية .

رابعا : بالإشعاعات الذرية الطبيعية والصناعية:.

أظهر هذا التلوث مع بداية استخدام الذرة في مجالات الحياة المختلفة ، وخاصة في المجالين : العسكري والصناعي، ولعلنا جميعا ما زلنا نذكر الضجة الهائلة التي حدثت بسبب الفقاعة الشهيرة في أحد المفاعلات الذرية بولاية (بنسلفانيا) بالولايات المتحدة الامريكية ، وأما حادث انفجار القنبلتين الذريتين على (ناجازاكي وهيروشيما) إبان الحرب العالمية الثانية ببعيد ، فما تزال أثار التلوث قائمة إلى اليوم ، ومازالت صورة المشوهين والمصابين عالقة بالأذهان ، وكائنة بالإبدان.

وقد ظهرت بعد ذلك أنواع وأنواع من الملوثات فمثلا عنصر الاسترنشيوم 90 الذي ينتج عن الانفجارات النووية يتواجد في كل مكان تقريبا، وتتزايد كميته مع الازدياد في إجراء التجارب النووية ، وهو يتساقط على الأشجار والمراعي ، فينتقل إلى الأغنام والماشية ومنها إلى الإنسان وهو يؤثر في إنتاجية اللبن من الأبقار والمواشي ، ويتلف العظام ، ويسبب العديد من الأمراض

وخطورة التفجيرات النووية تكمن في الغبار الذري الذي ينبعث من مواقع التفجير الذري حيث يتساقط بفعل الجاذبية الأرضية ، أو بواسطة الأمطار فيلوث كل شئ ، ويتلف كل شئ .

وفي ضوء ذلك يمكن أن نقرر أو أن نفسر العذاب الذي قد حل بقوم سيدنا لوط عليه السلام بأنه ، كان مطرا ملوثا بمواد مشعة ، وليس ذلك ببعيد فالأرض تحتوي على بعض الصخور المشعة مثل البتشبلند وهذه الصخور تتواجد منذ الاف السنين.

خامسا: التلوث الألكتروني :

وهو أحدث صيحة في مجال التلوث ، وهو ينتج عن المجالات التي تنتج حول الأجهزة الالكترونية إبتداء من الجرس الكهربائي والمذياع والتلفزيون، وانتهاء إلى الأقمار الصناعية ، حيث يحفل الفضاء حولنا بالموجات الراديوية والموجات الكهرومغناطيسية وغيرها ، وهذه المجالات تؤثر على الخلايا العصبية للمخ البشري ، وربما كانت مصدرا لبعض حالات عدم الاتزان ، حالات الصداع المزمن الذي تفشل الوسائل الطبية الاكلينيكية في تشخيصه ، ولعل التغييرات التي تحدث في المناخ هذه الايام ، حيث نرى أياما شديدة الحرارة في الشتاء ، وأياما شديدة البرودة في الصيف ، لعل ذلك كله مرده إلى التلوث الإلكتروني في الهواء حولنا ، وخاصة بعد انتشار آلاف الأقمار الصناعية حول الأرض .

تأثير تلوث الهواء على البر والبحر :

تتجلى عظمة اللـه ولطفه بعباده في هذا التصميم الرائع للكون ، وهذا التوازن الموجود فيه ، لكن الإنسان بتدخله الأحمق يفسد من هذا التوازن ، في المجال الذي يعيش فيه، وكأن هذا ما كانت تراه الملائكة حينما خلق اللـه آدم-قال تعالى:﴿**هو الذي خلق لكم مافي الأرض جميعا ثم استوى إلى السماء فسواهن سبع سماوات وهو بكل شئ عليم . وإذ قال ربك للملائكة إني جاعل**

في الأرض خليفة قالوا أتجعل فيها من يفسد فيها ويسفك الدماء ونحن نسبح بحمدك ونقدس لك قال إني أعلم ما لاتعلمون﴾ [سورة البقرة:29، 30].

وجد أن للتلوث آثارا ضارة على النباتات والحيوانات والإنسان والتربة ، وسوف نناقش هذا الأثر الناتج عن تلوث الهواء :

1- صحيا: تؤدي زيادة الغازات السامة إلى الإصابة بأمراض الجهاز التنفسي والعيون، كما أن زيادة تركيز بعض المركبات الكيميائية كأبخرة الأمينات العضوية يسبب بعض أنواع السرطان، وبعض الغازات مثل أكاسيد غاز النيتروجين آثار ضارة على الجهاز العصبي، كذلك فإن الإشعاع الذري يحدث تشوهات خلقية تتوارثها إن لم يسبب الموت .

2- ماديا : يؤدي الآتي:

- يؤدي وجود التراب والضباب إلى عدم إمكانية الرؤية بالطرق الأرضية والجوية .
- حدوث صدأ وتأكل للمعدات والمباني ، مما يؤثر على عمرها المفيد، وفي ذلك خسارة كبيرة .
- التلوث بمواد صلبة يحجز جزءا كبيرا من أشعة الشمس، مما يؤدي إلى زيادة الإضاءة الصناعية .
- على الحيوانات : تسبب الفلوريدات عرجا وكساحا في هياكل المواشي العظمية في المناطق التي تسقط فيها الفلوريدات ، أو تمتص بواسطة النباتات الخضراء، كما أن أملاح الرصاص التي تخرج مع غازات العوادم تسبب تسمما للمواشي والأغنام والخيول، وكذلك فإن ثاني أكسيد الكبريت شريك في نفق الماشية .
- أما الحشرات الطائرة فإنها لا تستطيع العيش في هواء المدن الملوث ، ولعلك تتصور أيضا ما هو المصير المحتوم للطيور التي تعتمد في غذائها على هذه الحشرات ، وعلى سبيل المثال انقرض نوع من الطيور

كان يعيش في سماء مدينة لندن منذ حوالي 80 عاما ، لأن تلوث الهواء قد قضى على الحشرات الطائرة التي كان يتغذى عليها .

- **على النباتات** : تختنق النباتات في الهواء غير النقي وسرعان ما تموت ، كما أن تلوث الهواء بالتراب ، والضباب والدخان والهباب يؤدي إلى اختزال كمية أشعة الشمس التي تصل إلى الأرض ، ويؤثر ذلك على نمو النباتات وعلى نضج المحاصيل ، كما يقلل عملية التمثيل الضوئي من حيث كفاءتها، وتساقط زهور بعض أنواع الفاكهة كالبرتقال ومعظم الأشجار دائمة الخضرة، وتساقط الأوراق والشجيرات نتيجة لسوء استخدام المبيدات الحشرية الغازية ، وكمثال للنباتات التي تتأثر بالتلوث محاصيل الحدائق وزهور الزينة، والبرسيم الحجازي، والحبوب، والتبغ ، والخس ، واشجار الزينة ، كالسرو ، والجازورينا، والزيزفون .
- على المناخ : تؤدي الإشعاعات الذرية والانفجارات النووية إلى تغيرات كبيرة في الدورة الطبيعية للحياة على سطح الأرض ، كما أن بعض الغازات الناتجة من عوادم المصانع يؤدي وجودها إلى تكسير في طبقة الأوزون التي تحيط بالأرض ، والتي قال عنها القرآن:﴿ **وجعلنا السماء سقفا محفوظا وهم عن آياتها معرضون**﴾.

إن تكسير طبقة الأوزون يسمح للغازات الكونية والجسيمات الغريبة أن تدخل جو الأرض ، وان تحدث فيه تغيرات كبيرة ، أيضا ، فإن وجود الضباب والدخان والتراب في الهواء يؤدي إلى اختزال كمية الاشعاع الضوئي التي تصل إلى سطح الأرض، والأشعة الضوئية التي لا تصل إلى سطح بذلك ، تمتص ويعاد إشعاعها مرة أخرى إلى الغلاف الجوي كطاقة حرارية فإذا أضفنا إلى ذلك الطاقة الحراية التي تتسرب إلى الهواء نتيجة لاحتراق الوقود من نفط وفحم وأخشاب وغير ذلك ، فسوف نجد أننا نزيد تدريجيا من حرارة الجو ، ومن يدري ، إذا استمر الارتفاع المتزايد في درجة حرارة الجو فقد يؤدي ذلك إلى انصهار جبال الجليد الموجود ة في القطبين واغراق الأرض بالمياه ، وربما كان

ذلكما تشير إليه الآية رقم 3 في سورة الانفطار :﴿وإذا البحار فجرت﴾.حيث ذكر المفسرون أن تفجير البحار يعني اختلاط مائها بعضه ببعض ، وهذا يمكن له الحدوث لو انصهرت جبال الجليد الجليدية في المتجمدين الشمالي والجنوبي .

تلوث الهواء بالغازات وطرق قياسه

تتعدد ملوثات الهواء وتتنوع بدرجة كبيرة، ولكن هذه الملوثات تتشابه في أن لها تأثيرات ضارة شاملة ولها صفة الديمومة والانتشار والتراكم الحيوي، ولها القدرة على التشابك مع الحلقات البيئية. وقد تكون ملوثات البيئة ذات طبيعة فيزيائية، كالتلوث بالإشعاع والتلوث الحراري، أو ذات طبيعة بيولوجية، كالتلوث بمسببات العدوى، مثل البكتيريا والفيروسات وحبوب اللقاح، أو من طبيعة كيميائية كملوثات الهواء الغازية، ومنها أكاسيد الكربون والكبريت وأكاسيد النيتروجين وغير ذلك.

ويمكن قياس تلوث الهواء بالغازات بطرق مختلفة تبعا لنوعية الغاز الملوث للهواء ودرجة تأثيره على النظام البيئي ومدى توافر الإمكانات. ويعتمد قياس التلوث البيئي على حجم التغير في تركيز الملوثات، أو التغير في أنسجة الأعضاء للكائن الحي المعرض للتلوث، كما يمكن قياس تلوث الهواء من خلال معرفة التغير الذي يطرأ على توزيع النظام البيئي.

وتستخدم في قياس التلوث أساليب عديدة قد تكون كيميائية أو فيزيائية أو بيولوجية، وجميع هذه الأساليب تقوم على أسس ثابتة خلال المراحل المختلفة للقياس، ابتداء من جمع العينات وحتى حساب تركيز هذه الملوثات.

ومن الطرق الهامة لقياس تركيز تلوث الهواء ما يسمى بطريقة الشدة الضوئية Colourimetry، حيث يتم تفاعل هذه الملوثات مع كواشف معينة، مكونة لونا تتناسب شدته مع درجة تركيز هذه الملوثات التي تحسب من خلال القياس بطرق كيميائية ضوئية.

وتستخدم أحيانا قدرة بعض الملوثات على التأين لتكوين مؤكسدات، يمكن قياس تركيزها إلكترونيا أو من خلال قدرة البعض الآخر على امتصاص الأشعة تحت الحمراء عند موجة خاصة بها دون ملوثات أخرى.

كما تقوم بعض الملوثات بإحداث تعكير يمكن قياسه من خلال كمية الامتصاص والانعكاس للأشعة المنبعثة من خلية ضوئية. كذلك فإنه يمكن قياس تركيز بعض الملوثات من خلال قدرتها على تكوين مركبات معقدة.

وتستخدم حاليا طرق الكروماتوغرافيا المتنوعة بشكل واسع في قياس الملوثات، إضافة إلى استخدام أجهزة تحليل العينات الأوتوماتيكية المدعمة بأجهزة الكمبيوتر، والتي أصبحت واسعة الانتشار، ويمكن بواسطتها قياس معظم ملوثات البيئة.

وعلى سبيل المثال، فإنه يتم قياس تلوث الهواء بغاز أول أكسيد الكربون بعدة طرق تتراوح بين استخدام أجهزة صغيرة Multigas Detectors وأجهزة أوتوماتيكية متطورة تعمل بالكمبيوتر.

وتعتمد منظمة الصحة العالمية طريقة الأشعة تحت الحمراء غير المبعثرة Nondispersive Infrared Ray، لقياس تلوث الهواء بغاز أول أكسيد الكربون.

وتعتمد هذه الطريقة على اختزال هذا الغاز لخامس أكسيد اليود لينطلق غاز اليود الذي يتناسب تركيزه طرديا مع تركيز غاز أول أكسيد الكربون الملوث لتيار الهواء الذي يمر على خامس أكسيد اليود.

وينتج غاز أول أكسيد الكربون من الاحتراق غير الكامل للوقود المحتوي على المواد العضوية والمستخدم في وسائل النقل والمنشآت الصناعية، ومن محركات الديزل واحتراق الغاز الطبيعي.

وتنبع خطورة هذا الغاز على صحة الإنسان من أنه يتحد مع هيموجلوبين الدم مكونا كربوكسيل الهيموجلوبين Carboxyhaemoglobin،

الذي لا يستطيع نقل الأكسجين، فينتج عن ذلك تأثيرات صحية تتفاوت ما بين الصداع والإعياء والتهاب الشعب الهوائية، وعندما يصل تركيز هذا الغاز في الهواء إلى ألف جزء في المليون، فإنه يؤدي إلى موت محقق خلال دقائق معدودة.

أما غاز ثاني أكسيد الكربون، فيمكن قياس تركيزه بالهواء باستخدام أجهزة التحليل الذاتي Auto analyzer أو أجهزة صغيرة، مثل جهاز Carbon dioxide detector، وعندما يصبح تركيزه عاليا، فإنه يمكن قياسه بعدة طرق، مثل إمرار تيار من الهواء الملوث بعد تحريره من بخار الماء فوق كلوريد المغنيسيوم الجاف، ويمرر بعدها على البوتاس، وتكون الزيادة في وزن البوتاس، هي وزن ثاني أكسيد الكربون، الذي يتم تحويله إلى قيمة حجمية في الهواء الذي تم تمريره.

كما يمكن قياس تركيز ثاني أكسيد الكربون في الهواء عن طريق تفاعله مع الهيدرازين Hydrazine، مكونا حمض الكربونيك أحادي الهيدرازين.

ومن أهم مصادر التلوث بثاني أكسيد الكربون، احتراق المواد العضوية المستخدمة في الصناعات المختلفة، وخاصة تلك الصناعات التي تحتوي بعض مراحلها على تفاعل بخار الماء مع المواد الهيدروكربونية.

كما ينتج هذا الغاز عن تنفس النباتات والحيوانات وتحلل هذه الكائنات بعد موتها، ومن الاحتراق الكامل للمواد العضوية والوقود، وينتج أيضا من تخمر المواد السكرية، سواء بالطرق الكيميائية أو باستخدام الكائنات الدقيقة، وينتج كذلك من تحلل الكربونات.

أما قياس تلوث الهواء بغاز ثاني أكسيد الكبريت، فيتم باستخدام جهاز التحليل الأوتوماتيكي المبرمج بالكمبيوتر، للحصول على قراءات لحظية لتركيز هذا الغاز في الهواء على مدار العام.

ويساعد ذلك على مراقبة تلوث الهواء بهذا الغاز، الذي ينتج عن احتراق النفط ومشتقاته المختلفة، الناتجة عن عمليات تقطير البترول ومشتقاته، ومن مصانع حمض الكبريتيك وصناعات الأسمدة والنحاس والرصاص والدباغة والكيماويات.

كما ينتج من تحلل وأكسدة المواد العضوية المكبرتة، ومن المصادر الطبيعية كالبراكين، وحادث بحيرة نيورس في الكاميرون والذي أدى إلى وفاة أكثر من 1500 شخص في أغسطس 1986م خير مثال على ذلك.

وتتعدد تأثيرات غاز ثاني أكسيد الكبريت على الإنسان والحيوان تبعا لدرجة تركيزه في الهواء، حيث تتراوح هذه التأثيرات بين ضيق في التنفس والتهاب في المجرى الأنفي والتهاب القصبات الهوائية والشعيبات الهوائية، كما يمكن أن يؤدي إلى أديما دموية، وصعوبة في تبادل الغازات بين الرئتين والدم.

وعندما يصل تركيز هذا الغاز في الهواء إلى 50 ـ 100 جزء في المليون، فإنه يؤدي إلى موت محقق خلال عشر دقائق.

كما يسبب تلوث الهواء بثاني أكسيد الكبريت أضرارا كبيرة للنبات، حيث يترسب على هيئة كبريتات داخل أنسجة طبقة الميزوفيل، مما يؤدي إلى إحباط عملية التمثيل الضوئي.

كذلك فإن هذا الغاز يتفاعل مع بخار الماء مكونا رذاذات حمضية كبريتية تلحق أضرارا بالغة بالغطاء النباتي والمنشآت المشيدة من الحجر الجيري وحجر الرمل، كما يتسبب أيضا في تآكل وتشقق المعادن وإضعاف وتآكل الألياف بأنواعها المختلفة.

أما قياس تلوث الهواء بغاز ثاني أكسيد النيتروجين فيتم بعدة طرق، مثل استخدام الأجهزة ذاتية التحليل، أو بالطرق المخبرية، ومنها تمرير تيار الهواء الملوث في محلول بوتاس الصودا القلوي، فينتج عن ذلك مزيج من نترات

ونيتريت البوتاسيوم، حيث يمكن حساب تركيز هذا الغاز من معايرة النتريتات المتكونة بواسطة أجهزة الطيف.

كما يمكن قياس تركيز هذا الغاز أيضا من خلال سحب الهواء الملوث إلى محلول سولتزمان Saltzman (وهو عبارة عن مزيج من حمض السلفونيك وثاني أمين الإيثيلين) داخل فقاع زجاجي Fritted bubbler، حيث يتكون لون وردي تقاس شدته عند 550 نانوميتر.

ولقياس تركيز غاز أول أكسيد النيتروجين الملوث للهواء، فإنه يتم أكسدة هذا الغاز بواسطة برمنغانات البوتاسيوم إلى غاز ثاني أكسيد النيتروجين، ثم يمرر الهواء بعد الأكسدة داخل محلول سولتزمان، ويقاس بعد ذلك تركيز غاز ثاني أكسيد النيتروجين، حيث يكون هذا التركيز هو الفرق بين النيتروجين قبل وبعد الأكسدة.

وهناك طرق أخرى كيمياضوئية تستخدم لقياس تلوث الهواء بأكاسيد النيتروجين، من خلال قياس الحرارة المنطلقة من تحويل غاز ثاني أكسيد النيتروجين إلى غاز أول أكسيد النيتروجين. وتستخدم هذه الطريقة لقياس بعض المؤكسدات الملوثة للهواء، مثل الأوزون.

يذكر أن الحد المسموح به عالميا لتلوث الهواء بغاز ثاني أكسيد النيتروجين هو 0.35 جزء من المليون.

وينتج ثاني أكسيد النيتروجين عن عوادم السيارات، وعن احتراق الغاز الطبيعي والفحم الحجري، كما ينتج عن الصناعات المختلفة التي تستخدم بها المحفزات، كصناعة إطارات السيارات وصناعة تكرير النفط، وينتج أيضا عن أكسدة المواد العضوية النيتروجينية، وعن بعض التفاعلات الطبيعية التي تحدث في الغلاف الجوي، ومن الدورة النيتروجينية بالطبيعة، ومن التفريغ الكهربائي في السحب أثناء الرعد.

وتتعدد التأثيرات السلبية لهذا الغاز على البيئة وعلى صحة الإنسان، فهو يعمل على تكون ظاهرة الضباب الدخاني، كما يؤدي إلى امتصاص اللون الأخضر المزرق من طيف أشعة الشمس، فيصبح لون طيف الشمس أصفر، وتكثر هذه الظاهرة في المناطق الصحراوية المغبرة، وتكون عادة مصحوبة بظاهرة الانقلاب الحراري.

كما يتفاعل هذا الغاز مع بخار الماء مكونا رذاذ حمضي، يلحق أضرارا جسيمة بالنباتات والأبنية والحياة المائية.ويسبب هذا الغاز أيضا العديد من الأضرار الصحية للإنسان، فهو يتحد مع هيموجلوبين الدم مكونا الميثاميجلوبين Methaemyglobin، والذي يتسبب في نقص كمية الأكسجين التي تصل إلى أنسجة الجسم، مما يؤدي إلى تليف واحتقان رئوي وأوديما رئوية.

جدول (1) : توزيع ملوثات الهواء في العالم (1992) (بالمليون طن)

الملوثات	الدول الناميه	شرق اوروبا وروسيا	الدول الصناعيه
ثاني أكسيد الكبريت	20	1.29	39.9
أكاسيد نيتروجين	16.4	15	36.4
الجسيمات العالقه	29	15	13
اول أكسيد الكربون	32	20	125

جدول (2) : توزيع ملوثات الهواء طبقا للقطاعات المختلفه (1992) (بالمليون طن)

الملوثات	الصناعه	الزراعه	النقل
ثاني أكسيد الكربون	3500	1200	1050
أكاسيد الكبريت	89	2	3
أكاسيد النيتروجين	30	7	29
الجسيمات العالقه	23	20	7
الهيدروكربونات	26	----	21
اول أكسيد الكربون	----	----	106

ثاني أكسيد الكبريت :   لا يجب التعرض لأكثر من 125 ميكروغرام/متر مكعب لمدة 24ساعة.

لا يجب التعرض لأكثر من50 ميكروغرام / متر مكعب لمدة عام.

- أكسيد النيتريك :   لا يجب التعرض لأكثر من 150 ميكروغرام/متر مكعب لمدة24ساعه.

- الأوزون :   لا يجب التعرض لأكثر من 120 ميكروجرام/متر مكعب لمدة 8 ساعات.

- الرصاص :   لا يجب التعرض لأكثر من 1 ميكروجرام /مترمكعب لمدة عام .

- اول أكسيد الكربون :   لا يجب التعرض لأكثر من 30 مليجرام / متر مكعب لمدة ساعه .

لا يجب التعرض لأكثر من 10 مليجرام / متر مكعب لمدة 8 ساعات.

- الجسيمات العالقه : لا يجب التعرض لأكثر من 120 ميكروجرام/ مترمكعب لمدة 24 ساعه.

لا يجب التعرض لأكثر من 75 ميكروجرام / متر مكعب لمدة عام.

(الميكروجرام = 0.000001 من الجرام والمليجرام = 0.001 من الجرام)

وتجدر الاشاره هنا الى ان عملية تقييم الآثارالصحيه لتلوث الهواء هي عمليه تقريبيه اذ من النادر ان يتعرض الإنسان لملوث واحد على حده (قد يحدث هذا في بيئه العمل اذا ما تعرض الإنسان لفترات قصيره لابخرة احدى الغازات مثلا) . انما يتعرض الإنسان في الهواء الخارجي لجيمع الملوثات في نفس الوقت . وكما سبق ان ذكرنا فان هذه الملوثات يتفاعل بعضها مع البعض الاخر مما قد يزيد او يقلل من اثارها الصحيه، الذي سيوضح لاحقا.

أهم الآثار الصحيه لملوثات الهواء:

- ولقد بين رصد وتعيين ملوثات الهواء في المدن الكبرى في العالم الحقائق التاليه :

1- تحسنت نوعية الهواء في معظم مدن الدول المتقدمه خلال العقدين الماضيين لانخفاض متوسط تركيزات ثاني أكسيد الكبريت والجسيمات العالقه في الهواء نتيجة لتنفيذ عدة إجراءات مثل الاجراءات التشريعيه وتنويع مصادر الطاقه ورفع كفاءة استخدامها واستخدام تكنولوجيات مختلفه للحد من انبعاث الملوثات . وتعتبر مدن طوكيو ، فرنكفورت ، ولندن من المدن التي تحسنت فيها حالة الهواء.

2- انخفض متوسط تركيز الرصاص في الهواء في معظم مدن امريكا الشماليه واوروبا الغربيه واليابان واستراليا نتيجة منع او الحد من استخدام البنزين المحتوى على الرصاص .

وتعتبر الولايات المتحده الامريكيه رائده في هذا المجال ، ففي الفتره من 1976 الى 1987 انخفض محتوى الرصاص في عوادم السيارات بنسبة 87بالمائة . ولقد تحققت نتائج مشابهه في بعض دول غرب أوروبا مؤخرا.

3- ازدادات حدة تلوث الهواء في معظم مدن الدول الناميه منذ بداية السبعينيات نتيجة لزياده استخدام الوقود ونتيجة لعدم اتخاذ الاجراءات المناسبه للحد من هذا التلوث .

ويقدر انه يوجد أكثر من1000 مليون شخص في المناطق الحضريه يتعرضون لمستويات غير صحيه من ملوثات الهواء ، حوالي 90بالمائة منهم في الدول الناميه وتعتبر بايجنج (بكين) ومدينة المكسيك وسيول و القاهره وبانكوك وبومباي وكراتشي وجاكرتا ومانيلا من أكثر المناطق الحضريه تلوثا في العالم طبقا لمسح حالة الهواء فيها عام 1990 .

ولقد تفاقمت حالة تلوث الهواء في مدن الدول الناميه نتيجة عدم الانفاق على مكافحة التلوث فما زالت بعض الحكومات تعتبر ان هذا الانفاق نوع من الرفاهيه والخدمات لا يتحمله اقتصادها ، وهذا منطق يجانبه الصواب فالانفاق على حماية البيئه هو استثمار له عائد اقتصادي واجتماعي هام ولقد اوضحت دراسات مختلفه هذا الاتجاه نذكر منها المثالين التاليين :

1- وجد في دراسة في احدى مدن الهند ان تكاليف المرض الناجم عن تعرض سكان المدينه للتلوث نتيجة عوادم السيارات هي حوالي 37 مليون دولار في العام ، ووجد انه بعد خفض الملوثات في عوادم السيارات بنسبة 50بالمائة انخفضت تكاليف المرض الى حوالي 15 مليون دولار في العام . اي ان اجمالي العائد المادي من جراء ذلك كان حوالي 22 مليون دولار في العام في حين ان

التكاليف الاجماليه لخفض عوادم السيارات كانت 1.3 مليون دولار فقط . هذا الى جنب الفوائد الاجتماعيه والانتاجيه المختلفه من جراء خفض نسبة المرض من التلوث بعوادم السيارات .

2- في الولايات المتحده الامريكيه وجد ان العائد المادي من خفض الرصاص في البنزين بلغ6210 مليون دولار عام 1992 نتيجة الوفر في الرعايه الطبيه للاطفال و الكبار الذين كانوا يمرضون بسبب التعرض الى الهواء الملوث بالرصاص . فقد ادى خفض الرصاص في البنزين الى تحسن ملحوظ في صحة الاطفال وكذلك الى تحسن ملحوظ في الاصابه بضغط الدم ومضاعفاته لدى الكبار، كما تبع خفض الرصاص خفض ملوثات اخرى في عوادم السيارات ، وبالتالي خفض اثارها على صحة الإنسان . ولقد بلغت التكاليف الاضافيه لانتاج البنزين الخالي من الرصاص في عام 1992 حوالي 441 مليون دولار اي ان العائد الصافي من خفض الرصاص في البنزين كان 5769 مليون دولار في ذلك العام .

تلوث الهواء داخل المباني (الهواء الداخلي) :

تلوث الهواء ليس قاصرا على الهواء الخارجي وانما يحدث ايضا في الهواء الداخلي . وتلوث الهواء الداخلي معروف منذ عصور ما قبل التاريخ واستمر كجزء من واقع حياة الناس - خاصه الذين يعيشون في مناطق فقيره - والذين يستخدمون الفحم والحطب والخشب و المخلفات الزراعيه والحيوانيه كوقود . ولكن لم تسلط الاضواء على التلوث الداخلي الا في نهاية السبعينيات، عندما بدات الشكوى تتزايد في الولايات المتحده الامريكيه من اعراض مرضيه مختلفه تحدث داخل المباني ، مثل تهيج العين والانف والحنجره والارهاق والصداع والدوار وغير ذلك مما اطلق عليه منذ الثمانينات الاعراض المرضيه المتزامنه للمباني.

وقد وجد ان هذه الاعراض مرتبطه بالمباني المحكمة الغلق والتي لا يمكن فتح نوافذها (لترشيد الطاقه) وبينت الدراسات ارتفاع تركيزات ملوثات

مختلفه داخل هذه المباني منها دخان السجائر والغبار والمواد الكيماويه المنبعثه من السجاد الصناعي والدهانات وغيرها (مثل الفورمالدهايد) بجانب الملوثات الناتجه من حرق الوقود للاغراض المنزليه ومشتقات غاز الرادون المنبعثه من بعض مواد البناء وغيرها.

ولقد وجدت تركيزات مماثله في المباني الحديثه المغلقه في عدد من الدول الناميه (لتكييف الهواء بداخلها) . بالاضافه الى هذا اوضحت منظمة الصحه العالميه ان كثير من المواد الميكروبيولوجيه الملوثه للهواء توجد في البيئه الداخليه .

جدول توضيحي لآثارملوثات الهواء

اكاسيد الكبريت   - ضيق التنفس - امراض الشعب الهوائيه - خفض

مناعة الجسم -

واكاسيد النيتروجين امراض مزمنه بالرئتين .

- اتلاف وتآكل المواد خاصه الابنيه والآثارالمشيده من

الحجر الجيري و الرخام .

- الاضرار بنمو بعض النباتات .

الجسيمات العالقه   - تسبب الجسيمات التي يتنفسها الإنسان في زيادة

الحساسيه والربو وغيرها من الامراض الصدريه .

اول أكسيد الكربون   - يحد من قابليه حمل الدم للاكسجين وبذا قد

يسبب اضرارا بخلايا المخ أو الاختناق كما يؤثر في

الدوره الدمويه والجهاز العصبي .

الهيدروكربونات   - امراض صدريه مختلفه .

الضباب الدخاني(خاصه - التهابات العين - الربو –

التأثير على وظائف الرئتين و القلب .

الاوزون السطحي)   - الاضرار ببعض النباتات .

الرصاص   - امراض الكلى والجهاز العصبي ويؤثر خاصه في

الاطفال (يؤدي الى زيادة التخلف العقلي والتشنجات

و نوبات التغيرات السلوكيه ... الخ).

وتشمل هذه المواد فطريات العفن و الفيروسات و البكتيريا وحبوب اللقاح والجراثيم (تزداد تركيزات هذه المواد الميكروبيولوجيه في المنازل القديمه في الاحياء الفقيره او العشوائيه). ولقد بينت دراسات مختلفه ان تركيزات ملوثات الهواء الداخلي أكثر منها في الهواء الخارجي في مدن كثيره (خاصة اول أكسيد الكربون والفورمالدهايد والرادون والغبار الدقيق والمواد البكتيريولوجيه)، ويرجع هذا أساسا إلى سوء التهويه وإلى تركيز مصادر الانبعاث في حيز صغير.

ولقد أوضحت دراسات حديثه ان تعرض النساء و الاطفال لتلوث الهواء الداخلي - خاصة في المناطق الريفيه التي يستخدم فيها الخشب والحطب والمخلفات الزراعية كوقود - قد أدى إلى ارتفاع ملحوظ في الإصابه بأمراض العين والأنف والانسداد الرئوي المزمن والسرطان الأنفي البلعومي .

ويصاب الأطفال عند تعرضهم لمثل هذا التلوث بالتهابات الشعب والالتهابات الرئويه الحاده بسبب اضعاف اجهزتهم التنفسيه (يتنفس الإنسان البالغ حوالي 13متر مكعب من الهواء يوميا في حين يحتاج الطفل خاصه في سنوات عمره الاولى الى كميات اكبر من الهواء تقدر بحوالي 26 متر مكعب من الهواء يوميا .وبهذا يكون الاطفال الصغار أكثر حساسيه لملوثات الهواء الداخلي والخارجي على حد سواء) .

تلوث الماء

تعريف الماء:

الماء هو ذلك المركب الكيميائي السائل الشفاف الذي يتركب من ذرتين هيدروجين وذرة أكسجين، ورمزه الكيميائي(H_2O) :

يحتل الماء 71بالمائة من مساحة الكرة الأرضية، ومتواجد بالصور التالية: المحيطات، الأنهار، البحار، المياه الجوفية، مياه الأمطار، الثلوج، كما يتواجد في الخلية الحية بنسبة 50-60بالمائة، وفي عالم النبات والحيوان أيضا ولا يتوقف الأمر عند هذا الحد وإنما يمتد وجود الماء إلى العالم الخارجي (خارج نطاق الكرة الأرضية) في الغلاف الجوي حيث يكون على صورة بخار ماء.

وأغراض استخدام الماء متعددة:

فالماء للتبريد

..... لأعمال الطهي

..... لتوليد الطاقة الكهربائية

..... لتربية أسماك الزينة

..... لسقاية النبات وشرب الحيوانات

..... ولأغراض الصناعة

الماء هام للإنسان:

..... للحفاظ على درجة حرارة الجسم

..... للتخلص من الفضلات

..... لعملية الهضم

..... نقل المواد ما بين الخلايا

..... لإذابة الأملاح والسكريات والبروتينات

..... وهام لأجهزة الجسم من قلب وكلى ودم أيضا

وهناك درجات لجودة المياه من حيث الاستخدام:

1- مياه نقية تستخدم لأي غرض من الأغراض بدون خوف.

2- مياه مالحة مثل مياه البحار والمحيطات.

3- مياه مجارى لا تخضع لأية عمليات تنقية أو معالجة وبالتالي لا يصلح استخدامها لأي غرض من أغراض الحياة البشرية.

4- مياه مجارى مطهرة تمر بعمليات تنقية عديدة.

أنواع تلوث الماء:

- أولا تلوث المياه العذبة.

- ثانيا تلوث البيئة البحرية.

أولآ : تلوث المياه العذبة وأثره على صحة الإنسان:

- ما هي العناصر التي تسبب تلوث المياه العذبة؟

المياه العذبة هي المياه التي يتعامل معها الإنسان بشكل مباشر لأنه يشربها ويستخدمها في طعامه الذي يتناوله. وقد شاهدت مصادر المياه العذبة تدهورا كبيرا في الأونة الأخيرة لعدم توجيه قدرا وافرا من الاهتمام لها. ويمكن حصر العوامل التي تتسبب في حدوث مثل هذه الظاهرة:

1- استخدام خزانات المياه في حالة عدم وصول المياه للأدوار العليا والتي لا يتم تنظفيها بصفة دورية الأمر الذي يعد غاية في الخطورة.

2- قصور خدمات الصرف الصحي والتخلص من مخلفاته: مياه الصرف الصحي هي مياه المجارى، وهى مياه تحتوى على أنواع من الجراثيم والبكتيريا

الضارة نتيجة للمخلفات التي تلقى فيها ولا تحلل بيولوجيا ما يؤدى إلى انتقالها إلى مياه الأنهار والبحيرات.

ومن أكثر المصادر التي تتسبب فى تلويث مياه المجارى المائية هي مخلفات المصانع السائلة الناتجة من الصناعات التحويلية: توليد الكهرباء، المهمات الكهربائية وغير الكهربائية، الحديد والصلب، المنتجات الأسمنتية، الزجاج، منتجات البلاستيك، المنتجات الكيميائية، الصابون والمنظفات، الدهانات، ورق كرتون، الجلود والصباغة، الغزل والنسيج، المواد الغذائية، تكرير البترول.

ويؤدى تخلص المصانع من مخلفاتها السائلة بدون معالجة فى مياه المصارف الزراعية والترع إلى الأضرار التالية:

1- تفقد المياه حيويتها بدرجة تصل إلى انعدام الأكسجين الذائب بها، الأمر الذي يؤدى إلى تدهور بيئة تكاثر الأحياء الدقيقة التي تقوم بعمليات التمثيل للمواد العضوية الخارجة مع المخلفات الصناعية.

حيث يأتى الأكسجين الحيوى كمعيار لتدهور المياه ودرجة تلوثها العضوى من كمية الأكسجين الحيوى أثناء عملية أكسدة المواد العضوية بالمياه، ومن ثم تنشط البكتيريا اللاهوائية فى ظل انعدام الأكسجين الحيوى فيحدث التخمر بل وتتعفن المياه.

2- تكتسب المياه مقومات البيئة الخصبة لتكاثر الأحياء الميكروبية، التى قد تؤدى إلى نقل الميكروبات المعوية المعدية فى حالة وصولها إلى طعام الإنسان سواء بطريق مباشر أو بطريق غير مباشر.

3- تظهر التفاعلات والتخمرات اللاهوائية والغازات المختزلة مثل كبرتيتد الهيدروجين برائحته الكريهة، والميثان وغيرها من الغازات السامة أو القابلة للاشتعال.

4- تتكون طبقة كثيفة من الشحوم فوق مياه المصارف مما يحجب رؤية جريان المياه.

5- تسرب المواد الملوثة والمعادن الثقيلة إلى المياه الجوفية، التى تعتبر مصدرا هاما من مصادر مياه الشرب للكثير.

6- كما أن المخلفات السائلة تتحرك داخل مسام التربة وخاصة فى حالة الأصباغ الخاصة بعمليات الغزل والنسيج.

3- التخلص من مخلفات الصناعة بدون معالجتها، وإن عولجت فيتم ذلك بشكل جزئي، وخاصة الفضلات الصلبة والتى تتمثل فى التالى:

أولا : المخلفات غير العضوية:

أ- صهر المعادن الأساسية وتكريرها: رمل مسابك محروق، خبث أفران، كسر طوب حرارى، وأكاسيد الدرفلة.

ب- المنتجات المعدنية: أسلاك نحاس وألمنيوم وورق، بقايا نحاس وصلب.

ج- المنتجات الكيميائية: أكاسيد كروم وكالسيوم وكربونات صوديوم.

ثانيا مخلفات عضوية:

أ- الغزل والنسيج: بقايا مواد خام وغزل ومنسوجات.

ب- الورق: قش وورق لم يتم طحنه وشوائب ورق قمامة.

ج- الأخشاب: نشارة وفضلات وبقايا جذوع الأخشاب.

د- المنتجات الكيماوية: بقايا مطاط وفضلات خراطيم وسيور وجوانات، بقايا بلاستيك من عملية تصنيع الأدوات المنزلية والعبوات المختلفة وألواح الفورمايكا.

هـ- المواد الغذائية: بقايا الحبوب، الفحم النباتي ... الخ.

أما بالنسبة للمياه الجوفية، ففي بعض المناطق نجد تسرب بعض المعادن إليها من الحديد والمنغنيز إلي جانب المبيدات الحشرية المستخدمة في الأراضي الزراعية.

- آثار تلوث المياه العذبة على صحة الإنسان:

أبسط شئ أنه يدمر صحة الإنسان على الفور من خلال إصابته بالأمراض المعوية ومنها:

1- الكوليرا ..

تعتبر الكوليرا من أحد الأمراض التي تصيب الجهاز الهضمي، يأتي المرض في صورة إسهال حاد مرضي مسببا عدوى في الأمعاء ببكتيريا "بكتريم فيبريو كوليرا Bacterium Vibrio - " Cholera".

وفي بعض الحالات تكون الأعراض بسيطة وفي البعض الآخر تكون خطيرة وتهدد حياة الإنسان وتأتي الأعراض في صورة:

1- إسهال بكميات كبيرة جدا مع ازدياد حدته.

2- قئ.

3- تقلص في عضلات الأرجل.

4- فقد سريع لسوائل الجسم مما يؤدى إلى حدوث الجفاف.

5- تعرض الإنسان لصدمة وموته في خلال ساعات إذا لم يتلق العلاج.

طرق العدوى:

1- شرب الماء أو الطعام الملوث بالبكتيريا المعدية.

2- براز المريض.

3- الأماكن التي تنتشر بها القاذورات والمخلفات.

4- أكل الأسماك النيئة أو غير الناضجة جيدا.

5- لا ينتقل من الشخص المصاب إلى الشخص السليم عن طريق الاتصال المباشر.

6- تنتقل العدوى أيضا عند السفر إلى أماكن ينتشر بها هذا الوباء أو استيراد أسماك حاملة للبكتيريا.

ماذا يجب على المسافر اتباعه عند السفر؟

1- شرب الماء بعد غليه أو معالجته بالكلور أو اليود.

2- أكل الطعام ساخنا بعد طهيه جيدا.

3- الابتعاد عن الأطعمة النيئة وغير المطهية جيدا.

4- عدم أكل السلطة الخضراء.

5- الابتعاد عن أطعمة ومشروبات الباعة الجائلين.

6- عدم شراء أسماك من أماكن الأوبئة.

الوقاية من مرض الكوليرا:

يوجد مصل لمرض الكوليرا لكنه غير فعال بدرجة كبيرة ولا يوصى المسافرون بأخذه.

علاج مرض الكوليرا:

-تعويض الفاقد من السوائل على الفور:

1- إما عن طريق محلول معالجة الجفاف، أو عن طريق تحضير محلول من الماء والملح والسكر بحيث يتم تناوله بكميات كبيرة وهذا المحلول شائع استخدامه .

2- أو عن طريق محاليل الوريد في الحالات شديدة الخطورة.

9- كما لا يقتصر ضرره على الإنسان وما يسببه من أمراض، وإنما يمتد ليشمل الحياة في مياه الأنهار والبحيرات حيث أن الأسمدة ومخلفات الزراعة في مياه الصرف تساعد على نمو الطحالب والنباتات المختلفة مما يضر بالثروة السمكية، لأن هذه النباتات تحجب ضوء الشمس والأكسجين للوصول

إليها كما أنها تساعد على تكاثر الحشرات مثل البعوض والقواقع التي تسبب مرض البلهارسيا على سبيل المثال.

ثانيا : تلوث البيئة البحرية وأثره:

- مصادر التلوث:

1- إما بسبب النفط الناتج عن حوادث السفن أو الناقلات:

التلوث من نشاط النقل البحري، ويرتبط التلوث هنا بالنفط ومشتقاته المتميزة بالانتشار السريع الذي يصل لمسافة تبعد (700) كيلومتر عن منطقة تسربه. ويكون هذا النوع من التلوث منتشر في البحار حيث يتواجد نشاط النقل البحري سواء من خلال حوادث ناقلات البترول وتحطمها أو من خلال محاولات التنقيب والكشف عن البترول، أو لإلقاء بعض الناقلات المارة لبعض المخلفات والنفايات البترولية.

ولا تتلوث مياه البحر من قبل ناقلات البترول فقط وإنما هناك ملوثات من مصادر أخرى مثل مخلفات الصرف الزراعي التي تصبها النهار، بقايا المبيدات الحشرية، ونفايات المصانع التي تلقى فيها.

2- أو نتيجة للصرف الصحي والصناعي.

- الآثار المترتبة على التلوث البحري:

1- تسبب أمراضا عديدة للإنسان:

- التهاب الكبدي الوبائي.

- الكوليرا.

- الإصابة بالنزلات المعوية ..

- التهابات الجلد.

2- تلحق الضرر بالكائنات الحية الأخرى:

- الإضرار بالثروة السمكية.

- هجرة طيور كثيرة نافعة.

- الإضرار بالشعب المرجانية، والتي بدورها تؤثر على الجذب السياحي وفي نفس الوقت علي الثروة السمكية حيث تتخذ العديد من الأسماك من هذه الشعب المرجانية سكنا وبيئة لها.

* أسباب أخرى لتلوث الماء:

- مياه الأمطار:

ينزل ماء المطر من السماء خاليا من الشوائب، وفي رحلته للوصول إلى سطح الأرض تعلق به الملوثات الموجودة في الهواء والتي منها: أكاسيد النيتروجين وأكاسيد الكبريت وذرات التراب. وهذا بالطبع ناتج من الملوثات الصلبة والغازية التي تنتج من المصانع ومحركات الآلات والسيارات. كل هذه الملوثات مجتمعة مع بعضها تذوب في مياه الأمطار لتشكل عنصرا آخرا ليس فقط لتلوث المياه وإنما لتلوث التربة حيث يمتص النبات السموم التي تصل للتربة من مياه الأمطار الملوثة ويختزنها لكي يتناولها الإنسان والحيوان بعد ذلك وتؤدى إلى تسممهم.

كما تتعرض مياه الأمطار الملوثة الكائنات البحرية إلى التلوث لسقوط الأمطار فوق اليابسة وفوق المسطحات المائية، ودورة جديدة من تناول الإنسان للسموم عن طريق الأسماك الملوثة .. أى أنها حلقة مفرغة لا يمكن أن نجد لها بداية أو نهاية.

- مياه الشرب والمحتوى المعدني وغير المعدني بها:

ما هي المعادن الثقيلة وما هي أضرارها على صحة الإنسان؟

1- **الزئبق:** إذا زاد تركيز الزئبق بمياه الشرب عن 2 ملغم/لتر يطلق على الماء أنه ملوثا بالزئبق، ويحدث التسمم للإنسان من مادة الزئبق إذا زادت تركيزاته بالجسم عن (80) ملغم.

ومن أعراض التسمم بالزئبق:

- تنميل في الأطراف والشفاه واللسان.

- ضعف التحكم في الحركة.

- الإصابة بالعمى.

- تأثر الجهاز العصبي.

- تغير في الجينات وولادة أطفال مصابون بالشلل.

2- **الفلور:** مادة مستخدمة في تنقية مياه الشرب، والمعدلات المسموح بها هي 1 ملغم/لتر. وتتميز هذه المادة أنها مفيدة لأسنان الإنسان حيث تمنع من تسوسها لكن إذا زادت عن الكم المسموح به للزيادة (أي أن تكون بتركيز 1.5 ملغم/لتر) يؤدى إلى ظهور البقع البنية أو تفتت الأسنان.

3- **الكلور:** مادة كيميائية أيضا مستخدمة في تطهير مياه الشرب، وزيادة نسب الكلور في الماء يؤدى إلى تفاعل المركبات العضوية في الماء مع الكلور مكونة مركبات أخرى تزيد معها احتمالات الإصابة بأمراض السرطانات.

4- **الرصاص:** النسبة المسموح بها من هذا المعدن في مياه الشرب هي 0.1 ملغم/لتر، وإذا زادت هذه النسبة يحدث التسمم بالرصاص، ويأتي تلوث مياه الشرب بالرصاص من أنابيب التوصيل المنزلية.

أعراض التسمم بالرصاص:

- آلام فى الجهاز الهضمي مصاحبا بقيء.

- تشنجات فى الجهاز العصبي قد يؤدى إلى حدوث شلل بالأطراف.

- الصرع.

- الغيبوبة.

- تأثر اللثة بظهور خط أزرق مائلا للسواد.

5- **الزرنيخ:** يصل إلى مياه الشرب من المبيدات الحشرية أو من فضلات المصانع، ويؤدى إلى إصابة الإنسان بسرطان الكبد أو بسرطان الرئة والموت السريع.

6- **الكادميوم:** النسبة المسموح بها فى الماء 1-10 ملغم/لتر، ويتسرب إلى مياه الشرب من المواسير المصنعة من البلاستيك. زيادة الكادميوم عن الحد المسموح به يؤثر على كمية الكالسيوم ولإصابة الإنسان بلين العظام.

7- **الحديد:** زيادة الحديد يؤدى إلى عسر الهضم عند الإنسان، ويختلط بمياه الشرب من المواسير المعدنية.

- **التلوث من محطات الطاقة:**

تخرج حوالى 60بالمائة من الطاقة من محطات الطاقة على شكل حرارة، والتى تحتاج إلى تبريد لمنع ارتفاع درجة حرارة المحركات وشبكة الأنابيب. ومياه التبريد هذه مصدرها مياه البحار التى ترجع إليها ثانية بدرجات حرارة مرتفعة أكثر من 10-12 درجة مئوية، ودرجة حرارة الماء المرتفعة هذه تؤدى إلى قلة الأكسجين الذائب فى الماء.

- التلوث الإشعاعى:

هذا النوع من التلوث ينتج من استخدام المواد المشعة مثل اليورانيوم (U) والثوريوم (Th) وهى المواد الناتجة عن الأفران الذرية، وغيرها من المواد الصلبة الأخرى المشعة.

* بعض الحلول لعلاج تلوث الماء:

- سرعة معالجة مياه الصرف الصحى قبل وصولها للتربة أو للمسطحات المائية الأخرى، والتى يمكن إعادة استخدامها مرة أخرى فى رى الأراضى الزراعية لكن بدون تلوث للتربة والنباتات التى يأكلها الإنسان والحيوان.

- التخلص من نشاط النقل البحرى، وما حدث من تسرب للبترول أو النفط فى مياه البحار من خلال الحرق أو الشفط.

- محاولة دفن النفايات المشعة فى بعض الصحارى المحددة، لأنها تتسرب وتهدد سلامة المياه الجوفية.

- فرض احتياطات على نطاق واسع من أجل المحافظة على سلامة المياه الجوفية كمصدر آمن من مصادر مياه الشرب، وذلك بمنع الزراعة أو البناء أو قيام أى نشاط صناعى قد يضر بسلامة المياه.

- محاولة إعادة تدوير بعض نفايات المصانع بدلا من إلقائها فى المصارف ووصولها إلى المياه الجوفية بالمثل طالما لا يوجد ضرر من إعادة استخدامها مرة أخرى.

- التحليل الدورى الكيميائى والحيوى للماء بواسطة مختبرات متخصصة، لضمان المعايير التى تتحقق بها جودة المياه وعدم تلوثها.

- الحد من تلوث الهواء الذى يساهم فى تلوث مياه الأمطار، وتحولها إلى ماء حمضى يثير الكثير من المشاكل المتداخلة.

- والخطوة الجادة الحقيقية هو توافر الوعى البشرى الذى يؤمن بضرورة محافظته على المياه من التلوث التى هى إكسير الحياة .. وغيرها من الحلول الأخرى الفعالة.

فتلوث الماء هو اختلاط الماء بمياه المجاري أو الكيميائيات السامة أو الفلزات أو الزيوت أو أية مواد أخرى. وفي مقدور هذا التلوث أن يؤثر في المياه السطحية، مثل الأنهار والبحيرات والمحيطات، كما يمكن أن يؤثر في المياه التي في باطن الأرض، والمعروفة بالمياه الجوفية. وبإمكانه أيضا أن يسبب الأذى لأنواع عديدة من النباتات والحيوانات. ووفقا لمنظمة الصحة العالمية، يموت ما يقرب من خمسة ملايين شخص سنويا، بسبب تجرعهم ماء ملوثا.

وفي النظام المائي الصحي، تعمل دورة من العمليات الطبيعية، على تحويل المخلفات إلى مواد نافعة أو ضارة. وتبدأ الدورة عندما تستخدم كائنات عضوية تعرف بالبكتيريا الهوائية الأكسجين الذائب في الماء، لهضم المخلفات. وتنتج هذه العملية النترات والفوسفات وغيرها من المغذيات (عناصر كيميائية تحتاجها الكائنات الحية في نموها). وتمتص الطحالب والنباتات المائية الخضراء هذه المغذيات، وتأكل حيوانات مجهرية تدعى العوالق الحيوانية الطحالب، وتأكل الأسماك تلك العوالق. أما الأسماك فقد تأكلها أسماك أكبر منها أو طيور أو حيوانات أخرى. وتنتج عن هذه الحيوانات مخلفات جسمية، ثم ما تلبث أن تموت. وتحلل البكتيريا هذه الحيوانات الميتة، والمخلفات الحيوانية، ثم تعاود الدورة مرة أخرى.

يحدث التلوث المائي عندما يلقي الناس بكميات من المخلفات في نظام مائي ما، بحيث تصل إلى درجة لايكون معها في وسع عمليات التنقية الطبيعية التابعة لها أن تؤدي وظيفتها على الوجه المطلوب. وبعض المخلفات، مثل الزيت والأحماض الصناعية والمبيدات الزراعية، تسمم النباتات المائية والحيوانات، بينما تلوث بعض المخلفات الأخرى مثل المنظفات الفوسفاتية والأسمدة الكيميائية وروث الحيوانات بعض الحياة المائية بمزيد من المغذيات. وتسمى هذه

العملية الإثراء الغذائي، وتبدأ عندما تنساب كميات كبيرة من المغذيات إلى أنظمة المياه حيث تعمل المغذيات على تحفيز النمو الزائد للطحالب. وكلما ازداد نمو الطحالب، ازداد فناؤها بالمقابل. وتستهلك البكتريا الموجودة في الماء كميات كبيرة من الأكسجين لتهضم بذلك الفائض من الطحالب الميتة .ويؤدي ذلك إلى نقص مستوى الأكسجين في الماء مما يتسبب في موت الكثير من النباتات المائية وكذلك الحيوانات.

يصدر التلوث المائي عن المؤسسات التجارية والمزارع والمنازل والمصانع ومصادر أخرى، ويشتمل على نفايات المجاري والكيميائيات الصناعية والكيميائيات الزراعية ومخلفات المواشي. ومن أشكال التلوث المائي أيضا الماء الحار النظيف المنبعث من محطات القدرة إلى مجاري المياه . ويتسبب هذا الماء الحار المسمى بالتلوث الحراري في الإضرار بالأسماك والنباتات المائية عن طريق تقليل كمية الأكسجين في الماء. وفي مقدور الكيميائيات والزيوت المنسكبة أن تحدث تلوثا مائيا مدمرا يتسبب في قتل الطيور المائية والمحار والحياة الفطرية الأخرى.

ويحدث بعض التلوث إذا لم يجر فصل محكم بين مجاري المياه ومياه الشرب النظيفة. ففي المناطق التي تفتقر إلى محطات حديثة لمعالجة مياه المجاري، يمكن أن تنساب المياه التي تحمل معها المخلفات البشرية إلى موارد المياه. مما يؤدي إلى اختلاط البكتيريا الناقلة للأمراض بماء الشرب وتتسبب في الإصابة بأمراض مثل الكوليرا والدوسنتاريا.

أما في المناطق التي تحظى بصرف صحي جيد فإن معظم المخلفات البشرية تنساب في أنابيب وضعت في باطن الأرض، حيث ينتهي بها المطاف إلى محطات معالجة خاصة تقتل البكتيريا الضارة وتزيل المخلفات الصلبة.

يعتبر تلوث الماء من أوائل الموضوعات التي اهتم بها العلماء والمختصون بمجال التلوث ، وليس من الغريب إذن (أن يكون حجم الدراسات التي تناولت هذا الموضوع أكبر من حجم تلك التي تناولت باقي فروع التلوث .

ولعل السر في ذلك مرده إلى سببين :

الأول : أهمية الماء وضروريته ، فهو يدخل في كل العمليات البيولوجية والصناعية ، ولا يمكن لأي كائن حي -مهما كان شكله أو نوعه أو حجمه - أن يعيش بدونه ، فالكائنات الحية تحتاج إليه لكي تعيش ، والنباتات هي الأخرى تحتاج إليه لكي تنمو، (وقد أثبت علم الخلية أن الماء هو المكون الهام في تركيب مادة الخلية ، وهو وحدة البناء في كل كائن حي نبات كان أم حيوانا ، وأثبت علم الكيمياء الحيوية أن الماء لازم لحدوث جميع التفاعلات والتحولات التي تتم داخل أجسام الأحياء فهو إما وسط أو عامل مساعد أو داخل في التفاعل أو ناتج عنه، وأثبت علم وظائف الأعضاء أن الماء ضروري لقيام كل عضو بوظائفه التي بدونها لا تتوفر له مظاهر الحياة ومقوماتها) .

إن ذلك كله يتساوى مع الاية الكريمة التي تعلن بصراحة عن إبداع الخالق جل وعلا في جعل الماء ضروريا لكل كائن حي ، قال تعالى ﴿**وجعلنا من الماء كل شيء حي أفلا يؤمنون**﴾[سورة الأنبياء:30].

الثاني : أن الماء يشغل أكبر حيز في الغلاف الحيوي ، وهو أكثر مادة منفردة موجودة به ، إذ تبلغ مساحة المسطح المائي حوالي 70.8بالمائة من مساحة الكرة الارضية ، مما دفع بعض العلماء إلى أن يطلقوا اسم (الكرة المائية) على الارض بدلا من من الكرة الأرضية . كما أن الماء يكون حوالي 60-70بالمائة من أجسام الأحياء الراقية بما فيها الإنسان ، كما يكون حوالي 90بالمائة من أجسام الاحياء الدنيا) وبالتالي فإن تلوث الماء يؤدي إلى حدوث أضرار بالغة ذو أخطار جسيمة بالكائنات الحية ، ويخل بالتوازن البيئي الذي لن يكون له معنى ولن تكون له قيمة إذا ما فسدت خواص المكون الرئيسي له وهو الماء .

مصادر تلوث الماء :

يتلوث الماء بكل مايفسد خواصه أو يغير من طبيعته ، والمقصود بتلوث الماء هو تدنس مجاري الماء والأبار والأنهار والبحار والأمطار والمياه الجوفية مما يجعل ماءها غير صالح للإنسان أو الحيوان أو النباتات أو الكائنات التي تعيش في البحار والمحيطات ، ويتلوث الماء عن طريق المخلفات الإنسانية والنباتية والحيوانية والصناعية التي تلقي فيه أو تصب في فروعه ، كما تتلوث المياه الجوفية نتيجة لتسرب مياه المجاري إليها بما فيها من بكتريا وصبغات كيميائية ملوثة ، ومن أهم ملوثات الماء ما يلي :

مياه الأمطار الملوثة:

تتلوث مياه الأمطار - خاصة في المناطق الصناعية لأنها تجمع أثناء سقوطها من السماء كل الملوثات الموجودة بالهواء ، والتي من أشهرها أكاسيد النيتروجين وأكاسيد الكبريت وذرات التراب ، ومن الجدير بالذكر أن تلوث مياه الأمطار ظاهرة جديدة استحدثت مع انتشار التصنيع ، وإلقاء كميات كبيرة من المخلفات والغازات والاتربة في الهواء أو الماء ، وفي الماضي لم تعرف البشرية هذا النوع من التلوث.

ولقد كان من فضل اللـه على عباده ورحمه ولطفه بهم أن يكون ماء المطر الذي يتساقط من السماء ، ينزل خاليا من الشوائب ، وأن يكون في غاية النقاء والصفاء والطهارة عند بدء تكوينه ، ويظل الماء طاهرا إلى أن يصل إلى سطح الارض ، وقد قال اللـه تعالى في كتابه العزيز مؤكدا ذلك قبل أن يتأكد منه العلم الحديث:﴿ **وهو الذي أرسل الرياح بشرا بين يدي رحمته وأنزلنا من السماء ماء طهورا** ﴾[سورة الفرقان 48].

وقال أيضا :﴿**إذ يغشيكم النعاس أمنة منه وينزل عليكم السماء ماء ليطهركم به ويذهب عنكم رجس الشيطان وليربط على قلوبكم ويثبت به الاقدام**﴾[سورة الانفال: 11].

وإذا كان ماء المطر نقيا عند بدء تكوينه فإن دوام الحال من المحال ، هكذا قال الإنسان وهكذا هو يصنع ، لقد امتلئ الهواء بالكثير من الملوثات الصلبة والغازية التي نفثتها مداخن المصانع ومحركات الآلات والسيارات ، وهذه الملوثات تذوب مع مياه الأمطار وتتساقط مع الثلوج فتمتصها التربة لتضيف بذلك كما جديدا من الملوثات إلى ذلك الموجود بالتربة ، ويمتص النبات هذه السموم في جميع أجزائه ، فإذا تناول الإنسان أو الحيوان هذه النباتات ادى ذلك الى التسمم **﴿ليذيقهم بعض الذي علموا لعلهم يرجعون﴾**[سورة الروم 41]

كما أن سقوط ماء المطر الملوث فوق المسطحات المائية كالمحيطات والبحار والأنهار والبحيرات يؤدي إلى تلوث هذه المسطحات وإلى تسمم الكائنات البحرية والأسماك الموجودة بها ، وينتقل السم إلى الإنسان إذا تناول هذه الأسماك الملوثة ، كما تموت الطيور البحرية التي تعتمد في غذائها على الأسماك .

إنه انتحار شامل وبطيء يصنعه البعض من بني البشر ، والباقي في غفلة عما يحدث حوله ، حتى إذا وصل إليه تيار التلوث أفاق وانتبه ن ولكن بعد أن يكون قد فاته الأوان .

2- مياه المجاري :

وهي تتلوث بالصابون والمنظفات الصناعية وبعض أنواع البكتيريا والميكروبات الضارة ، وعندما تنتقل مياه المجاري إلى الأنهار والبحيرات فإنها تؤدي إلى تلوثا هي الأخرى .

3- المخلفات الصناعية :

وهي تشمل مخلفات المصانع الغذائية والكيميائية والألياف الصناعية والتي تؤدي إلى تلوث الماء بالدهون والبكتيريا والدماء والاحماض والقلويات والأصباغ والنفط ومركبات البترول والكيمياويات والأملاح السامة كأملاح الزئبق والزرنيخ ، وأملاح المعادن الثقيلة كالرصاص والكادميوم .

4- المفاعلات النووية :

وهي تسبب تلوث حراريا للماء مما يؤثر تأثيرا ضارا على البيئة وعلى حياتها، مع احتمال حدوث تلوث إشعاعي لأجيال لاحقة من الإنسان وبقية الكائنات .

5- المبيدات الحشرية :

والتي ترش على المحاصيل الزراعية أو التي تستخدم في إزالة الأعشاب الضارة ، فينساب بعضها مع مياه الصرف المصارف ، كذلك تتلوث مياه الترع والقنوات التي تغسل فيها معدات الرش وآلاته ، ويؤدي ذلك إلى قتل الأسماك والكائنات البحرية كما يؤدي إلى نفوق الماشية والحيوانات التي تشرب من مياه الترع والقنوات الملوثة بهذه المبيدات ، ولعل المأساة التي حدثت في العراق عامي 1971- 1972م أو ضح دليل على ذلك حين تم استخدام نوع من المبيدات الحشرية المحتوية على الزئبق مما أدي إلى دخول حوالي 6000شخص إلى المستشفيات ، ومات منهم 500.

6- التلوث الناتج عن تسرب البترول الى مياه البحار والمحطات :

وهو إما نتيجة لحوادث غرق الناقلات التي تتكرر سنويا ، وإما نتيجة لقيام هذه الناقلات بعمليات التنظيف وغسل خزاناتها وإلقاء مياه الغسل الملوثة في عرض البحر .

ومن أسباب تلوث مياه البحار أيضا بزيت البترول تدفقه أثناء عمليات البحث والتنقيب عنه ، كما حدث في شواطئ كاليفورنيا وبالولايات المتحدة الأمريكية في نهاية الستينيات ، وتكون نتيجة لذلك بقعة زيت كبيرة الحجم قدر طولها بثمانمائة ميل على مياه المحيط الهادي ، وأدى ذلك إلى موت أعداد لا تحصى من طيور البحر ومن الدرافيل والأسماك والكائنات البحرية نتيجة للتلوث .

هكذا رأينا كيف ظهر الفساد في البر والبحر بما كسبت أيدي الناس ، والخطورة الكبرى من تلوث الماء تكمن في المياه الصالحة للشرب ، ومما يؤسف له أن هناك بعض الأنهار لم تعد تصلح لهذا الغرض مثل نهر الرور بالمانيا ، كما أن إلقاء مخلفات المجاري في مجري الأنهار دون معالجة يؤدي إلى تغير لون الماء ، وإلى نمو الطحالب والنباتات المائية بصورة كثيفة ، مما يؤثر على الملاحة وعلى سرعة التيار ، بالإضافة إلى أن الماء الراكد يكون مركزا خصبا لنمو وتكاثر الطفيليات المسببة للأمراض كالكوليرا والبلهارسيا والحمى التيفوئيدية والدوسنتاريا وغيرها من الأمراض ، وإذا نحن تأملنا قوله تعالى : ﴿**مثل لجنة التي وعد المتقون فيها أنهار من ماء غير آسن وأنهار من لبن لم يتغير طعمه وأنهار من خمر لذة للشاربين وأنهار من عسل مصفى ولهم فيها من كل الثمرات ومغفرة من ربهم كمن هو خالد في النار وسقوا ماء حميما فقطع أمعاءهم**﴾[سورة محمد:15].

وجدنا أن الآية الكريمة توجه الأنظار إلى أن الماء الآسن الراكد المتغير ماء ضار ، وقد قررت الآية الكريمة ذلك قبل كشف المناظير المكبرة "ميكروسكوب" بقرون عدة حيث تبين أن الماء الراكد المتغير مستودع الملايين البكتيريا الضارة وغيرها من الطفيليات التي تصيب الإنسان والأنعام بأضرار شتى) .

وتحويلها إلى مواد أقل ضررا إلا أن هذه العملية الطبيعية شديدة البطء ، وتحتاج إلى وقت طويل لاستكمالها ولذلك لا يمكن الاعتماد عليها في إزالة مثل هذا التلوث ، ولقد استخدمت عدة طرق للتخلص من بقع الزيت التي تطفو على سطح الماء منها :

تلوث المياه السطحية:

تلوث الأنهار والبحيرات:

يعد هذا التلوث من أخطر أنواع تلوث المياه على الإطلاق، لأنه يؤثر على مياه الشرب والمياه المستخدمة في الزراعة والري. وينتج تلوث الأنهار والبحيرات، عن عدة مصادر، منها صرف الملوثات الكيميائية المختلفة الناتجة عن المصانع، والصرف الصحي في هذه الأنهار والمحيطات. كما أن مخلفات الصرف الزراعي، المحملة بالعديد من الأسمدة العضوية، ومياه السيول المحملة بالمواد الذائبة العضوية والكيميائية، تعد من المصادر الخطيرة لتلوث مياه الأنهار والبحيرات، التي لا يمكن تحديد كميتها أو التحكم فيها .

إلا أنه في العصر الحديث، ومع ازدياد النشاط الصناعي وتلوث الجو، أصبحت مشكلة الأمطار الحمضية من الأخطار، التي تهدد مصادر المياه العذبة في العالم، بصفة خاصة في البلدان الصناعية.

تلوث البحار والمحيطات:

يؤدي تلوث البحار والمحيطات، بصفة أساسية، إلى اختلال التوازن البيئي على كوكب الأرض. ومما يزيد الأمر تعقيدا، تعدد مصادر التلوث وصعوبة سن أو تطبيق قوانين حماية البحار والمحيطات، حيث تعد البحار والمحيطات معابر عالمية للملاحة الدولية. وهناك العديد من مصادر التلوث للبحار والمحيطات، منها الصرف الصحي، حيث تفرغ العديد من الدول والبلدان المطلة على البحار والمحيطات مياه صرفها الصحي في هذه المسطحات المائية.

وقد أحدثت هذه المصادر الضرر البالغ بالعديد من المسطحات المائية، منها على سبيل المثال ما حدث في البحر الأبيض المتوسط، أوائل السبعينيات.

ولكن خطة بناء محطات معالجة مياه الصرف الصحي، في جميع المدن الساحلية المطلة على البحر المتوسط. أسهمت بصورة كبيرة في انخفاض منسوب التلوث، الناتج عن الصرف الصحي.

ولا يختلف الأمر كثيرا بالنسبة للصرف الصناعي، حيث تصرف الدول الصناعية مخلفاتها الصناعية ونفاياتها السامة والإشعاعية، في عرض البحر بواسطة السفن، أو تدفنها في قاع المحيطات. كما يعد التسرب البترولي من حقول البترول أو من حوادث الناقلات المحملة بالنفط، من أحد أسباب التلوث المهمة في البحار والمحيطات. ومما يزيد من خطورة هذه المصادر، عدم التزام العديد من الدول بتطبيق الاتفاقيات والمعاهدات الدولية، التي أنشئت ووقعت لحماية البيئة، مثل معاهدة لندن عام 1972، واتفاقية الكويت لحماية البيئة البحرية، التي وقعتها دول الخليج عام 1978.

تلوث المياه الجوفية :

منذ أمد بعيد كانت الآبار من مصادر المياه النقية، التي لا يمكن تلوث مياهها نتيجة للتأثير ألترشيحي للتربة على المياه المترسبة، غير أن هذا الاعتقاد تغير الآن ففي كثير من الحالات، تكون الآبار المستخدمة قريبة من سطح الأرض، كما هو الحال في الآبار قليلة الغور، وتزداد فرصة تعرضها للتلوث البيولوجي أو الكيميائي.

أما في حالة الآبار العميقة، وهي التي يزيد عمقها عن 40-50 قدما، فتقل فرص التلوث فيها، لأن المياه تمر في هذه الحالة على طبقات مسامية نصف نفاذة، تعمل في كثير من الأحيان على ترشيح الماء وتخليصه من معظم الشوائب. غير أن الشواهد، التي تجمعت في السنوات القليلة الماضية، دلت على أن بعض المبيدات الحشرية والمواد الكيميائية، وجدت طريقها إلى طبقة المياه الحاملة Aquifers في باطن الأرض. وتعد هذه المعلومات العلمية الحديثة في غاية الخطورة. إذ تشير الدلائل إلى تعرض المخزون الكبير للأرض من الماء العذب، إلى التلوث من مصادر عديدة .

ومن هذه المصادر:

الأنشطة الزراعية:

حيث يؤدي استعمال الماء بالطرق القديمة، مثل الغمر أو الاستعمال المفرط للمياه، مع سوء استخدام المبيدات الحشرية والأسمدة، إلى زيادة تركيز الأملاح والمعادن والنترات في المياه الجوفية، بصفة خاصة إذا لم تتوفر أنظمة الصرف الزراعي العلمية.

استخدام آبار الحقن:

وهي آبار تستخدم لحقن النفايات الصناعية والإشعاعية، في الطبقات الجوفية العميقة الحاملة للمياه المالحة. إلا أنه قد ينتج عن ذلك تسرب هذه النفايات إلى الطبقات العليا الحاملة للمياه العذبة عن طريق الأنابيب عبر المحكمة، أو عن طريق سريانها في اتجاه الطبقات الحاملة للمياه العذبة، عن طريق التصدعات في الطبقات غير المنفذة.

بيارات الصرف :

وهي الحفر والحجرات، التي تبنى في القرى والمدن، التي لا يتوفر فيها أنظمة صرف صحي كوسيلة للتخلص من الفضلات والمياه المستعملة. واستخدام هذه البيارات يؤدي في كثير من الأحيان، إلى تسرب ما تحمله من بكتريا ومواد عضوية إلى الطبقة الحاملة، والى تلوثها.

تداخل المياه المالحة :

وتحدث في الآبار القريبة من البحار المالحة، نتيجة الضخ والاستخدام المفرط للمياه العذبة، مما يؤدي إلى تسرب المياه المالحة من البحر في اتجاه الطبقات الحاملة، واختلاطها بالمياه العذبة. ونتيجة لذلك، تصبح هذه المياه غير صالحة للشرب أو الزراعة.

التخلص السطحي من النفايات :

ويحدث هذا، غالبا، في البلاد الصناعية، حيث تدفن هذه البلاد نفاياتها الصناعية، في برك تخزين سطحية . فعلى سبيل المثال، يتم التخلص من حوالي 390 مليون طن من النفايات الصلبة في الولايات المتحدة الأمريكية، عن

طريق دفنها في أماكن مخصصة على سطح الأرض. كما يجري التخلص من حوالي 10 آلاف مليون جالون من النفايات السائلة عن طريق وضعها في برك تخزين سطحية.

وقد يؤدي عدم إحكام عزل هذه البرك، إلى تسرب هذه النفايات إلى الطبقة الحاملة للمياه العذبة، حيث يعد 10بالمائة من هذه النفايات ذات خطورة حقيقية، على صحة الإنسان والبيئة.

وعند حدوث تلوث للمياه الجوفية، يصعب، إن لم يكن مستحيلا، التخلص من هذا التلوث، أو إجراء أي معالجة للمياه الموجودة في الطبقات الحاملة. ومما يزيد الأمر تعقيدا، وجود هذه المياه في باطن الأرض وبطء حركتها، ذلك أن سرعة سريان هذه المياه في باطن الأرض، لا يتجاوز عدة أمتار في اليوم، أو ربما عدة أمتار في السنة، تبعا لمكان المياه الجوفية ونوعها. وهذا يعني مرور السنين الطوال قبل التخلص من أي تلوث، أو قبل اكتشاف أي تلوث. مما يؤدي إلى انتشاره عبر المجاري والأنهار، الجارية في باطن الأرض .

التلوث الحراري

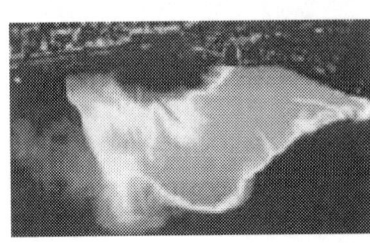

التلوث الحراري يحدث حينما يضاف الماء الساخن إلى جسم مائي. وفي هذه الصورة التي أخذت بوساطة فيلم خاص للأشعة تحت الحمراء، يظهر الماء الأدفأ أكثر تلونا من بقية المياه في النهر. ويأتي الماء الساخن من محطة توليد طاقة نووية، ويحمله التيار إلى أسفل المجرى

مصادر التلوث الحراري :

يعد التلوث الحراري معضلة صناعية على الرغم من أن الفضلات المدنية تسبب هي الأخرى تغييرا محدودا في درجات حرارة المياه المستقبلة لهذه الفضلات.

وأهم مصادر التلوث الحراري هي صناعات الطاقة الكهربائية بنوعيها النووي والحراري، أما الصناعات الأخرى كصناعة الحديد والصلب - صناعة الورق - مصافي تكرير النفط وغيرها فهي جميعا تعد مصدرا ثانويا للتلوث الحراري.

1- مصادر توليد الطاقة الكهربائية :

تنشأ هذه المحطات على مقربة من الموارد المائية وذلك لعظم كميات المياه التي تحتاجها هذه المحطات للتبريد. ويتم استخدام مياه البحر بجميع المبادلات الحرارية لغرض تكثيف البخار بالمحطات البخارية ولأغراض التبريد بالمحطات البخارية والغازية وتكتسب هذه المياه الداخلة في عملية التبريد درجة حرارة عالية عند خروجها وتصرف إلى البحر وهذا يسبب

ظاهرة التلوث الحراري لمياه البحر حيث يبلغ معدل المياه المستعملة في عمليات التبريد لجميع المحطات (محطات التوليد بالجماهيرية) حوالي 4,800,000 متر مكعب/يوم.

غالبا ما تكون الكفاءة الحرارية لمحطات الطاقة النووية أقل من تلك التي تستخدم الوقود الاحفوري وعليه فإن الحرارة المتبددة في مياه التبريد من هذه المحطات ستكون كبيرة ويرجع انخفاض كفاءة المحطات النووية إلى سببين رئيسيين: الكفاءة في التوليد والأمر الآخر يتعلق بمحطات الوقود الاحفوري حيث يتم طرح جزء من هذه الحرارة إلى الجو عن طريق المداخن في حين يتعذر ذلك في المحطات النووية لاعتبارات بيئية وحذرا من التسرب الاشعاعي وبسبب هذين العاملين فإن محطة توليد الطاقة الكهربائية النووية تطرح 50بالمائة من الطاقة الحرارية إلى الموارد المائية أكثر من نظيرتها التي تستخدم الوقود الاحفوري.

2- الصناعات النفطية والمصافي :

تستخدم المصافي النفطية كميات كبيرة من المياه في التبريد والعمليات الصناعية المختلفة وتطرح هذه المياه خلال دائرة مفتوحة وعلى الأخص بالنسبة للمصافي الواقعة على شواطئ البحر مثل مصفاة والتي تبلغ 30-10 مرة من كمية النفط الخام المعالج حيث تؤدى هذه المياه إلى خفض كميات الأكسجين الذائب مما يسبب خللا في الأحياء المائية الدقيقة إضافة إلى ذلك أن المياه الراجعة إلى المصدر المائي تحتوي على زيوت وشحوم وهذا بدوره يؤدي إلى تلوث شواطئ البحر بالزيت.

3- صناعة الحديد والصلب :

صناعة الحديد والصلب من أكثر الصناعات استهلاكا للطاقة وبالتالي من أكثرها تلويثا للبيئة ومن المعروف أنه لإنتاج طن واحد من الحديد

والصلب نحتاج إلى صرف 460 مترا مكعبا من الغاز و59 غراما من الزيت واستهلاك 1400 ك.و.س من الكهرباء وهكذا ندرك ما يمكن أن يترتب على هذا من تلوث للهواء والماء والتربة. ونظرا للاستخدام الضروري للمياه في صناعة الحديد والصلب ينتج تلوث للمياه وإحداث ضرر على البيئة ومن أهم استخدامات المياه الصناعية التبريد بشقيه المباشر وغير المباشر فينتج عن التبريد المباشر للمنتوجات إزالة القشور من على أسطحها وتختلط المياه بالقشور وكذلك بالزيوت والشحوم المستعملة للدرافيل، فيحدث تلوث لهذه المياه وتختلط بالشوائب وتظهر مؤشرات التلوث المتمثلة في الحرارة والزيوت كذلك بعض المعادن الثقيلة وعسر الماء وغيرها من مؤثرات التلوث. وتستخدم المياه أيضا كعامل مساعد لكبت أنواع مختلفة من عناصر التلوث الناتجة عن طريق مناولة مكورات الحديد خلال عمليات الاختزال المباشر وكبت لغازات العوادم الناتجة من عمليات الاحتراق بمصانع الاختزال المباشر.

نظم التبريد في محطات توليد الطاقة الكهربائية :

توجد عدة اعتبارات عند اتخاذ قرار بشأن نظم التبريد التي يمكن أن تعتمدها المحطة وهذه الاعتبارات مرتبطة بالعامل الاقتصادي وموقع المحطة وصرامة التشريعات البيئية وهذه النظم المألوفة هي:

1- النظام المفتوح :

يستخدم الماء المسحوب من المصدر المائي لمرة واحدة للتبريد ثم يعاد إلى المصدر وقد يبرد الماء قليلا بواسطة بركة قبل إعادته إلى المصدر المائي.

2- نظام التبريد التبخيري :

وغالبا ما يكون هذا النظام مغلقا حيث تعاد المياه المبردة بواسطة التبخير إلى المحطة ثانية ولا يسحب من المصدر المائي إلا القدر الكافي لتعويض ضائعات التبخير. ويجرى التبريد إما بواسطة برك التبريد التي تصمم وفق الظروف المناخية والمعطيات التصميمية للمحطة.

3- **النظم الجافة :**

وتعتمد النظم الجافة على امرار تيار هوائي يتلامس مع الأنابيب الحاوية للمياه الساخنة فيبرده ونادرا ما يستخدم هذا النظام بنجاح في محطات توليد الكهرباء لأسباب اقتصادية ولكنه قد يكون فعالا في الأجواء الباردة جدا.

تأثيرات التلوث الحراري على المصادر المائية :

1- **التأثيرات الطبيعية :**

الزيادة في درجة حرارة المصدر المائي بحد ذاتها يمكن أن تكون مفيدة أو مضرة بالمصدر وذلك حسب طبيعة استخدام ذلك الماء الذي تقل فائدته لأغراض التبريد الصناعية في حين يقلل من كمية الكيماويات المستخدمة لتصفية هذه المياه في محطات التحلية كما يؤثر ارتفاع درجة حرارة الماء على كل خصائصه الطبيعية كالكثافة والشد السطحي وذوبان الغازات في الماء واللزوجة وغيرها كما هو مبين في الجدول التالي :

* درجة الحرارة	ذوبان الأكسجين (mg/L)	الكثافة (gm/ml)	اللزوجة Cs * *
0	14.6	0.99984	1.787
5	12.8	0.99997	1.519
10	11.3	0.99970	1.307
15	10.2	0.99910	1.139
20	9.2	0.99820	1.002
25	8.4	0.99704	0.890
30	7.6	0.99565	0.798

* جدول بعض خصائص الماء بدرجة حرارته

** حد الاشباع بالمليغرامات أوكسجين لكل لتر

ويعد تأثير ذوبان الأكسجين بارتفاع درجة الحرارة عاملا حيويا للمصادر المائية حيث أن الأكسجين مهم لكافة الأحياء المائية. وكما هو معروف كلما زادت درجة الحرارة انخفض معدل اشباع الماء بالأكسجين (Cs).

2- التأثيرات الكيماوية :

تعتمد سرعة التفاعل الكيميائي أو البيوكيماوي على عدة عوامل من أهمها درجة الحرارة وعلى العموم فإن سرعة التفاعل تتضاعف كل عشر درجات مئوية.

3- التأثيرات البيولوجية :

يؤثر طرح المياه الساخنة على المنظومات البيولوجية الموجودة في المصدر المائي عن طريق اتلاف التركيب البروتيني للكائنات الحية. لذا فإن تعرض الأحياء لحرارة عالية سوف يؤدي إلى تغيرات في معدلات التكاثر والتنفس والنمو وقد يؤدي إلى موت هذه الأحياء ويتناسب هذا التأثير مع مقدار الزيادة في درجة الحرارة وفترة التعرض لهذه الحرارة. فمن المتوقع أن تتأثر الأحياء بالحرارة بأحد الأشكال الآتية:

1. بعض الأحياء الصغيرة تتسرب إلى مصافي السحب وتدخل المحطة ويكون لها تماس مع الحرارة الشديدة للمكثفات قبل أن تطرح ثانية مع الماء الساخن إلى المصدر.

2. تتعرض الأحياء الموجودة عند مصب المياه الساخنة إلى تماس مع الدفق الساخن عند بداية انتشاره في المصدر وبذلك فهي تتعرض لفروق حرارية عالية نسبيا وتستطيع بعض الأحياء المائية العليا كالأسماك أن تغادر مواقع المصبات الساخنة أما الأحياء الحساسة لارتفاع درجة الحرارة فسوف يقضى عليها قرب هذه المواقع.

3. يؤدي ارتفاع درجة حرارة الماء فوق (32) درجة مئوية إلى نقصان عدد الأحياء القاعية ومن الملاحظ أن الأحياء كاملة النمو أكثر تحملا للفروق الحرارية من بعض صغار تلك الأحياء أو يرقاتها.

تلوث التربة

هو التدمير الذي يصيب طبقة التربة الرقيقة الصحية المنتجة حيث ينمو معظم غذائنا. ولولا التربة الخصبة لما استطاع المزارعون إنتاج الغذاء الكافي لدعم سكان العالم.

تعتمد التربة الصحية على البكتيريا والفطريات والحيوانات الصغيرة لتحليل المخلفات التي تحتويها، وإنتاج المغذيات. وتساعد هذه المغذيات في نمو النباتات. وقد تحد الأسمدة والمبيدات من قدرة الكائنات العضوية التي في التربة على معالجة المخلفات. وبناء عليه، فإن في مقدور المزارعين الذين يفرطون في استخدام الأسمدة والمبيدات أن يعملوا على تدمير إنتاجية التربة.

وهناك عدد من النشاطات البشرية الأخرى التي يمكنها تدمير التربة. وقد يؤدي ري التربة في المناطق الجافة، مع وجود نظام تصريف سيئ، إلى ترك الماء راكدا في الحقول. وإذا ما تبخر هذا الماء الراكد فإنه سيخلف الرواسب الملحية من ورائه جاعلا التربة شديدة الملوحة، مما يؤثر في نمو المحاصيل. وتؤدي عمليات التعدين والصهر إلى تلويث التربة بالفلزات الثقيلة السامة. كما يرى كثير من العلماء أن بإمكان المطر الحمضي أن يقلل من خصوبة التربة.

يتلوث سطح الأرض نتيجة التراكم المواد والمخلفات الصلبة التي تنتج من المصانع والمزارع والنوادي والمنازل والمطاعم والشوارع، كما يتلوث أيضا من مخلفات المزارع كأعواد المحاصيل الجافة ورماد احتراقها .

تلوث التربة وتدهورها:

إن التربة التي تعتبر مصدرا للخير والثمار، من أكثر العناصر التي يسئ الإنسان استخدامها في هذه البيئة . فهو قاس عليها لا يدرك مدى أهميتها فهي مصدر الغذاء الأساسي له ولعائلته، وينتج عن عدم الوعي والإدراك لهذه الحقيقة إهماله لها .

أسباب تدهور التربة :

-تمليح التربة والتشبع بالمياه (التطبيل)، فالاستخدام المفرط لمياه الري مع سوء الصرف الصحي يؤدي إلى الإضرار بالتربة .

-وجود ظاهرة التصحر، ويساعد في هذه العملية عدم سقوط الأمطار والرياح النشطة التي تعمل على زحف الرمال أيضا إلى الأراضي الزراعية .

-استخدام المبيدات والكيماويات على نحو مفرط

-التوسع العمراني الذي أدى إلى تجريف وتبوير الأراضي الزراعية .

-التلوث بواسطة المواد المرسبة من الهواء الجوي في المناطق الصناعية .

-التلوث بواسطة المواد المشعة .

-التلوث بالمعادن الثقيلة .

-التلوث بواسطة الكائنات الحية .

الآثار المترتبة على تدهور التربة :

- نقص المواد الغذائية اللآزمه لبناء الإنسان ونموه، وعلي نحو أعم مسئولة عن حياته على سطح الأرض .

-اختفاء مجموعات نباتية وحيوانية أو بمعني آخر انقراضها .

-تلحق الضرر بالكائنات الحية الأخرى:

أ -الإضرار بالثروة السمكية .

ب -هجرة طيور كثيرة نافعة .

ج -الإضرار بالشعب المرجانية والتي بدورها تؤثر على الجذب السياحي وفي نفس الوقت علي الثروة السمكية حيث تتخذ العديد من الأسماك من هذه الشعب المرجانية سكنا وبيئة لها

المبيدات الحشرية :

والتي من أشهرها مادة D.D.T غم من أن هذه المبيدات تفيد في مكافحة الحشرات الضارة ، إلا أنها ذات تأثير قاتل على البكتيريا الموجودة في التربة ، والتي تقوم بتحليل المواد العضوية إلى مركبات كيميائية بسيطة يمتصها النبات ، وبالتالي تقل خصوبة التربة على مر الزمن مع استمرار استخدام هذه المبيدات ، وهذه طامه كبرى ، وخاصة إذا أضفنا إلى ذلك المناعة التي تكتسبها الحشرات نتيجة لاستخدام هذه المبيدات والتي تؤدي إلى تواجد حشرات قوية لا تبقى ولا تذر أي نبات أخضر إذا هاجمته أو داهمته .

إن مادة الـ D.D.T تتسرب إلى جسم الإنسان خلال الغذاء الذي يأتيه من النباتات والخضروات ويتركز هذا المبيد في الطبقات الدهنية بجسم الإنسان الذي إذا حاول أن يتخلص منها أدت إلى التسمم بهذا المبيد ، وتتركز خطورة مادة الـ د .د.ت في بقائها بالتربة الزراعية لفترة طويلة من الزمن دون أن تتحلل ، ولهذا ازدادت الصيحات والنداءات في الآونة الأخيرة بضرورة عدم استعمال هذه المادة كمبيد .

إنه لمن المؤسف أن الاتجاهات الحديثة في مكافحة الحشرات تلجأ إلى استخدام المواد الكيميائية ، ويزيد الطين بلة استخدام الطائرات في رش الغابات والنباتات والمحاصيل الزراعية . إن ذلك لا يؤدي إلى تساقط الأوراق والأزهار والأعشاب فحسب ، بل يؤدي إلى تلوث الحبوب والثمار والخضروات والتربة ، وذلك قد يؤدي إلى نوعين من التلوث :

الأول : تلوث مباشر وينتج عن الاستعمال الآدمي المباشر للحبوب والثمار الملوثة .

الثاني : تلوث غير مباشر وهذا له صور شتى وطرق متعددة .

1. فهو إما أن يصاب الإنسان من جراء تناوله للحوم الطيور التي تحصل على غذائها من التقاطها للحشرات الملوثة حيث تنتقل هذه المبيدات

إلى الطيور وتتراكم داخلها ويزداد تركيزها مع ازدياد تناول هذه الطيور للحشرات فإذا تناولها الإنسان كانت سما بطيئا ، يؤدي إلى الموت كلما تراكم وازدادت كميته وساء نوعه .

2. وهو إما أن يصاب به نتيجة لتناوله للحوم الحيوانات التي تتغذى على النباتات الملوثة .

3. كما يمكن أن يصاب به نتيجة لسقوط هذه المبيدات في التربة وامتصاص النبات لها ، ودخولها في بناء خلايا النبات نفسه .

ومن أشهر المبيدات الحشرية التي تضر بصحة الإنسان تلك المحتوية على مركبات الزئبق ولقد سمي المرض الناتج عن التسمم بالزئبق بمرض (الميناماتا) وذلك نسبة إلى منطقة خليج (ميناماتا) باليابان والتي ظهر فيها هذا المرض لأول مرة عام 1953م ، وذلك كنتيجة لتلوث المياه المستخدمة في ري الأراضي الزراعية بمخلفات تحتوي على مركبات الزئبق السامة الناتجة من أحد المصانع وحتى ولو كان بكميات صغيرة على جسم الإنسان حيث ترتخي العضلات وتتلف خلايا المخ وأعضاء الجسم الأخرى ، وتفقد العين بصرها ، وقد تؤدي إلى الموت كما تؤثر على الجنين في بطن أمه .

فهل بعد هذا فساد ؟ إنه لمن المزعج أن دعاة التقدم والتطور يعتقدون أن استخدم المبيدات الكيميائية والحشرية تساعد على حماية النباتات من خطر الحشرات والفطريات التي تهاجمها . وأنهم بذلك يزيدون الإنتاج ويصلحون في الأرض . ﴿وإذا قيل لهم لا تفسدوا في الأرض قالوا إنما نحن مصلحون . ألا إنهم هم المفسدون ولكن لا يشعرون﴾.

الأسمدة الكيماوية :

من المعروف أن الأسمدة المستخدمة في الزراعة تنقسم إلى نوعين :

الأسمدة العضوية :

وهي تلك الناتجة من مخلفات الحيوانات والطيور والإنسان ، ومما هو معروف علميا أن هذه الأسمدة تزيد من قدرة التربة على الاحتفاظ بالماء .

الأسمدة غير العضوية :

وهي التي يصنعها الإنسان من مركبات كيميائية فإنها تؤدي إلى تلوث التربة بالرغم من أن الغرض منها هو زيادة إنتاج الأراضي الزراعية ، ولقد وجد المهتمون بالزراعة في بريطانيا أن زيادة محصول الفدان الواحد في السنوات الأخيرة لا تزيد على الرغم من الزيادة الكبيرة في استعمال الأسمدة الكيميائية يؤدي إلى تغطية التربة بطبقة لا مسامية أثناء سقوط الأمطار الغزيرة ، بينما تقل احتمالات تكون هذه الطبقة في حالة الأسمدة العضوية .

ونقول : في الوقت الذي فقد فيه المجاعات والأوبئة كثيرا من قسوتها وضراوتها في إرعاب البشرية نجد أن تلوث البيئة قد حل محل هذه الأوبئة ، وخطورة التلوث هو أنه من صنع الإنسان وأن آثاره السيئة تعود عليه وعلى زراعته وصناعته، بحيث تؤدي في النهاية إلى قتل النفس التي حرم الله قتلها إلا بالحق، وإلى تغيير شكل الحياة على الأرض ، ومن الواجب علينا كمسلمين أن نحاول منع ذلك بشتى الطرق الممكنة عملا بقوله تعالى : ﴿من قتل نفسا بغير نفس أو فساد في الأرض فكأنما قتل الناس جميعا ومن أحياها فكأنما أحيا الناس جميعا﴾[سورة المائدة: 22].

الزراعة وحماية البيئة :

بدأت وزارة الزراعة ترشيد استهلاك المبيدات حماية للبيئة من التلوث وحفاظا على التوازن الطبيعي للبيئة الحشرية ، يتضمن انتخاب الأصناف النباتية لمقاومة الحشرات والأمراض . والمواعيد المثلى لزراعة النبات ومقاومة الحشائش واستخدام الأعداء الحيوية والمبيدات المتخصصة لمكافحة كل آفة أو مجموعة متماثلة من الآفات .

- **تعمير الصحراء :** يراعي في الأراضي الصحراوية الجديدة :

1- فرض قوانين صارمة تمنع تلوث الهواء والماء والتربة في الأراضي الجديدة عند إقامة النشاطات الصناعية والزراعية والسياحية المختلفة.

2- الإقلال من **استخدام** مبيدات الحشائش والحشرات .

3- ضرورة الاهتمام بالتخطيط العمراني وتخطيط التجمعات السكانية وتصميم وتوحيد **الوحدات** السكنية ، واختيار مواد البناء الملائمة للبيئة الصحراوية ، ووضع استراتيجية للاستيطان تعتمد على تقسيم الصحراء إلى أماكن جذب سكاني للمناطق التي تتوافر فيها مقومات الحياة الأساسية

طرق حماية البيئة من التلوث، وذلك من حيث :

أ - طريقة إحراق طبقة الزيت :

ولكن هذه الطريقة لا يسهل استخدامها في كل الأحوال ، وذلك لأن مياه البحر تساعد عادة على تبريد طبقة الزيت الطافية فوقها ، وقد تمنع اشتعالها وتمنع انتشار النار فيها وليس من المستحب استخدام هذه الطريقة في إزالة بقع الزيت .

تتعرض المصادر المائية إلى تغيير مفاجئ في درجات حراراتها نتيجة قيام بعض الصناعات وبالأخص صناعات توليد الطاقة الكهربائية والصناعات النفطية بطرح المياه الساخنة إلى هذه المصادر حيث تسحب هذه الصناعات كميات كبيرة من مياه المصدر المائي لأغراض التبريد ويعود معظم هذه المياه إلى المصدر المائي بعد أن يسخن. ونظرا لضخامة كمية المياه الساخنة المصروفة فإنها تؤدي إلى رفع درجة حرارة المصدر المائي بضع درجات مسببة بذلك خللا في التركيبة الحياتية والطبيعية للمصدر المائي، ويؤدي رفع درجة حرارة المصدر المائي إلى تغيير الخصائص

الطبيعية والكيميائية للماء كما تؤثر درجات الحرارة المرتفعة على الأنشطة البيولوجية للأحياء المائية.

التخلص من بقع الزيت في مياه البحار ..

يمثل التخلص من بقع الزيت الكبيرة التي تتكون فوق سطح البحر عند غرق إحدى الناقلات ويمكنها بذلك أن تحلل أغلب النفايات والمخلفات البترولية.

ب- طريقة إغراق الزيت بالماء :

ويتم ذلك عادة بإضافة مساحيق خاصة أو بعض الرمال الناعمة التي ترش على سطح الزيت وترفع من كثافته وتؤدي إلى رسوبه في قاع البحر وعادة ما تستعمل في هذه الطريقة مواد ذات قدرة عالية على التماسك بالزيت وترفع من كثافته .

ج- طرق التخلص من المخلفات الصلبة :

أ - دفن المخلفات في باطن الأرض : فقد تكتفي بعض المدن بالتخلص من مخلفاتها الصلبة في حفر خاصة في أماكن بعيدة خارج نطاق العمران للمدينة .

ب - حرق المخلفات الصلبة: تعتبر هذه الطريقة مناسبة من وجهة نظر المهتمين بالتخلص من النفايات والمخلفات الصلبة ولكنها لا تعتبر مناسبة تماما من وجهة نظر المهتمين بمقاومة التلوث وذلك لأن إحراق هذه المخلفات ينتج عنه انطلاق قدر كبير من الغازات في الهواء تشبه إلى حد كبير الغازات المتصاعدة من حرق الفحم أو البترول ، وبذلك فإنها تساعد على تلوث الهواء الجوي المحيط بتلك المدن بالغازات .

ج - كيفية التخلص من القمامة : يتم ذلك عن طريق تحويل القمامة إلى سماد عضوي بالكمر حيث يستقبل القمامة بالسيور ثم نخلها وفرز المسترجعات، وتوضع القمامة المتبقية في أسطوانة دوارة وتخمر بعد ذلك في

مصفوفات هوائية على شكل أكوام وتقلب وترش بالمياه شكل دوي خلال فترة الكمر ، ثم يتم نخلها أخيرا للحصول على السمود العضوي الناعم .

رابعا : طرق التخلص من المخلفات السائلة :

يتم التخلص من المخلفات السائلة في المدن عن طريق شبكة من الأنابيب تحمل هذه المخلفات من المنازل إلى شبكة الصرف الصحي في المدينة ويتوقف حجم شبكة الصرف الصحي اللازمة لكل مدينة على عدة عوامل أهمها :

أ – حجم هذه المدينة وعدد سكانها .

ب- أنواع النشاطات المختلفة التي تدور بها .

- التخلص من بقع الزيت في مياه البحر
- التخلص من المخلفات الصلبة
- التخلص من المخلفات السائلة
- الطاقة البديلة وحماية البيئة 0
- الزراعة وحماية البيئة , وذلك من حيث
- حماية التربة الزراعية من التلوث بالمبيدات
- تعمير الصحراء
- استخدام نبات البردي في معالجة مياه الصرف الصحي
- الاستفادة من نبات ورد النيل
- حماية الآثار في مصر من التلوث
- المحميات الطبيعية

ومن أشكال التلوث أيضا:

التلوث الكهرومغناطيسي :

يتعرض الإنسان و بشكل متواصل إلى سيل من الإشعاعات المختلفة المصادر و التأثيرات ،التي تطارده في كل مكان ،في العمل و الشارع و المنزل وحتى في غرفة النوم. بعض هذه الإشعاعات ناتج عن محطات البث الراديوي و عن الخطوط الناقلة للتيار الكهربائي، و بعضها الآخر ناتج عن الأجهزة الكهربائية في المنزل والمستشفى و المعمل ،التي يدفع الإنسان ثمنها مرتين.

وما زالت هذه الإشعاعات تزداد فعالية وحدة و غزارة مع تقدم تكنولوجيا البث الفضائي و الاتصالات اللاسلكية المختلفة، حتى امتلأت سماؤنا بما يشبه الضباب الكهرومغناطيسي ، و بدأ الإنسان سابحا في بحر من الإشعاعات.

عندما يزيد معدلها عن حدوده الآمنة تتحول الإشعاعات الكهرومغناطيسية إلى تلوث بيئي خطير يؤثر على صحة الإنسان بشكل مباشر و يصيب وظائف الجهاز العصبي و القلب و الشرايين و حاسة النظر و أجهزة التناسل و الإنجاب و...و الخطير في هذا النوع من التلوث انه لا يتم إدراكه بواسطة حواس الإنسان لكي يتم تلافيه، و مشكلة الإنسان معه انه لا يعرف بوجوده رغم وجود عوارضه ، فقد يشعر الإنسان بألم في الرأس أو صداع ،بإثارة و تهيج أو تعب وإعياء، بفقدان للتوازن أو فقدان للذاكرة، بانخفاض في ضغط الدم و بطء في نبضات القلب ...نتيجة تعرضه لحقل كهربائي أو مغناطيسي لكنه ،و رغم كل هذه العوارض، قد لا يعرف السبب!

أنه لمن دواعي الحرص على صحتنا و بقائنا إن نعي و نكشف تفاصيل ما يجري حولنا وبيننا ، وما تسلل إلى أجسامنا من ملوثات خطيرة، و ربما تأكدنا عما قريب إن التلوث الكهرومغناطيسي هو الأخطر على صحة الإنسان!؟

اننا نعاني من وجود بعض مصادر التلوث الكهرومغناطيسي مثل محطات إنتاج الكهرباء وأبراج البث الإذاعي والتلفزيوني وإعادة البث والرادار في بعض المناطق السكنية والتي يسبب وجودها مخاطر على الصحة العامة للإنسان تظهر نتائجها على فترات زمنية متفاوتة من عمر الإنسان.

أن هذه الضوضاء اللا سلكية تنشأ عن مئات من المعدات والأجهزة التي تنتشر في كل دول العالم منها الأقمار الصناعية والأجهزة المنزلية والصناعية والطبية أن هذه الأجهزة والأدوات تحمل لنا تأثيرات ضارة لأنها مدعومة بطاقة كبيرة من الكهرباء والمغناطيس والحرارة التي تخترق عبر موجاتها الأجسام البشرية مثال على ذلك استخدام السشوار والموبايل خاصة سماعة البلوتو لفترات طويلة يضر الأذن لما يسببه من ضغط على الأذن وخلايا المخ .

مصادر التلوث الكهرومغناطيسي

تنتج المجالات الكهرومغناطيسية في المنازل بتشغيل الأجهزة والمعدات المنزلية الكهربائية.

كما أن المنازل القريبة من خطوط نقل الطاقة الكهربائية أو ذات التوصيلات الكهربائية الغير سليمة من الممكن أن تكون ذات قيمة عالية للمجالات الكهرومغناطيسية، فمن المؤكد أنه عند تشغيل أي جهاز منزلي كهربائي يتولد مجال مغناطيسي فعندما يكون الشخص قريبا منه يتعرض لهذا المجال ويخترق جسمه مما قد يعرضه للخطر. ومن هذه الأجهزة مجففات الشعر وماكينات الحلاقة الكهربائية والسخانات وأفران الميكروويف والمكيفات ولمبات الفلورسنت وأجهزة التلفزيون والفيديو وأنظمة الأنظار وفتاحات العلب وأجهزة الرد على التليفون والخلاطات ومجهزات الطعام والثلاجات وغسالات ومجففات الملابس وأجهزة التليفون المحمول وصانع القهوة.

وهذه الأجهزة والمعدات الكهربائية تولد مجالات كهرومغناطيسية عالية بالقرب منها وتقل بسرعة كلما بعدنا عنها، لذا يجب أن يكون الشخص بعيدا

عنها عند تشغيلها. أي أن درجة التلوث بالموجات الكهرومغناطيسية تزيد كلما اقتربنا من المصدر، وقيم تلك المجالات لبعض المصادر معطاة بالملي جاوس وعلى مسافات 10، 30، 50 سم

إن التلوث الكهرومغناطيسي سواء داخل أو خارج المنزل وأماكن العمل يعتبر محل اهتمام الكثير من الناس فقد أوضح استطلاع للرأي أجرته صحيفة يو اس أيه توداي الأمريكية أن حوالي 35بالمائة منهم جاءت اجاباتهم بأن المجالات الكهرومغناطيسية EMF تعد في المرتبة الأولى كملوث خطر من بين الملوثات الأخرى.

وتعترف منظمة الصحة العالمية بأن هناك قلقا عالميا سببه وجود ارتباط بين التعرض للمجالات الكهرومغناطيسية، وبعض الأمراض وتتفاوت درجة هذا القلق العالمي من بلد إلى آخر. ومما يؤكد ذلك تبني منظمة الصحة العالمية عام 1996 مشروعا دوليا لدراسة الآثار الصحية للمجالات الكهرومغناطيسية، الصادرة عن محطات وخطوط كهرباء الضغط العالي، ومحطات البث الإذاعي والتليفزيوني، والرادارات والتليفون المحمول.

ونتيجة لتوزع الترددات الراديوية على مدى واسع يقوم الباحثون بتقسيمها إلى مجموعات فرعية، ويختلف معيار الأمان، والذي يعرف على أنه درجة التلوث المسموح بها أو الجرعة المسموح التعرض لها، من مجموعة إلى أخرى كما يلي:

1- الترددات الراديوية أقل من 1 ميغا هيرتز والمستويات المنخفضة قد تنتج ارتفاعا في درجة الحرارة ولكن الجلد البشري يعمل كمنظم حرارة طبيعي لذا يتم التخلص من الحرارة الزائدة عبر الجلد. كما أنها تسبب سريان تيار كهربائي داخل الأنسجة. وقياس جرعة الإشعاع المسموح بها في هذه الحالة يحسب من خلال ما يعرف بكثافة التيار التي تعرف بالتيار الكهربائي الذي يقطع وحدة المساحات عموديا عليها خلال زمن واحد ثانية، ووحدة قياسها أمبير لكل متر مربع.

2- الترددات أكبر من 1 ميغاهيرتز تسبب ارتفاعا في درجة حرارة الجسم لأنها تخترق الجلد وتعمل على تحريك الأيونات وجزيئات الماء خلال الجسم .

ويعتمد عمق الاختراق على تردد المجال، فكلما كان التردد صغيرا زاد عمق الاختراق، وقد وضع معيار الأمان لهذا المدى من الترددات من خلال ما يعرف بمعدل الامتصاص النوعي، ويعرف بأنه كمية الطاقة التي تمتصها وحدة الكتل خلال زمن قدره واحد ثانية، وبالتالي فان وحدة القياس لها هي واط لكل كيلو جرام.

ويختلف معيار الأمان من بلد لآخر ففي حين تعترف ألمانيا بمعدل امتصاص قيمته 2 واط لكل كيلو جرام، فإن لجنة الرقابة الأمريكية تقر بمعدل امتصاص لا يتعدي 1.6 واط لكل كيلوغرام. ويذكر أن الحرارة المستحثة الناتجة نتيجة التعرض لمجال راديوي قد تسبب نقصا في القدرة البدنية والذهنية وتؤثر في تطور ونمو الجنين وقد تحدث عيوبا خلقية، كما قد تؤثر على خصوبة النساء .

3- الترددات فوق 10 جيجا هيرتز ذات كثافة طاقة أكبر من 1000 واط لكل متر مربع تتسبب في الاصابة بمرض عتامة العين (المياه البيضاء أو الكتاراكت)، كما قد تسبب حروقا في الجلد. وهذه الكثافة أمر يكاد يكون غير موجود في الطبيعة إلا بالقرب من بعض الرادارات القوية. وقد وضع معيار الأمان هنا من خلال كثافة الطاقة ووحدة القياس هي واط لكل متر مربع. وتتفاوت معايير الأمان بشكل ملحوظ من بلد إلى آخر، ويتفاوت الاهتمام بالآثار الصحية التي يمكن أن يسببها التعرض لمجال الترددات الراديوية فوق حدود الأمان.

فبينما تهتم دول مثل روسيا وكوبا وإيطاليا بموضوع الترددات المنخفضة جدا (أقل من 300 هيرتز)، والتي ترتبط أساسا بشبكات نقل وتوزيع الكهرباء، وتهتم دول أخرى بمحطات الإذاعة والتليفزيون ومحطات التليفون المحمول، بينما لا تعتبر بلدان أخرى المسألة هامة من الأساس .

المخلفات الصلبة:

ربما تكون أكثر أشكال التلوث ظهورا للعيان. ففي كل عام يلقي الناس ببلايين الأطنان من المخلفات الصلبة. وتسهم المخلفات الصناعية بنصيب وافر من هذه المواد المطروحة. وتسمى المخلفات الصلبة الصادرة عن المنازل والمكاتب والمخازن المخلفات البلدية الصلبة، وتشمل الورق والبلاستيك والقوارير والعلب والنفايات الغذائية ونفايات الحدائق. ومن المخلفات الأخرى خرد السيارات والمعادن ومخلفات العمليات الزراعية ومخلفات التعدين المسماة نفايات الحفر.

يمثل تداول المخلفات الصلبة مشكلة في حد ذاته، لأن معظم طرق التخلص من المخلفات تعمل على تدمير البيئة. فمطارح النفايات المكشوفة تسيئ إلى الجمال الطبيعي للأرض، وتوفر مأوى للفئران والحيوانات الأخرى الناقلة للأمراض. وقد تحتوي المطارح المكشوفة وحفر الردم (مساحات تدفن فيها النفايات) على مواد سامة قد تتسرب إلى المياه الجوفية أو مجاري المياه والبحيرات. ويكون الاحتراق غير المراقب للمخلفات الصلبة دخانا وملوثات جوية أخرى. وحتى حرق المخلفات في المحارق قد يطلق الكيميائيات السامة والرماد والفلزات الضارة إلى الهواء.

المخلفات الخطرة تتكون من المواد المطروحة التي قد تهدد صحة البشر والبيئة. وتعد المخلفات خطرا إذا ما تسبب في تآكل المواد الأخرى، أو انفجر، أو اشتعل بسهولة، أو تفاعل بشدة مع الماء، أو كان ساما. وتشمل مصادر المخلفات الخطرة المصانع والمستشفيات والمعامل، وفي مقدورها أن تتسبب في إحداث الإصابات الفورية إذا ما تنفسها الناس أو ابتلعوها أو لمسوها. وقد تلوث بعض المخلفات الخطرة ـ إذا ما دفنت في باطن الأرض أو تركت في المطارح المكشوفة ـ المياه الجوفية، وقد تختلط بالمحاصيل الغذائية.

لقد أدى سوء التداول والطرح غير المقصود للمخلفات الخطرة إلى العديد من الكوارث في العالم. ففي سنة 1978م أدى تسرب كيميائيات خطرة

من مطرح للنفايات قرب شلالات نياجارا في ولاية نيويورك إلى تهديد صحة القاطنين بالقرب من هذه المنطقة، مما أجبر المئات من الناس على ترك منازلهم. وفي سنة 1984م أدى تسرب غاز سام من مصنع للمبيدات في مدينة بوبال في الهند إلى مقتل أكثر من 2800 شخص، وأحدث تلفا في عيون وأجهزة تنفس أكثر من 20,000 شخص.

ويمكن لبعض المخلفات الخطرة أن تحدث الأذى الشديد لصحة الناس والحياة البرية والنباتات، ومن هذه المخلفات الإشعاع والمبيدات والفلزات الثقيلة.

الإشعاع :

ملوث غير منظور يمكنه تلويث أي جزء من البيئة. وينتج معظم الإشعاع عن مصادر طبيعية مثل المعادن وأشعة الشمس، كما أن في وسع العلماء إنتاج العناصر المشعة في معاملهم. وقد يسبب التعرض لكميات كبيرة من الإشعاع تلف الخلايا، وقد يؤدي إلى الإصابة بالسرطان.

وتمثل المخلفات المشعة الناتجة عن المفاعلات النووية ومصانع الأسلحة مشكلة بيئية كامنة الخطورة، حيث تبقى بعض هذه المخلفات نشطة في إشعاعها آلاف السنين، كما أن التخزين الآمن للمخلفات المشعة صعب وباهظ التكاليف.

المبيدات يمكنها الانتقال لمسافات شاسعة خلال البيئة. فقد تحملها الرياح، عند رشها على المحاصيل أو في الحدائق، إلى مناطق أخرى. وقد تنساب المبيدات مع مياه الأمطار إلى جداول المياه القريبة أو تتسرب خلال التربة إلى المياه الجوفية. ويمكن لبعض المبيدات أن تبقى في البيئة لسنوات طويلة، وأن تنتقل من كائن عضوي لآخر. فالمبيدات الموجودة في مجرى مائي، على سبيل المثال، قد تمتصها الأسماك الصغيرة والكائنات العضوية الأخرى. وتتراكم كميات أكبر من هذه المبيدات في أنسجة الأسماك الكبيرة التي تأكل الكائنات العضوية الملوثة.

الفلزات الثقيلة :

تشمل الزئبق والرصاص. وقد تطلق عمليات التعدين وحرق المخلفات الصلبة والعمليات الصناعية والمركبات الفلزات الثقيلة إلى البيئة. ومثل المبيدات يمتد أثر الفلزات الثقيلة لفترات طويلة، وبإمكانها الانتشار في البيئة. ومثل المبيدات أيضا، قد تتجمع هذه الفلزات في عظام وأنسجة الحيوانات. وفي البشر قد تؤدي هذه الفلزات إلى تدمير الأعضاء الداخلية والعظام والجهاز العصبي. ويمكن للكثير منها أن يؤدي إلى الإصابة بالسرطان.

التلوث بالضجيج:

ينتج عن الآلات، مثل الطائرات والمركبات ومعدات الإنشاءات والمعدات الصناعية. ولا يسبب الضجيج اتساخ الهواء أو الماء أو اليابسة، لكنه قادر على تنغيص الحياة وإضعاف السمع لدى البشر والحيوانات الأخرى.

مكافحة التلوث

تعتمد مكافحة التلوث على جهود الحكومات والعلماء والمؤسسات والمصانع والزراعة والمنظمات البيئية والأفراد.

النشاط الحكومي. تعمل الحكومات ـ القومية والمحلية ـ في مختلف أرجاء العالم على التخلص من التلوث الذي يسبب التلف لأرضنا من يابسة وهواء وماء. وبالإضافة إلى ذلك بذلت جهود دولية عديدة لحماية الموارد الأرضية.

وقد سنت العديد من الحكومات المحلية القوانين التي تساعد في تنقية البيئة. وفي بعض مدن العالم الكبرى وأكثرها تلوثا وضعت الحكومات المحلية الخطط للحد من التلوث الهوائي. وتشتمل مثل هذه الخطط على خطوات تحد من استخدام المركبات الخصوصية وتشجع النقل الجماعي.

وفي مقدور الحكومات سن القوانين الخاصة بعملية إعادة التدوير (إعادة التصنيع) . وإعادة التدوير عملية تهدف إلى استرداد المواد وإعادة استخدامها

بدلا من التخلص منها. ففي فيينا بالنمسا مثلا، يتوجب على المواطنين أن يفرزوا نفاياتهم في حاويات خاصة بالورق والبلاستيك والمعادن وعلب الألومنيوم والزجاج الأبيض والزجاج الملون ومخلفات الطعام والحدائق. وتشجع العديد من الولايات الأمريكية وعدد من الدول الأوروبية على إعادة استخدام القوارير بفرض تأمين مسترد في حالة إعادة القارورة.

كذلك سنت العديد من الدول تشريعاتها الخاصة بالتخلص من التلوث، كما أنها تنظم وسائل التخلص من المخلفات الصلبة والخطرة. ولدى العديد من الدول الصناعية وكالات تملك سلطة مراقبة التلوث وفرض التشريعات.

ومن الطرق الفعالة التي يمكن أن تلجأ إليها الحكومات لمكافحة نوع معين من أنواع التلوث حظر الملوث. فمثلا، حظرت بعض الدول استخدام المبيد الحشري الخطر D.T.T في كل الأغراض، عدا الأغراض الأساسية. وقد وجد المزارعون بدائل أقل ضررا يمكن أن تحل محله.

وقد تحظر حكومة ما بعض الاستخدامات لمادة معينة وتبيح بعضها الآخر. فالرصاص مثلا، فلز سام في مقدوره أن يسبب تلف الدماغ والكلى والأعضاء الأخرى. وقد حظرت الولايات المتحدة الأمريكية استخدام البنزين المرصص والدهانات المنزلية الرصاصية، ولكنها تسمح باستخدام الرصاص في البطاريات ومواد البناء والدهانات الصناعية. وعلى الرغم من الاستخدام المستمر للرصاص في بعض المنتجات إلا أن القيود على هذا الفلز في الدهانات والوقود قد حدت المشاكل الصحية التي يسببها.

ومن الاستراتيجيات الحكومية التي يمكن أن تساعد في مكافحة التلوث، فرض الغرامات على الشركات المسببة للتلوث. ففي أستراليا وعدد من الدول الأوروبية تفرض الغرامات على المؤسسات التي تلوث مجاري المياه. ومثل هذه الغرامات كفيلة بتشجيع الشركات على الاستثمار في أجهزة مكافحة التلوث أو في تطوير وسائل تشغيل قليلة التلوث. وفي إمكان الحكومات أن تفرض

الضرائب على المنتجات الملوثة. فمثلا، تفرض معظم الدول الإسكندينافية الضرائب على القوارير غير المسترجعة. وتقضي بعض الأنظمة الحكومية ببساطة أن على المؤسسات أن تعلم الجمهور بعدد الملوثات التي تلقي بها إلى البيئة. وقد دفعت هذه الأنظمة بعض الشركات إلى البحث عن طرق تحد بها من التلوث، للحيلولة دون تكوين المستهلكين لانطباع سيئ عنهم والانصراف عن شراء منتجاتهم.

ويصعب التحكم في العديد من أنواع التلوث، ويرجع السبب في ذلك إلى أن ملكية الموارد العالمية، أي المحيطات والغلاف الجوي، ليست فردية، ولا تخص أمة بعينها. ولابد لسكان العالم، والحالة هذه من أن تتضافر جهودهم من أجل مكافحة التلوث.

وقد دأب ممثلون عن الكثير من الدول على الاجتماع منذ السبعينيات لمناقشة الطرق الكفيلة بالحد من التلوث الذي يؤثر في ماء وهواء كوكب الأرض. وعقدت هذه الدول المعاهدات والمواثيق التي تساعد في مكافحة مشاكل مثل المطر الحمضي ونقصان طبقة الأوزون وإلقاء المخلفات في المحيطات. ففي الاتفاقية التي أطلق عليها بروتوكول مونتريال حول المواد التي تستنزف طبقة الأوزون، والتي عقدت في سنة 1989م، اتفقت الدول المنتجة للكلوروفلوروكربونات على إيقاف إنتاجها لهذه الكيميائيات تدريجيا، ونص تعديل لهذه الاتفاقية أجري في سنة 1991م على حظر الكلوروفلوروكربونات حظرا تاما بحلول عام 2000م. وفي عام 1992م وافقت العديد من الدول الأوروبية على وقف إنتاجها من الكلوروفلوروكربونات قبل ذلك التاريخ، أي بحلول 1996م. وقد أوقفت معظم الدول إنتاج الكلوروفلوروكربونات في الموعد المحدد، وأرجأت بعض الدول تنفيذ القرار إلى عام 2010م. وفي عام 1992م أيضا اجتمع ممثلون عن 178 دولة في ريودي جانيرو لحضور مؤتمر الأمم المتحدة حول البيئة والتنمية. وقد كان هذا المؤتمر، الذي عرف بقمة الأرض، أهم مؤتمر عالمي انعقد حول البيئة، حيث

وقع أعضاء الأمم المتحدة على اتفاقيات لمنع تأثير البيت المحمي والحفاظ على الغابات والكائنات المهددة بالانقراض ومواضيع أخرى.

- وفي عام 2001م، وقعت 127 دولة على اتفاقية حظر استخدام 12 من الملوثات العضوية المداومة. وتنتقل هذه المواد الكيميائية ومن بينها مادة D.D.T. بالهواء والماء عبرالدول مهددة الإنسان والحيوان على حد سواء. وحثت الاتفاقية العلماء والشركات الصناعية والحكومية على التقليل من وجود الملوثات العضوية المداومة في البيئة.

الجهود العلمية

دفع الاهتمام الواسع بالبيئة العلماء والمهندسين إلى البحث عن الحلول التقنية لهذه المسألة. فبعض الأبحاث تحاول إيجاد طرق للتخلص من التلوث أو تدبيره، وبعضها الآخر يهدف إلى منعه. ويعمل العديد من الباحثين الصناعيين على إيجاد المزيد من الطرق الاقتصادية لاستخدام الوقود والمواد الخام الأخرى. ونتيجة لهذه الأبحاث تستخدم بعض المدن الأوروبية حاليا حرارة المخلفات الناتجة عن محطات القدرة ومحارق النفايات، في تدفئة البيوت. وتحرق المحركات الحديثة الوقود بطريقة أنظف وأكثر فعالية من المركبات القديمة. كما طور بعض الباحثين سيارات تستخدم وقودا نظيف الاشتعال مثل الميثانول (وهو مادة كحولية) والغاز الطبيعي. وتستخدم بعض السيارات في البرازيل نوعا آخر من الكحولات، وهو الإيثانول وقودا. ويعكف العلماء أيضا على تطوير سيارات تعمل بغاز الهيدروجين، وهو غاز لا يصدر أي تلوث إذا ما اشتعل.

ويبحث العلماء والمهندسون في طرق لتوليد الطاقة الكهربائية بتكلفة أقل من الموارد المتجددة مثل الرياح والشمس، والتي قلما نتج عنها أي تلوث. وتزود حقول واسعة من طواحين الهواء، تسمى مزارع الريح العديد من الأقطار بالكهرباء، حيث تحول نبائط تسمى الخلايا الفولتية الضوئية أشعة الشمس

مباشرة إلى الكهرباء. ففي مدينة ساكرامنتو بكاليفورنيا في الولايات المتحدة الأمريكية تنتج محطة قدرة فولتية ضوئية تكفي لإنارة ألف منزل.

المؤسسات والمصانع. اكتشفت العديد من الشركات أن الحد من التلوث أمر مطلوب من المنظور التجاري. فقد وجد بعضها أن الحد من التلوث يحسن صورتها لدى الجماهير كما أنه يوفر المال. وطور آخرون منتجات أو وسائل لا تشكل خطورة على البيئة، وذلك سعيا لكسب رضى المستهلكين، كما طور البعض الآخر أنظمة لمكافحة التلوث لاعتقادها بأن القوانين سترغمهم على فعل ذلك، آجلا أو عاجلا. وتحد بعض الشركات من التلوث لأن القائمين على هذه الشركات آثروا أن يفعلوا ذلك.

لقد كان التخلص من المخلفات في الماضي رخيصا نسبيا لمعظم المؤسسات. أما اليوم فإن المواقع المصرح بها للتخلص من النفايات أضحت نادرة، وزادت تكاليف استخدامها. ونتيجة لذلك ابتدعت العديد من المؤسسات طرقا لإنتاج أقل قدر ممكن من المخلفات. فمثلا قد يستخدم المصنعون حدا أدنى من التغليف، ومواد تغليفية يمكن إعادة تدويرها، إذ كلما خف التغليف قل استهلاك موزعي المنتجات للوقود، وقل ما يلقي به المستهلكون من التغليف في النفايات.

وتتخصص العديد من المؤسسات في أنواع مختلفة من وسائل إدارة التلوث. ويتوقع لأعمال الحد من التلوث، أو القضاء عليه، أن تكون واحدة من أسرع الصناعات المستقبلية نموا. فمثلا، طورت بعض مؤسسات إدارة التلوث نبائط للتخلص من الهبائيات الضارة المنطلقة من المداخن. فالهبائيات يمكن احتجازها باستخدام المرشحات، أو المصائد التي تستخدم الكهرباء الساكنة، أو نبائط تسمى المغسالات، تغسل الهبائيات عن طريق الرش بالكيميائيات. وتساعد مؤسسات أخري الشركات في تنفيذ الأوامر الحكومية من أجل التخلص من التلوث. وتدير بعض المؤسسات برامج إعادة التدوير وحفظ

الطاقة. كما تساعد بعض المؤسسات الأخرى في تطوير عمليات تقلل من الملوثات.

وبصرف النظر عن السبب والكيفية التي بدأت فيها الصناعات في التخلص من الملوثات، فإنها عملية بطيئة وباهظة التكاليف. وتعتمد العديد من المؤسسات على أرخص طرق الإنتاج المتاحة، حتى لو كانت هذه الطرق تحمل التلوث في طياتها. فمحطات القدرة، على سبيل المثال، تحرق عادة الزيت والفحم لتوليد الكهرباء، نظرا لكونها أكثر الطرق ملاءمة من الناحية الاقتصادية. ويستخدم المصنعون الكادميوم والرصاص والزئبق في صناعة البطاريات، لأن هذه الفلزات، على الرغم من سميتها، تحسن كفاءة البطاريات. وعندما تضاف تكلفة التخلص من التلوث الناتج عن طرق الإنتاج الحالية إلى تكاليف التصنيع، يتضح أن الطرق قليلة التلوث هي الأفضل من الناحية الاقتصادية.

الزراعة:

يطور العلماء والمزارعون طرقا لتنمية الغذاء تتطلب القليل من الأسمدة والمبيدات. ويستخدم الكثير من المزارعين الدورات الزراعية، أي المناوبة بين المحاصيل من سنة لأخرى، لتقليل الحاجة إلى الأسمدة الكيميائية. فالمناوبة بين الذرة والقمح والمحاصيل الأخرى والبقول، كالفصفصة وفول الصويا، تساعد في تعويض النيتروجين المفقود من التربة.

وتساعد الدورات الزراعية أيضا في مكافحة الآفات والأمراض الزراعية. ويستخدم بعض المزارعين خليط التسميد والأسمدة الأخرى التي لاتضر التربة. وبدلا من رش المحاصيل بالمبيدات الضارة يكافح بعض المزارعين الحشرات بإطلاق أنواع من البكتيريا أو الحشرات الأخرى التي تفترس هذه الآفات.

ويعكف العلماء على تطوير نباتات مهندسة وراثيا، تقاوم الآفات الزراعية.

ويسمى استخدام الدورات الزراعية واستخدام الأعداء الطبيعيين للآفات معا المكافحة الطبيعية للآفات. ويطلق على التجميع بين الاستخدام المحدود للمبيدات الحشرية الكيميائية والمكافحة الطبيعية الإدارة المتكاملة لمكافحة التلوث للآفات.

ويستخدم الذين يلجأون إلى هذا النوع من المكافحة كميات قليلة من المبيدات الكيميائية، وحتى هذه الكميات القليلة لا يستخدمونها إلا إذا رأوا أنهم سيحصلون على نتائج جيدة.

المنظمات البيئية:

تساعد في مكافحة التلوث عن طريق محاولة التأثير على المشرعين وانتخاب القادة السياسيين الذين يولون اهتماما بالبيئة، وتقوم بعض الجماعات بجمع الأموال لشراء الأراضي وحمايتها من الاستغلال.

وتدرس جماعات أخرى تأثيرات التلوث على البيئة، وتطور نظما لإدارة ومنع التلوث، وتستخدم ما توصلت إليه من نتائج لإقناع الحكومات والصناعات بالعمل على منع التلوث أو الحد منه. وتقوم المنظمات البيئية أيضا بنشر المجلات والمواد الأخرى لإقناع الناس بضرورة منع التلوث. وتقف جماعة السلام الأخضر وأصدقاء الأرض في طليعة هؤلاء الناشطين.

وقد تشكلت أحزاب سياسية تمثل الاهتمامات البيئية في العديد من الدول الصناعية . ولهذه المنظمات ـ والتي تعرف بأحزاب الخضر ـ تأثير متنام على السياسات الحكومية تجاه البيئة. ومن الدول التي توجد فيها مثل هذه الأحزاب أستراليا والنمسا وألمانيا وفنلندا وفرنسا ونيوزيلندا وأسبانيا والسويد.

جهود الأفراد:

يعد حفظ الطاقة من أهم الطرق التي يمكن للفرد أن يتبعها للحد من التلوث. فحفظ الطاقة يحد من التلوث الهوائي الناجم عن محطات القدرة. وقد تؤدي قلة الطلب على الزيت والفحم الحجري إلى التقليل من انسكاب

الزيت، ومن التلف الحاصل للمناطق المشتملة على الفحم الحجري. والتقليل من قيادة السيارات يعد أيضا أحد أفضل طرق توفير الطاقة وتجنب التلوث الحاصل للهواء.

وفي مقدور الناس توفير الطاقة الكهربائية عن طريق شراء مصابيح الإنارة والأجهزة المنزلية ذات الكفاءة العالية. فمصابيح الفلورسنت، على سبيل المثال، تستهلك 25بالمائة فقط من الطاقة التي تستهلكها المصابيح المتوهجة. ويمكن أيضا توفير الطاقة بالتقليل من استخدام الأجهزة، وبإطفاء الأجهزة والمصابيح في حالة عدم وجود حاجة إليها، وبتوقيت ضابط الحرارة المنزلي على 20°م أو أقل في الشتاء، وعلى 26°م أو أكثر في الصيف. وبالإضافة إلى ذلك، تحتاج المباني التي عولجت نوافذها بطريقة خاصة، وذات العزل الجيد، إلى قدر من الوقود والكهرباء ـ بغرض التدفئة أو التبريد ـ أقل بكثير من المباني التي تخلو من هذه الميزات.

وفي مقدور الناس أيضا شراء المنتجات التي لاتشكل خطرا على البيئة. فبإمكان الأسر، على سبيل المثال، أن تحد من التلوث عن طريق تقليل استخدام المنظفات السامة، والتخلص الصحيح من هذه المنتجات. فإذا ما امتنع المستهلكون عن شراء المنتجات الضارة فلسوف يتوقف المصنعون عن إنتاجها.

ومن الطرق الأخرى التي يمكن للناس أن يحدوا بها من التلوث الحد من أكل اللحوم . فالمزارعون يستخدمون كميات كبيرة من الأسمدة لزيادة كمية الحبوب التي تتغذى بها المواشي. ولو أن الناس قللوا من أكل اللحوم وزادوا أكل الحبوب والخضراوات لقلل المزارعون من استخدامهم للأسمدة والمبيدات. ولا يرضى كثير من الناس من الفاكهة والخضراوات إلا الصحيحة الكاملة، والخالية من العيوب، وهذا ما يقدر المزارعون على توفيره دون استخدام كميات كبيرة من المبيدات. ولو أن الناس ارتضوا الفاكهة والخضراوات بما فيها من عيوب طفيفة، لقلل المزارعون استخدامهم للكيميائيات.

ومن أسهل الطرق التي يمكن للأفراد اتباعها من أجل منع التلوث، إعادة استخدام المنتجات. فمثلا، يستخدم بعض منتجي الألبان القوارير الزجاجية بدلا عن العبوات الكرتونية الورقية. ويمكن إعادة تعبئة هذه القوارير واستخدامها مرة أخرى. وفي مقدور الناس إعادة استخدام الأوراق القديمة والحقائب البلاستيكية لحمل مشترياتهم أو وضع النفايات فيها. وبإعادة استخدام المنتجات يمكن للناس تجنب التلوث المرتبط بإنتاج المزيد من المنتجات والتلوث المتسبب عن رمي المنتج.

والتدوير طريقة أخرى لإعادة استخدام المواد. فالعديد من المدن والبلدات تنظم عملية تجميع المخلفات من أجل إعادة معالجتها. ويوفر التدوير كلا من المادة والطاقة، ويمنع التلوث. وهناك الكثير من المخلفات المتنوعة التي يمكن تدويرها. ومن المخلفات الشائع تدويرها : العلب والزجاج والورق والأوعية البلاستيكية والإطارات القديمة. فالعلب يمكن صهرها واستخدامها في تصنيع علب جديدة. والزجاج يمكن سحقه وتصنيع أوعية جديدة منه، أو استخدامه في مواد البناء. والورق يمكن معالجته إلى منتجات ورقية مختلفة. ويمكن صهر البلاستيك وإعادة تشكيله إلى سياج أو ألواح أو مناضد أو سجاد. أما الإطارات القديمة فيمكن حرقها لإنتاج الطاقة، أو تقطيعها وإضافتها إلى الأسفلت، أو صهرها وقولبتها إلى منتجات مثل الحصائر الأرضية ومعدات الملاعب.

وأهم الطرق التي يمكن للناس أن يكافحوا بها التلوث، أن يتعلموا قدر استطاعتهم كيف يمكن لنشاطاتهم أن تؤثر على البيئة. وفي مقدورهم بعد ذلك، أن يلجأوا إلى خيارات ذكية، للتقليل من الدمار الحاصل لهذا الكوكب.

نبذة تاريخية

يتسبب البشر على الدوام في إحداث تلوث ما للبيئة. فقد أوجد الناس المخلفات منذ عصور ما قبل التاريخ. ومثل النفايات في هذه الأيام، كانت المخلفات تحرق، أو تلقى في مجاري المياه، أو تدفن في الأرض، أو تطرح فوق سطحها. ولكن مخلفات الأقدمين كانت في معظمها نفايات طعام، أو مواد

أخرى سهلة التحلل عن طريق عمليات الانحلال الطبيعي. وعدد السكان في الماضي كان قليلا، وكانوا موزعين على مناطق شاسعة من الأرض. ونتيجة لذلك كان تركيز التلوث قليلا، ولم يسبب إلا القليل من المشاكل.

انتشار التلوث:

بدأ انتشار التلوث في العصور الغابرة عندما أخذت مجموعات كبيرة من الناس تعيش معا في المدن، واتسع باتساع هذه المدن. وقد تسببت الممارسات غير الصحية، وموارد المياه الملوثة، في تفشي الأوبئة الجماعية في المدن القديمة.

وأصبحت المشاكل البيئية أكثر خطورة، واتسع نطاقها، في القرن الثامن عشر ومطلع القرن التاسع عشر، خلال الحقبة المسماة بالثورة الصناعية، التي بدأت في إنجلترا ثم انتشرت إلى الأقطار الأوروبية الأخرى وأمريكا الشمالية. وقد تميزت هذه الفترة بتطور المصانع وازدحام المدن بالعاملين في الصناعة.

كانت المصانع، خلال فترة الثورة الصناعية، تستمد معظم طاقتها من الفحم الحجري. واستخدمت معظم منازل المدن الفحم الحجري وقودا للتدفئة. وأدى احتراق الفحم الحجري إلى إغراق أجواء لندن والمدن الصناعية الأخرى بالدخان والسناج. وبسبب سوء المرافق الصحية وصلت مياه المجاري إلى موارد مياه الشرب في المدن، حيث أدى الماء الملوث إلى الإصابة بحمى التيفوئيد، وغير ذلك من الأمراض.

وفي الولايات المتحدة بدأ تلوث الهواء يشكل خطورة كبيرة، في مطلع القرن العشرين، فبحلول ثلاثينيات القرن العشرين امتلأت أجواء كثير من مدن الشرق والغرب الأوسط بالدخان والسناج المنبعث من مصانع الفولاذ ومحطات القدرة والسكك الحديدية ومحطات التدفئة. وفي بعض المدن الصناعية كانت كثافة الدخان تصل، في الكثير من الأحايين، حدا يضطر

معه السائقون إلى استخدام المصابيح الأمامية، والاستعانة بمصابيح الشوارع أثناء النهار .

تطورات مكافحة التلوث:

أمكن الحد من التلوث الهوائي الناجم عن احتراق الفحم الحجري، إلى حد كبير منذ خمسينيات القرن العشرين، في أكثر مدن العالم. وتستخدم كل القطارات تقريبا، والكثير من الصناعات ومحطات التدفئة المنزلية حاليا الوقود النظيف مثل الغاز الطبيعي والزيت.

وبالإضافة إلى ذلك اتخذت الصناعات التي ما زالت تستخدم الفحم الحجري، عدة خطوات لمكافحة التلوث المنبعث من أفرانها. أما الأوبئة التي تسببها العضيات الدقيقة، الناقلة للأمراض، والتي توجد في موارد مياه الشرب في المدن، فلم تعد تشكل مشكلة رئيسية في معظم أجزاء العالم، وذلك لأن المدن تعالج مياهها الآن، وتبقي عليها خالية من العضيات الدقيقة، قدر المستطاع.

القضايا البيئية الحالية

تشمل القضايا البيئية الحالية الحاجة إلى الموازنة بين مكاسب ومخاطر مكافحة التلوث، والآثار المترتبة على انتشار التلوث.

الموازنة بين المكاسب والمخاطر. أدى الاهتمام المتزايد بالبيئة إلى الاحتجاج على كثير من المنتجات والممارسات. ولكن بعض المنتجات والعمليات موضع النزاع، تقدم فوائد للمجتمعات. فمثلا، تجادل الناس حول الحفاظات ذات الاستعمال الواحد، لأنها تحتل حيزا في حفر الردم وتتحلل ببطء، غير أن الحفاظات القماشية تتطلب غسيلا، والغسيل يلوث الماء ويستهلك الطاقة.

وتولد محطات القدرة القة النووية دون أن تسبب تلوثا للهواء، ولكن هذه المحطات تنتج مخلفات إشعاعية يصعب التخلص منها.

وتعمل المؤسسات وجماعات البيئة والعلماء على تحديد: أي المنتجات والمواد والعمليات ينتج معظم التلوث. ولكن الخيارات المتاحة قليلة، ويصعب في

الغالب تحديد المكاسب والمخاطر التي تعود على البيئة من المنتجات والممارسات المختلفة.

وعند إصدار القوانين الخاصة بالتلوث، ينبغي على المسؤولين الحكوميين أن يأخذوا بعين الاعتبار المخاطر الناجمة عن الملوث والآثار المالية المترتبة على اختيار نظام معين. وتقتضي بعض الأنظمة أن تحصل الصناعات على أجهزة لمكافحة التلوث عالية التكلفة، أو تحدث تغييرات إنتاجية مكلفة أو تتوقف عن تصنيع بعض المنتجات. وقد تسبب مثل هذه التكاليف الفجائية خروج بعض الصناعات عن مجال العمل مما يخلق البطالة. وقد ينتج عن ذلك أن تشكل الآثار المترتبة على بعض قوانين التلوث المقترحة ضررا على الناس أكبر من الضرر المترتب على الملوث نفسه.

آثار النمو السكاني:

على الرغم من التقدم المطرد في حماية البيئة، إلا أن مسألة التلوث قد اتسع نطاقها وازداد خطرها الكامن. ويعود السبب الرئيسي في ازدياد التلوث إلى النمو الكبير في عدد سكان الأرض يوميا. ويعني المزيد من الناس وجود المزيد من المخلفات من كل صنف. وبناء عليه فإن الحد من النمو السكاني يعد من أهم الطرق التي يمكن أن تستهل بها عملية مكافحة التلوث البيئي، حيث يتوقع أن يخفف الحد من النمو السكاني حدة التلف، ويعطي الناس مزيدا من الوقت لتطوير أنظمة فعالة لمكافحة التلوث.

ويحدث معظم النمو السكاني العالمي في الأجزاء الفقيرة من العالم، بما في ذلك دول معينة في آسيا وإفريقيا وأمريكا اللاتينية، حيث يستغل الناس في هذه المناطق ما يتاح لهم من موارد قليلة لسد الكفاف. وتكافح حكومات الدول النامية من أجل بناء الصناعات الحديثة والنظم الزراعية الكفيلة بتوفير متطلبات الحياة الأساسية لمواطنيها. ولكن العديد من الدول النامية تستخدم تقنيات قديمة تؤدي إلى التلوث، وذلك لعدم قدرة هذه الدول على تحمل تكاليف الميكنة الحديثة والفعالة. وحتى لو استطاعت توفير تكاليف مكافحة

التلوث، فسيستمر التلوث في العالم النامي في الارتفاع، وذلك ـ ببساطة ـ لأن هذه الدول ماضية في طريق التصنيع، ويعني المزيد من الصناعة المزيد من التلوث.

الإسراف في العالم الصناعي:

اعتاد كثير من الناس في اليابان والدول الغنية في أمريكا الشمالية وأوروبا على أنماط حياتية مريحة، حيث تستهلك كميات كبيرة من الطاقة والمواد الخام وينتج عن ذلك الكثير من المخلفات. فالشخص الذي يعيش في الدول الصناعية يستهلك حوالي عشرة أضعاف ما يستهلكه الشخص في الدول النامية من الوقود الأحفوري والكهرباء، وينتج ما يتراوح بين ضعفي وثلاثة أضعاف ما ينتجه الشخص في الدول النامية من المخلفات البلدية.

وربما كان على الناس في العالم الصناعي أن يقبلوا بمستويات من الراحة والرفاهية أقل مما هي عليه إذا ما أريد للتلوث أن يصل إلى حده المعقول. ويتطلب حل مشاكل التلوث البيئي العالمية تعاون الحكومات والصناعات في كل الدول، غنيها وفقيرها، كما يتطلب تضافر جهود الأفراد في كل أنحاء العالم.

الطاقة البديلة وحماية البيئة من التلوث :

إن البحث في موضوع الطاقة المتجددة يعني الطاقة البديلة للموارد غير المتجددة أو التقليدية المستنفدة الأحفورية، مثل: النفط، الغاز، والفحم الحجري إذ بلغ الاستهلاك العالمي من تلك المصادر الذروة مع نمو سكاني متزايد وانبعاث غازات مضرة بالتكوين البيئي العالمي.

فالعالم يواجه اليوم ارتفاعا سكانيا غير مشهود واستهلاكا متزايدا للطاقة، ويواجه عواصف من الظروف الاستراتيجية والاقتصادية والبيئية الناتجة من الإفراط في استخدام الطاقة وخصوصا من مصادرها التقليدية،

مما يتطلب عاجلا أم آجلا تخفيضات كبيرة في كميات النفط المستهلك عالميا.

فمنذ ما يزيد على عشرين عاما ونمو الاستهلاك الحالي للطاقة أصبح يتخطى الاستهلاك الكلي لمصادر الطاقة التقليدية وبلغ أقصى مستوياته، حيث بلغ استهلاك البترول بشكل خاص الذروة حاليا، وحسب تقرير أعدته وكالة الطاقة الدولية أن العالم عام 2030 سيكون في حاجة إلى نحو أكثر من ضعف الطاقة المستخدمة عام 2002، في ظل تنبؤات قاتمة وسلبية لمستقبل البيئة بسبب الاحتباس الحراري الناتج من إطلاق العوادم والغازات المضرة للبيئة في شكل مطرد وبتزايد غير مسبوق في العالم، حيث اقتراب انبعاث ثاني أوكسيد الكربون من مستواه الأقصى، وذلك كله بسبب مباشر أو غير مباشر لاستهلاك موارد الطاقة التقليدية بشراهة وعشوائية في الوقت الذي قد تعمق فيه الوعي العالمي بأهمية البيئة بشكل كبير أدى إلى تبلور الإحساس بضرورة مساندة كل ما يبذل من جهود بيئية.

فالبيئة والاهتمام بقضاياها أمر يتخطى الحدود المحلية والإقليمية، ولا تقتصر آثارها على دولة دون غيرها، حيث إن مشكلات البيئة تشكل تهديدا شاملا ومباشرا للدول قاطبة، وبدأت تحتل قضايا البيئة والاحتباس الحراري رأس قائمة الأولويات، وأبدى علماء بارزون في البيئة أنه يتعين على العالم أن يتحرك الآن لوقف تغير المناخ، وإلا فإن ثمن السلبية وعدم المبادرة سيكون باهظا على المدى الطويل، ومن بين تلك الخطوات بدأت تتخذ خطوات لحماية البيئة من انبعاث كميات الغازات الضارة التي لا تستطيع البيئة استيعابها بأدلة علمية ومحسوسة غير مشكوك فيها، وتثبت مدى إسهام الانبعاثات الغازية من الوقود الأحفوري في التغير المناخي هو الترشيد في استهلاك الطاقة من مواردها التقليدية والسعي الحثيث إلى تطوير طاقة بديلة، في الوقت الذي بدأ فيه عامل السياسة والاقتصاد يتبوأ الصدارة في الاعتماد على مصادر الطاقة التقليدية .

فمن جهة الدول المستهلكة للنفط، يعد تزايد الاعتماد على الطاقة من الدول المنتجة للنفط لتوفير احتياجات الدول المستهلكة من النفط، له تبعات على ميزان المدفوعات وعلى قضايا السياسة الخارجية وتأمين الإمدادات بصورة عامة، كما أن لذلك الاستهلاك المفرط تبعات اقتصادية وسياسية على الدول المنتجة وذلك لوضع حد لاستخدام الموارد القابلة للنضوب، ومهما كانت نظرتنا إلى مسألة البيئة واهتمامنا لها، فالقضاء على مصادر التلوث البيئي في حقول البترول وما حولها ينتج عنه، إضافة إلى بيئة صحية، تحسين استخدام الموارد الطبيعية، حيث إن نظرية الاقتصاد الكلي حتمية في مجال قانون الندرة، فالكمية المستهلكة من الطاقة المستنفدة يجب أن يقابلها بديل بالكمية نفسها حتى يضمن ديمومتها، وهذا يعني أن إنتاج الطاقة يجب أن يتأتى من مصادر قابلة للتجديد.

كل هذه المعطيات وضعت الطاقة البديلة في مصاف أولويات المهام العالمية، وبدأت مراكز مهمة ومنظمات دولية كثيرة في السعي لتطوير طاقة بديلة للموارد التقليدية الناضبة وبتأثيرات إيجابية وملائمة للبيئة، وبدأت تساؤلات مهمة تهم الدول التي تعتمد في اقتصادياتها على إنتاج موارد الطاقة التقليدية، وكذلك على الدول المستهلكة وشعوبها ومواطنيها ومدى محافظتهم على النمط الرفيع الذي درجوا عليه في حياتهم اليومية حتى الآن مع استخدام أدنى للطاقة، ومن دون أن تكون هناك ضرورة تحتم تقييد الحريات الفردية والتدخل في سلوكيات المواطنين وإخضاعهم لسلطة مهووسة بالبيئة.

وفي ظل الجدل القائم هنا نرى أن رأس الحكمة يكمن في تبني معادلة" الترشيد والإحلال" أو الاقتصاد في استهلاك الطاقة وتشجيع دراسات الطاقة البديلة ووضع توظيفات مالية في هذا الإطار.

فالترشيد في استخدام موارد الطاقة التقليدية والتدرج في خفضها إلى مستوى معقول عن طريق تقنين استخدامات الطاقة، ومواكبة ذلك الترشيد

برفع حصة مصادر الطاقة المتجددة والعمل على أن تلعب هذه المصادر دورا متزايدا للتزود بالطاقة الضرورية من خلال الاستثمار الأمثل في الأبحاث في ميادين الطاقة البديلة إلى نتائج علمية مؤكدة وإلى "إنتاج" مجز وفق المعايير الاقتصادية.

والترشيد يشمل جوانب عديدة تبدأ بالإنتاج الأمثل للنفط والمحافظة على مكامن وحقول وآبار البترول، فالنفط ثروة ناضبة غير متجددة تنتهي باستنضابها ويمثل دخل ناتج من جراء بيع أصل ناضب ويترتب عليه واجب الاستخدام الأمثل لحقول البترول من جانب الدول المنتجة.

وأنواع الطاقة البديلة أو المتجددة المعروفة في الوقت الحالي هي الطاقة الحرارية المكتسبة من الأشعة الشمسية، الطاقة المكتسبة من قوة الرياح، الطاقة المكتسبة من الأمواج المائية، الطاقة المكتسبة من الحرارة الكامنة في أعماق الأرض، والطاقة الناشئة من مصادر زراعية وبيولوجية.

والأرقام توضح أنه إذا لم تبادر الولايات المتحدة بوضع حد لاستنزافها تلك الموارد الطبيعية المستنفدة، فلن تنجح أي مبادرة عالمية أو إقليمية لترشيد الطاقة وحماية البيئة، حيث إن الإحصائيات تشير إلى أن الولايات المتحدة التي يمثل عدد سكانها 5 في المائة فقط من تعداد سكان العالم، تستهلك أكثر من ربع إنتاج النفط العالمي الكلي .

وبتزايد اعتمادها على الأسواق الأجنبية لتوفير احتياجاتها من النفط، وتبعات ذلك على ميزان المدفوعات وعلى قضايا السياسة الخارجية والإمدادات من مناطق غير مستقرة بصورة عامة، قامت الولايات المتحدة بالإعلان عن نيتها خفض استهلاك النفط بمقدار الخمس أي 20 في المائة خلال عشر سنوات، بالترشيد والاعتماد على الطاقة المتجددة من مصادر آمنة، واستثمرت في تطوير تقنية الطاقة الهوائية والمائية والشمسية والزراعية.

ولقد قامت بالبدء بتنفيذ خطط تقوم على مضاعفة حجم الإنتاج من الطاقة البديلة المعتمدة على الزراعة بخمس مرات حجم الإنتاج الحالي في غضون عشر سنوات وذلك برفع إنتاج الإيثانول المستخلص من محصول الذرة إلى 35 مليار جالون في العام وأنواع أخرى من الطاقة البديلة مثل فول الصويا والوقود الإحيائي، كما جاءت زيارة رئيس الولايات المتحدة لأمريكا الجنوبية وتسليطه الضوء على إنتاج الطاقة البديلة والمستخلصة من الإيثانول من قصب السكر في البرازيل بادرة في ذلك الاتجاه.

فالبرازيل تتميز برخص إنتاج الإيثانول من قصب السكر كلقيم حيث بلغ حجم الإنتاج البرازيلي من الإيثانول نحو 17 مليون لتر سنويا، أو ما يعادل 4.5 مليون جالون، وسيتضاعف الإنتاج في غضون السنوات الخمس المقبلة، حيث وقعت الولايات المتحدة مع البرازيل اتفاقا لتطوير معايير تحويل الإيثانول إلى تجارة عالمية وتوفير الموارد اللازمة للقيام بأبحاث حوله، إلى جانب الاهتمام بالجانب التقني والدفع باتجاه إيجاد سوق عالمية للإيثانول، وذلك بالتركيز على ما يمكن القيام به في دول أمريكا الجنوبية بشكل عام والبرازيل بشكل خاص في التركيز على قضايا الطاقة البديلة، وبخاصة الإيثانول الذي تحتل فيه البرازيل موقعا متميزا إنتاجا واستهلاكا، حيث قامت البرازيل بتطوير صناعة السيارات لتعتمد في وقودها على الإيثانول.

وتشير الإحصائيات إلى أن 80 في المائة من مجموع السيارات في البرازيل تتم تغذيتها بطاقة الإيثانول المنتجة محليا من قصب السكر، وبالتالي أصبحت البرازيل في مقدمة الدول الأقل اعتمادا على الطاقة المستمدة من الوقود الأحفوري.

حققت الولايات المتحدة الأمريكية تقدما ملحوظا خلال السنوات الثلاثين المنصرمة في خفض التلوث وحماية البيئة داخل حدودها.

تساعدنا الإحصاءات في روايتنا لهذه القصة. فخلال تلك الحقبة، نما الاقتصاد الأميركي بنسبة 187بالمائة، وازداد عدد السكان بنسبة 79بالمائة،

كما ازداد استهلاك الطاقة بنسبة 47بالمائة. لكن، وبالرغم من كل ذلك، انخفض تلوث الهواء بنسبة 48بالمائة.

وفي العام 2002، تم تزويد 94بالمائة من السكان الأميركيين من شبكات مياه المجتمعات المحلية والتي تتوافق مع كافة المعايير الصحية. وللمقارنة كان يتم تزويد 79بالمائة من أولئك السكان بهذه المياه في العام 1993 .

تبوأت الولايات المتحدة الأميركية دورا قياديا وصفة الإشراف على البيئة العالمية هادفة بذلك تطوير إدراك أفضل للخيارات البيئية المتاحة، وصياغة مقاربة أصلح للتنمية المستدامة . فتحقيق استدامة أكبر يبقى الهدف الأساسي لتوفير الطاقة وإدارتها.

كما توفر التكنولوجيا الحديثة إمكانيات الاستفادة من مصادر طاقة قابلة للتجدد، لا تلوث الهواء والمياه، ولا تطلق غازات الانحباس الحراري، ولا تدمر طبقة الأوزون التي تحمي الكرة الأرضية. كذلك تعد هذه التكنولوجيا باستنباط طرق جديدة لاستخدام فعالية موارد الطاقة التقليدية بصورة أكثر فعالية .

تتطلب مثل هذه الابتكارات والتطورات في التكنولوجيا مساهمة نسبة واسعة الانتشار من المجتمع. ففي الولايات المتحدة الأميركية، يقوم قطاع الأعمال، والمصانع، والجهود العلمية بلعب أدوار أساسية، وبشكل متزايد، في صياغة خطط لتحسين الحفاظ على الطاقة، وكذلك للإدارة الأكثر ترشيدا للموارد الطبيعية والتخلص من مخلفاتها .

الإشراف على البيئة أساسي لتحقيق الوعد بحياة أفضل للناس حول العالم. يشدد كتاب هذه الصفحات على هذا المفهوم من خلال مناقشتهم للتغيرات المناخية، وابتكارات الطاقة البديلة، ونوعية الهواء، وإدارة الغابات والمياه العذبة، وإعادة تدوير النفايات الصلبة ومياه الصرف الصحي .

الإسلام وحماية البيئة من التلوث :

تمثل حماية البيئة الطبيعية والاجتماعية هدفا من أهم أهداف الإسلام الحيوية، وتوضح مظهرا من أبرز مظاهر عنايته بسلامة الإنسان وحماية الطبيعة، وحرصه على نظام الحياة وسعادة النوع البشري واستمرار وجوده على هذه الأرض، ذلك لأن سلامة النوع البشري وما تعايش معه من مخلوقات حية، أو ذات علاقة بها كالتربة والماء والهواء مرتبطة بحمايتها من التلوث والتخريب.

وقد اتخذ الإسلام خطوات فريدة لحماية الصحة والبيئة وسلامة الحياة، يمكن تلخيص أبرزها بالآتي:

1- التوعية والتثقيف وتربية الإنسان على العناية بالصحة والطبيعة، وحماية الاحياء والحياة على هذه الأرض، منطلقا من مبدأ عقيدي هو أن ما صنعته يد الخالق سبحانه يتصف بالكمال والإتقان والصلاح، ولا شيء خلق عبثا في هذا الوجود، وقد صور القرآن ذلك بقوله: ﴿صنع الله الذي أتقن كل شيء﴾ [سورة النمل: 88]

وإن تصرف الإنسان الأناني أو المنطلق من الجهل والعدوانية يدفعه الى تخريب البيئة وإفساد المحيط الطبيعي، لذلك يحمل القرآن الكريم الإنسان مسؤولية إفساد البيئة بقوله: ﴿ظهر الفساد في البر والبحر بما كسبت أيدي الناس﴾.

ولذلك خاطب الإنسان مدافعا عن البيئة وسلامة الحياة بقوله:

﴿ولا تفسدوا في الأرض بعد إصلاحها﴾.

﴿وإذا تولى سعى في الأرض ليفسد فيها ويهلك الحرث والنسل﴾. [سورة البقرة:205]

2- **الحث على الطهارة**: ولعل ابرز الإجراءات الوقائية لحفظ البيئة البشرية هي عناية الإسلام بتربية الإنسان على الطهارة والنظافة والدعوة الى

تنظيف الجسد والثياب والأواني والأثاث وقد جاء ذلك البيان القرآني في قوله تعالى:

﴿**وثيابك فطهر**﴾[سورة المائدة:4]

﴿**وان كنتم جنبا فاطهروا**﴾[المائدة/6]

وبذا جعل الطهارة وحماية البيئة من التلوث نعمة يجب الشكر عليها لله سبحانه وبها تتم النعم، ومنه نفهم أن النعم نعمة الصحة والسعادة والمال.. الخ، ناقصة من غير طهارة البيئة وحمايتها من التلوث والفساد ذلك لأنها تبقى مهددة بالتخريب والزوال.

ويتسامى الفكر الإسلامي والفهم الحضاري فيه عندما يقرر أن اللـه خالق الوجود يحب الحياة الطبيعية والطاهرة التي لا تلويث فيها ولا قذارة، فيعبر الرسول الهادي ﷺ عن هذا المنهج بقوله: "إن اللـه طيب يحب الطيب، نظيف يحب النظافة".

3- النهي عن تلويث البيئة: وكما يحث الإسلام على الطهارة، فإنه ينهى عن تلويث البيئة وإفسادها، من هذه المناهي ما جاء عن الرسول ﷺ من نهيه عن البصاق على الأرض لما له من مضار صحية ومردودات نفسية تخالف الذوق وتثير الإشمئزاز.

وكما ينهى الرسول ﷺ عن البصاق، فإنه ينهى عن التغوط تحت الأشجار المثمرة، والتبول في المياه الراكدة والجارية وعلى الطرقات، حماية للبيئة وحفظا للطهارة والصحة.

ونستطيع أن نشخص أهمية هذه الوصايا في حماية البيئة، إذا عرفنا خطر فضلات الإنسان على الصحة وتلوث البيئة، لا سيما المياه التي تساعد على نمو الجراثيم وانتشارها عن طريق الشرب والغسل، والخضروات التي تسقى بها.

روي عن الصادق أنه قال: "نهى رسول اللـه ﷺ أن يتغوط الرجل على شفير بئر ماء يستعذب منها، أو نهر يستعذب، وتحت شجرة فيها ثمرتها".

روى ايضا عن النبي ﷺ في حديث المناهي قال: "ونهى أن يبول أحد في الماء الراكد..".

4- النهي عن النجاسات والتطهر منها: من قراءتنا لفلسفة التشريع الإسلامي ندرك اهتمام هذا التشريع بحماية الإنسان والحفاظ على صحته وحياته المدنية.

ولقد لخص الفقهاء فلسفة التشريع وعللوه بقاعدة موجزة هي: (جلب المصالح ودرء المفاسد).

والمصلحة والمفسدة هما ملاك الحكم وعلة تشريعه، وعند تطبيق هذا المبدأ التشريعي على ما ألزمت به الشريعة الإسلامية من حكمها بنجاسة بعض الأعيان، وحرمة أكلها وبيعها ووجوب التطهر منها لأداء الصلاة، عند تطبيق هذا المبدأ تدرك قيمة التشريع الإسلامي وحرصه على درء المفاسد (الاضرار) الصحية التي أثبتتها البحوث والدراسات العلمية، لذا حكمت الشريعة الإسلامية بنجاسة الاعيان الآتية والزمت بوجوب التطهر منها للصلاة والطواف حول الكعبة (البدن والملابس)، وهذه الأعيان هي:

1- البول والغائط من الإنسان، وكذا بول الحيوان المحرم وغائطه ايضا.

2- الميتة من الإنسان والحيوان الذي له شريان نازف.

3- المني من الإنسان والحيوان الذي له شريان نازف.

4- الدم من الإنسان والحيوان الذي له شريان نازف.

5- الخمر.

6- الكلب والخنزير البريان.

ولا يخفى أن مشكلة الإنسان سيما في المدن الكبرى، الآن هي مشكلة التخلص من فضلات الإنسان وأخطار التلويث بفضلات مجازر الحيوانات وبفضلات الإنسان والحيوانات الميتة، ذلك لأنها من أوسع مصادر التلويث

بالجراثيم والامراض الجرثومية، فإن فضلات الإنسان والميتة، هي أفضل وسط لعيش الميكروب المرضي الذي يصيب الإنسان.

وكما حدد تلك النجاسات والقاذورات ونهى عن التلوث بها أمر بالتطهر منها، وجاءت هذه الدعوة مكرسة في قوله تعالى:

﴿ما يريد اللـه ليجعل عليكم من حرج ولكن يريد ليطهركم وليتم نعمته عليكم لعلكم تشكرون﴾ [سورة المائدة: 6]

والمتأمل في قوانين التطهير هذه يتضح له ان منهاج الطهارة في الإسلام قد شمل أوسع تنظيم للطهارة والصحة وحماية البيئة من القاذورات والنجاسات، واعتبر الماء والتراب والشمس من المطهرات الطبيعية التي تزال بها النجاسات، كفضلات الإنسان، والميتة، والدم، والمني، وأسآر بعض الحيوانات، كما اعتبر الاستحالة من نوع الى نوع آخر من المطهرات أيضا، كاستحالة الميتة رمادا بعد احراقها.

ثبت التشريع الإسلامي مبدأ (لا ضرر ولا ضرار).

وبهذه القاعدة التشريعية الكبرى التي اعطاها صلاحية تجميد أي تشريع يوجب أو يجيز عمل شيء اذا نتج عنه ضرر، وينطبق هذا التشريع بكون الإسلام قد حرم كل ما من شأنه أن يضر بالبيئة تحريما تشريعيا، ويتحمل الخبراء الذين اعتبر التشريع الإسلامي تشخيصاتهم العلمية الامينة حجة يجب العمل بها، مسؤولية تحديد الضار من العناصر والمواد والإستخدامات.

وعندئذ تتحمل الدولة مسؤولية منع الاستخدامات الضارة واستعمال صلاحياتها باستعمال الوسائل الكفيلة بمنع الضرر.

وإن مبدأ (وتعاونوا على البر والتقوى ولا تعاونوا على الأثم والعدوان)، أساس عريض لحماية البيئة وحفظ نظام الطبيعة، فالآية تنهى عن العدوان على الطبيعة والحياة، وتدعو الى التعاون على الخير والإصلاح.

لقد نبهت شريعتنا الغراء على ضرورة الحفاظ على البيئة منذ ما يزيد على أربعة عشر قرنا من الزمان.

فهناك الآيات القرآنية الكريمة التي تنهى عن قتل الإنسان نفسه وعن الإفساد في الأرض بوجه عام. قال تعالى ﴿**ولا تقتلوا أنفسكم إن الـلـه كان بكم رحيما**﴾ ولاشك أن التعدي على البيئة التي خلقها الـلـه، وهيأها لحياة الإنسان وغيره، يقود في النهاية إلى جعلها غير صالحة لتلك الحياة. وهذا هو أحد صور قتل النفس وذلك من خلال التلوث الذي يسببه الإنسان سواء كان يدري أو لا يدري.

وعن الإفساد في الأرض:

قال تعالى ﴿**ولا تفسدوا في الأرض بعد إصلاحها**﴾ وأحد صور الإفساد في الأرض يكون بالتعدي على مكوناتها وعناصرها، بما يحدث الاختلال وعدم التوازن بين تلك المكونات والعناصر فالتلوث الذي ينتج عن المصانع والسيارات وصيد الحيوانات النادرة دون حساب، وتقطيع الغابات دون، تأتي يؤدي الى كوارث بيئية بسبب الإخلال بالنظام الذي خلقه الـلـه في الطبيعة والأرض.

وإذا اعتبرنا طبيعة ووحده البيئة الإنسانية، حيث لا تحدها عوائق جغرافية وتنتقل ملوثاتها من بلد لآخر دون اعتبار لسيادة الدولة أو مراعاة لحدود سياسية، ووعينا الدمار الذي يمكن ان يسببه تلوث البيئة بالنفايات الخطيرة، كالمواد الكيماوية السامة والإشعاعات النووية، لا يصير متغدرا علينا ان نفهم المعنى العام لآيات كريمة أخرى، تنبه الى هذا.

فقد قال تعالى ﴿**وإذا تولى سعى في الأرض ليفسد فيها ويهلك الحرث والنسل و الـلـه لايحب الفساد**﴾، كما قال أيضا ﴿**أنه من قتل نفسا بغير نفس أو فساد في الأرض فكأنما قتل الناس جميعا ومن أحياها فكأنما أحيا الناس جميعا**﴾

واهتمام الإسلام وحثه على الحفاظ على البيئة وحياتها وحماية ما تحتويه من "أوساط حيوية" أو "نظم ايكولوجية" لم يقتصر على هذا التوجيه العام للآيات السالف ذكرها، بل يمكن أن نلمس اهتمامه كذلك بالبيئة إذا اعتبرنا التصنيف النوعي للبيئة: البيئة المائية فالآيات القرآنية نبهت أولا إلى أهمية الماء.

فقال تعالى ﴿وجعلنا من الماء كل شيء حي﴾

فالماء أساس الحياة ومن هنا تأتي ضرورة الحفاظ عليه من كل مايفسده أو يفقده خواصه الطبيعية، والماء بحالته الطبيعية ونقاوته الفطرية هو الذي عبر عنه القرآن الكريم بأنه "الماء الطهور" قال تعالى ﴿وأنزلنا من السماء ماء طهورا﴾ وقال سبحانه ﴿وسقاهم ربهم شرابا طهورا﴾.

وقال تعالى ﴿أولم يروا أنا نسوق الماء الى الأرض الجرز فنخرج به زرعا تأكل منه أنعامهم وأنفسهم أفلا يبصرون﴾

وقد ورد عن النبي صلى الـله عليه وسلم أنه نهى عن التبول في الماء أو التغوط في مجراه كما نهى عليه الصلاة والسلام عن الشراب من الماء النجس أو التوضؤ منه. والماء النجس هو الماء الملوث، ذلك أنه ليس هناك فرق بين النجاسة في الشريعة الإسلامية والتلوث في فقه القانون".

ومن ناحية أخرى كانت العناية بالبيئة الأرضية أو البرية وقد أوردنا بعض الآيات التي تتكلم عن إفساد الأرض وتدمير تربتها بما يجعلها تموت. وهذا منهي عنه لقوله تعالى ﴿ولا تعثوا في الأرض مفسدين﴾.

وقال تعالى ﴿وآية لهم الأرض الميتة أحييناها وأخرجنا منها حبا فمنه يأكلون، وجعلنا فيها جنات من نخيل وأعناب وفجرنا فيها من العيون ليأكلوا من ثمره وما علمته أيديهم أفلا يشكرون﴾

والشكر في هذه الآية هو الامتناع عن إفساد الأرض بتلويث تربتها بالمبيدات الكيميائية وغيرها من المواد الضارة، وبتجريفها او الاستنزاف غير الرشيد لمواردها الطبيعية من غابات وحيوانات.

إن دعوة القرآن الكريم صريحة لتعمير الأرض لا لتخريبها والعدوان على مكوناتها الطبيعية فإلى جانب آيات النهي عن الفساد في الأرض توجد الآيات التي تحث على عمارة الأرض والحفاظ عليها.

قال تعالى ﴿**هو أنشأكم من الأرض واستعمركم فيها فاستغفروه ثم توبوا إليه إن ربي قريب مجيب**﴾.

ولكن إذا حدث وأفسد الإنسان البيئة، وأخل بتوازنها الفطري وترتب منه الضرر في حق الأشخاص أو الممتلكات، فإن أحكام الضمان في الشريعة الإسلامية تفرض على المفسد أو المسؤول تحمل تبعة المسؤولية وتعويض المضرور.

قال تعالى ﴿**كل امرئ بما كسب رهين**﴾ ﴿**ومن يعمل سوءا يجز به**﴾ كما صدقه رسول الله صلى الله عليه وسلم بقوله "لا ضرر ولا ضرار".

وهذا يظهر معرفة الشريعة الغراء لنظرية المسؤولية، أو ضمان إصلاح الضرر وهي نظرية يمكن تطبيقها على أنواع التلوث البيئي كافة، كتلوث البحار أو المياه مثلا.

ويمكن استنباط ما يلي حول حماية الشريعة للبيئة في وقت الحرب:

أولا: تضييق دائرة المعارك الحربية، وقصرها على الأهداف العسكرية يحول دون أن تتعرض البيئة بعناصرها المختلفة، وكذلك البيئة المشيدة وبخاصة ما يتعلق منها بوسائل الحياة كالمزارع والحيوانات والمياه والمصانع التي تنتج الغذاء والكساء والدواء وما إلى ذلك - لأسباب التخريب أو التلوث والإفساد، فهي بمنأى عن أن توجه إليها أسلحة تحدث بها ضررا أو دمارا.

وإذا اقتضت الضرورة الدفاعية أن يلحق بالبيئة بعض الأضرار فإن ذلك يكون محدودا ومقيدا بالضرورة فلا يترتب عليه غالبا إفساد عام أو تدمير شامل.

ثانيا: ونتيجة حتمية لتضيقق دائرة المعارك ومقاتلة المقاتلين دون سواهم، والأخذ بمنطق الرأفة والرحمة والجنوح إلى السلم إذا جنح إليه الأعداء، وعدم اللجوء إلى القتل إلا إذا فرضت الضرورة ذلك، والنهي عن الإسراف في إزهاق الأرواح، ومراعاة حرمة الميت فلا مثلة ولو بالحيوان، والأمر بسرعة دفن القتلى وعدم ترك الجثث في العراء دون مواراة لها في الثرى نتيجة لكل هذا تحمي الشريعة البيئة من بعض مصادر التلوث، لأن تقليل القتلى وعدم المثلة أو التشوية ودفن من يقتل دون إبطاء يمنع من أن تصبح الجثث إذا لم تدفن مرتعا للجراثيم، حيث تصاب بالتعفن، وتنبعث منها الروائح الكريهة التي تلوث الهواء وتفسد التربة.

ثالثا: وفضلا عن الأمر بتضييق دائرة المعارك وما يترتب عليها من أن تكون آثار الحرب التدميرية لا تتجاوز الأهداف العسكرية فإن هناك توجيهات عدة أو وصايا تحض في الحرب على حراسة البيئة وحمايتها وعدم التعدي عليها.

ومن أهم هذه الوصايا ما أوصى به أبو بكر رضي اللـه عنه أمير أول بعثة حربية في عهده وهو أسامة بن زيد، قال له: "لا تخونوا ولا تغلوا ولا تغدروا ولا تمثلوا ولا تقتلوا طفلا صغيرا ولا شيخا كبيرا ولا امرأة ولا تقطعوا نخلا ولا تحرقوه، ولا تقطعوا شجرة مثمرة ولا تذبحوا شاة ولا بقرة ولا بعيرا إلا لمأكلة وسوف تمرون على قوم فرغوا أنفسهم في الصوامع فدعوهم وما فرغوا أنفسهم له".

هذه الوصية تعد دستورا لآداب الجهاد في الإسلام واشتملت على تشريعات في الحرب لايدانيها ما وصلت إليها قواعد القانون الدولي الحديث.

وما كان للصديق أن ينهى في وصيته عما نهى عنه إلا من هدي أخذه عن النبي صلى الله عليه وسلم، وخصوصا أن الصحابة أجمعين أقروه على ذلك ولم يوجد منهم من استنكر ذلك، ولو أنكر ذلك أحد على الصديق لعلم من سيرة الصحابة ما يدل عليه.

وذهب الإمام الأوزاعي مستدلا بما ورد في وصية أبي بكر إلى أنه لا يحل للمسلمين أن يفعلوا شيئا مما يرجع إلى التخريب في دار الحرب أي في بلاد الأعداء، لأن ذلك فساد، و الله لا يحب الفساد، واستدل أيضا بقول الله تعالى: **﴿ومن الناس من يعجبك قوله في الحياة الدنيا ويشهد الله على ما في قلبه وهو ألد الخصام• وإذا تولى سعى في الأرض ليفسد فيها ويهلك الحرث والنسل و الله لا يحب الفساد﴾** [سورة البقرة].

رابعا: بين الشريعة والنظم الوضعية:

أدركت البشرية أخيرا أن الحرب تمثل خطرا على البيئة، وأن على المحاربين ألا يتعرضوا بأذى للمدنيين وكل وسائل الحياة، وأن يتحاشوا في حربهم التخريب والتدمير، فقد نصت اتفاقية جنيف المؤرخة في 21 أغسطس سنة 1949م في بعض موادها على حماية الأشخاص المدنيين والجرحى والمرضى من المحاربين وغيرهم، وكذلك الأطفال والنساء والمسنين، والمرافق الصحية كالمستشفيات ونحوها.

وجاء في المادة (54) من ملحق هذه الاتفاقية بشأن حماية البيئة بأنه يحظر تجويع المدنيين كأسلوب من أساليب الحرب، وكذلك تحظر مهاجمة أو تدمير أو تعطيل الأعيان المهمة مثل المواد الغذائية والمناطق الزراعية والمحاصيل والماشية ومرافق مياه الشرب وأشغال الري.

وتشير المادة (55) إلى أنه يجب أن يراعى أثناء القتال حماية البيئة الطبيعية من الأضرار البالغة وواسعة الانتشار وطويلة الأمد، وقد حظر بموجب هذه المادة استخدام أساليب أو وسائل القتال التي يقصد بها أو يتوقع منها أن

تسبب أضرارا بالبيئة، ومن ثم تضر بصحة أو بقاء السكان المدنيين، كما حظر أيضا القيام بهجمات الردع التي قد تشن ضد البيئة.

ويحظر كذلك الهجوم على الأشغال الهندسية أو المنشآت التي تحتوي على قوة خطرة كالسدود والجسور والمحطات النووية لتوليد الكهرباء.

هذا طرف مما دعت إليه الاتفاقيات والمعاهدات الدولية بخصوص حماية البيئة في وقت الحرب، وهو ينبىء عن إدراك بما آلت إليه الحروب الحديثة بأسلحتها التدميرية من خطر على البيئة وخطر على السكان المدنيين.

ولكن مثل هذه الاتفاقيات على جدواها من الناحية النظرية لا تلقي الاحترام أو الالتزام من الناحية العملية، ومازالت الأصوات تحذر من المخالفات التي ترتكبها الجيوش في صراعها العسكري، لأنه لا يوجد وازع نفسي يفرض الالتزام بمثل هذه الاتفاقيات، ومازالت الأطماع الإقليمية تسوق المحاربين إلى ميادين القتال غير عابئين بقيم إنسانية أو معاهدات دولية.

والشريعة السمحة بتعاليمها الخالدة سبقت القوانين الوضعية في حماية البيئة وقت الحرب، وجعلت هذه الحماية جزءا من عقيدة المسلم، وفريضة مكتوبة عليه، فهو بهذا يلتزم بما دعت إليه الشريعة وأمرت به التزاما صادقا ويطبقه تطبيقا كاملا، لأنه يعي أنه محاسب إن فرط أو قصر.

وخلاصة القول: إن الجهاد الإسلامي خير ورحمة وأمن وسلام وحماية، وأنه يحرس الأحياء كل الأحياء، فلا يبغي حي على حي، ولا يستعلي مخلوق على مخلوق، ولا تبطش أمة بأمة، ولا تتكتل كتلة ضد أخرى ولا يستبد قوي بضعيف ولا يمكن الأحلاف المسعورة من إطلاق الموت الجماعي، والفناء المستأصل والدمار الشامل والتلاعب بالأسلحة الذرية والنووية والهيدروجينية والنيتروجينية وسائر مصادر الشقاء والتعاسة والإبادة لهذه الإنسانية ووسائل حياتها وليس هناك من تشريع كتشريع الله يكفل للحياة الأمن بمفهومه

الشامل الدقيق، ويحمي البيئة بمعناها الواسع، لأنه تشريع الخالق الذي يعلم ما فيه صلاح الإنسان وسعادته.

إنه التشريع الذي يقدم درء المفاسد على جلب المصالح، وأنه لا ضرر ولا ضرار في الإسلام، فكل تشريع سواه لن يحقق للإنسان ما يتمناه وستظل البشرية تعاني ما تعاني من قلق واضطراب وفساد وانحلال حتى تفيء إلى أمر الله ﴿أفحكم الجاهلية يبغون ومن أحسن من الله حكما لقوم يوقنون﴾[سورة المائدة: 50]

التلوث بالأدوية

مسألة: مـن المشاكل التي يواجهها الإنسان في هذا العصر، مشكلة التلوث بالأدوية الكيماوية وما أشبه ذلك، فهذه الأدوية لها مضاعفات وآثار جانبية خطيرة.

ومـن هذه الأدوية الملوثة المهدئات المنتشرة اليوم في أرجاء العالم والتي يزداد تعلق الإنسان بهـا عند تفاقم المشاكل الاقتصادية والسياسية والطبيعية كالفقر والزلازل والفيضانات والحروب وما شابه ذلك.

وقد ذكر العلماء أضرارا كبيرة لـ (الفاليوم)، حيث يستعمل منها الناس مليارات الأقـراص سنويا، فلهـذا الدواء المهدئ آثار وخيمة ومدمرة، فهو يبعث على الكآبة الشديدة، ويبعث على الانطواء والرغبة الشديدة للانتحار، وربما أوجد العته والبله وما شابه ذلك.

وقد أجرى فريق من الأطباء عدة تجارب على فئران المعامل، وتبين لهم أن الفئران التي تعرضت لعقار (الفاليوم) قد ظهرت فيها أورام سرطانية.

وفي دراسة أخـرى للأطباء عـن سرطان الثدي عند النساء، تبين أن غالبية النساء اللاتي أصبن بهـذا المرض كـن يتعاطين (الفاليوم) وغيره من المهدئات، وعند فحص حالتهن ظهر أن الإصابة بالسرطان كانت متقدمة، وأرجعت الدراسات ذلك إلـى القلق الشديد الذي يعتري المرضى والحوامل والذي يدفعهـن إلـى مضاعفـة استعمال العقـار عند اكتشافهن الإصابة بالسرطان.

فهناك أكثر من مائتين نوع للسرطان كسرطان الدماغ والجهاز العصبي المركزي وسرطان الصدر وسرطان الكلية وسرطان الورم اللمفاوي وسرطان المعدة وسرطان المبيض والبروستات وما أشبه. وإن الخبراء لا يعرفون أسباب السرطان بقدر ما يعرفون العوامل التي تتظافر لإحداث النسب السرطانية، وقد شخص الخبراء أن 70 ـ 90 من السرطانات ناشئة من أصول

بيئية، وإن الوكالة الدولية للبحوث السرطانية IARC قد جدولت مجموع 39 مادة كيماوية وعملية كيماوية كمسرطنات للجنس البشري. ومن المواد الكيماوية الزرنيخ والبنزيدين التي تستعمل لصناعة الأصباغ والأفلاتوكسين وأمينوباي فنيل والاسبست والدي إي أس والنافثيلامين وما أشبه. وهذه المواد توجب انهيار نظام المراقبة الذي تستعمله الأنسجة لتحديد نمو الخلايا التي قد تعرضت لتحولات ورمية، وفي أمريكا أربعمائة ألف حالة وفاة سنويا ناشئة من السرطان وحوالي مليون حالة جديدة تشخص كل عام.

وفي تقرير عن الولايات المتحدة الأمريكية اتضح أن (الفاليوم) يؤدي إلى الإدمان في تعاطي المخدرات، والذين وصلوا إلى مرحلة الإدمان على (الفاليوم) يتحايلون للحصول عليه، ويقومون باللجوء إلى الأطباء للحصول على نسخ طبية تجيز لهم صرف العقار من الصيدليات، وإذا ما فشلوا في ذلك، فإنهم يستعينون بأرحامهم وأصدقائهم الذين يعملون بالعيادات والمستشفيات للحصول على هذه المادة الضارة.

ويؤدي استعمال (الفاليوم) بصورة دائمة إلى الشعور بحالات الاكتئاب والرغبة في اعتزال الناس. وقد يصاب المدمن بحالات من القلق الشديد ويتصبب العرق من جسمه كما يصاب بحالات من التشنج.

ويذهب فريق من الأطباء إلى رأي مفاده أن المصابين بإدمان العقاقير المهدئة تكون حالاتهم أصعب في علاجها من مدمني المخدرات. ومع ذلك فإن هذه المادة الضارة تصنع في الشركات العالمية وتكدس في الصيدليات، ولم يصدر حتى الآن منع عالمي يوقف تناولها، حالها حال السجائر التي هي أيضا تصنع بالمليارات وتكدس في المحلات العامة ويشتريها الناس بكثرة.

إن العالم يتعاطى يوميا خمسة مليارات سيجارة، وذكرت بعض الإحصاءات أن في أمريكا خمسين مليون إنسان يتعاطى السجائر. و إن مدمني التدخين الذين بدءوا في سن الخامسة عشر في أمريكا معرضون لخطر الوفيات بسبب سرطان الرئة بواقع واحد من خمسين، وفي غير أمريكا بواقع واحد من

ثمانمائة. وإن الشخص الذي يدخن علبتين من السجائر في اليوم ينتقص خمس سنوات على الأقل من عمره المتوقع. هذا وقد ذكرت المصادر العالمية أنه في حالة عدم التدخين يمكن تجنب 85./ من سرطانات الرئة.

ومنتهى الأمر أن المجلات والجرائد بضغط من بعض الحكومات تكتب تحت إعلانها: (تحذير حكومي أنصحك بالامتناع عن التدخين) وما شابه ذلك من العبارات.

ومن الملوثات الدوائية (الأسبرين) حيث يحتوي القرص الواحد من الأسبرين على 325 مليغرام من الدواء، فهو سلاح ذو حدين له فوائد في علاج الصداع وآلام المفاصل وروماتيزم العضلات وألـم الأسنان وما أشبه ذلك، بالإضافة إلى دوره في خفض الحرارة وتقليل الألم ولكن من جانب آخر فلهذا الدواء مضار قد تنال من جسم فتصيبه بأمراض مزمنة، فالأسبرين هو العقار الشائع استعماله بين الغالبية العظمى من البشر في شرق الأرض وغربها وهو يسبب آلاما معوية يصحبها عسر هضمي. وقد يؤدي تعاطيه إلى حدوث طفح جلدي وتورم في الوجه والعينين ونزف من الأنف والفم ورغبة شديدة في حك الجلد.

وإصابة الأطفال بمرض خاص تتجلى أعراضه في حدوث تضخم فـي الكبد واصفرار في لون المريض مع انتشار تجاويف مملوءة بالشحم في نسيجه، وكذلك حدوث نخر في أطرافه.

أما الإصابات خارج الكبد فتتصف بحدوث تغيرات شحمية داخل الأنابيب الكليوية واستحالات في الخلايا الدموية، وارتفاع حاد في كثافة الدم، وكذلك حدوث تغيرات فـي بعض خلايا الدماغ والعضلات. ولذا أخذ الأطباء يظهرون الاحتجاج على استعمال (الأسبرين) للرضع والأطفال حتى عمر 15 سنة في حالة إصابتهم بأي مرض فيروسي كالأنفلونزا. فالأم الحامل إذا تناولت أقراصا مـن (الأسبرين) قد يؤدي ذلك إلى خلل في جنينها عقليا أو نفسيا أو جسميا.

وهكذا حال المركبات (السلفات) وهو دواء شائع في شتى دول العالم، وعلى الرغم من فعاليتها في علاج الكثير من الأمراض إلا أنها أحيانا تحدث بعض المضاعفات لمن يتناولها، كالحساسية التي تظهر في شكل طفح جلدي، وكحدوث نقص في عدد كريات الدم البيضاء، وتوقف إفراز البول.

والأطباء وإن نصحوا بكثرة استعمال السوائل عند تناول مركبات (السلفات) وضرورة مراقبة كمية البول إلا أن ذلك لا يجدي في عدم إضراره.

ومن الأدوية التي أفرط الإنسان في استخدامها وصفا وأخذا للعلاج المنبهات. والمنبهات غالبا توجب فقدان الشهية وتضعف النشاط والوعي وتنبه الجهاز العصبي المركزي، وقد استعمل في الحرب العالمية الثانية من قبل الطيارين لكي يساعدهم على زيادة عدد الطلعات الجوية في الحرب، كما يستعمله سائقوا السيارات وخصوصا سيارات الشحن الذين يقومون برحلات طويلة، والطلاب الذين يستعدون لأداء الامتحانات، والرياضيين الذين يسعون إلى تحطيم الأرقام القياسية السابقة. وهو يحدث نوعا من التسمم في الجسم. والأطباء يرون في الحال الحاضر أنه يلزم على الطبيب أن لا يصف هذا الدواء إلا في حالات نادرة جدا.

ومن أشد الأدوية أثرا على صحة الإنسان المواد التي تستخدم للتجميل مثل مجملات الشعر أو نحو ذلك. هذا بالإضافة إلى إن من طبيعة الدواء الإضرار، حيث قال الإمام علي (عليه السلام): (ليس من دواء إلا وهو يهيج داء).

وذلك واضح حيث أن الدواء يأخذه الإنسان لإصلاح جزء معطوب من الجسم فيضر بالجزء غير المعطوب، ـ مثلا ـ إذا ابتلت ساق الإنسان بازدياد نسبة الدهون فيها، فإن الدواء سيزيل الدهون في الساق وغيره مما يسبب زوال دهونة الجسم، فيصيب أجزاء أقوى من البدن بالمرض.

لذا كان القدماء ينصحون بعدم استعمال الدواء إلا وقت الضرورة، وقد قال الإمام علي (عليه السلام) في صدر الحديث المتقدم: (امش بدائك ما مشى بك).

ومن الأدوية التي تسبب الإدمان عقار (الكودئين) الذي يستخدم في الكثير من أدوية السعال. وقد تبين أن (40 /.) من هذا العقار يتحول إلى (مورفين) المخدر الشهير حين تدخل جسم الإنسان.

كما إن من العقاقير الموجبة للضرر والإدمان، المنومات، فهي تستعمل للتخلص من الأرق أو من الأفكار السوداوية، وقد ذكر الأطباء إن الإدمان على المنومات يؤدي إلى نوع من التسمم المزمن الذي يصبح من أهم أعراضه التبلد الذهني والخمول الجسمي حيث يستيقظ الشخص من نومه خاملا كسولا لا يقبل على عمل اليوم بنشاطه المعهود على الرغم أنه قد نام ملء عينيه ساعات طويلة. وهذا ما يؤدي بدوره إلى خمول في الذهن وتشتت الفكر وميل إلى الاستراحة.

والغالب إن المضادات الحيوية تؤدي إلى إثارة الجهاز الدفاعي في الجسم، وفي أغلب الأحيان يسبب تأثير هذه الأدوية بعض الحساسيات نتيجة تناول بعض الأطعمة والأدوية كالسمك مثلا.

ومن أبرز مظاهر ذلك حدوث طفح أو بقع حمراء متورمة في أجزاء من الجسم، وحدوث صوت صفير في التنفس ودم في العينين وانسداد في الأنف وغثيان وإسهال، ويصاب أحيانا المرء المستعمل لهذه الأدوية بالإعياء، أي الانهيار التام مما يوجب العلاج السريع.

كما في حالات كثيرة يسبب الحساسية المتعارفة في هذا الزمان، فالحساسية وإن كانت موجودة سابقا إلا أنها كانت نادرة جدا. أما الحساسية في زماننا هذا فإنها ازدادت في النصف الثاني من هذا القرن.

وهناك أدوية تؤثر في الأعصاب للحد من الحامض المعدي ولإزالة آلام القرحة لكنها في الوقت ذاته تؤثر على أعصاب أخرى مشابهة لها في أماكن أخرى من بدن الإنسان، وتسبب له تعشية في البصر وجفاف في الفم وسرعة في النبض وصعوبة في التبول.

هذا ونتيجة للأثر السلبي للمواد الكيماوية، فقد استحدث علم يسمى بعلم السميات، وكتب العلماء العديد من الكتب حول أسباب التسمم وأوعزوه إلى الجهل الحكومي والشعبي والإهمال والفساد، وتحدثوا عن آثار المواد الكيماوية حتى أن كثيرا من الكتب بدأت تبين آثار هذه المواد على العملية التناسلية وعلى الجنين في رحم أمه وما أشبه ذلك.

وغالبا يكون لهذه الأدوية تأثير أيضا على الحيوانات ـ التي تجرى عليها التجارب ـ قبل عرضها في الأسواق، لكن من الواضح أن الحيوانات ليست كالإنسان في الخصوصيات فلكل منها خصوصية ينفرد بها عن الآخر وإن كان بعض الحيوانات كالفئران والقردة تقترب إلى الإنسان في بعض الخصوصيات الأخرى. ولذا قد يكون دواء مفيدا للإنسان لا للحيوان، وقد يكون العكس.

فعلى سبيل المثال عند تجربة عقار (ديجوكسين) الخاص بعلاج مرضى النوبات القلبية على حيوانات التجارب أو المختبرات ثبت أن له آثارا جانبية خطرة على الكلاب، ولكن بعد تجربته على بعض المتطوعين من المرضى ثبت نجاحه إلى حد كبير. أما عقار (براكتولول) الذي يستخدم أيضا لعلاج أمراض القلب، فقد نجحت التجارب التي أجريت على الحيوانات لشهور طويلة بالنسبة له، ولكن تم سحبه من الأسواق بعد أن اتضحت آثاره الجانبية على البصر حيث يؤدي إلى ضعفه أو فقدانه.

ومن الواضح إن الناس يختلف بعضهم عن البعض الآخر في زمان دون زمان، وفي عمر دون عمر، وفي أرض دون أرض، ـ مثلا ـ في السبعينيات عندما تم طرح دواء لعلاج الأمراض المعوية في الأسواق، تبين بعد ذلك إن

هذا العقار يؤدي إلى اضطرابات عصبية حادة، فقد لوحظ وجود هذه الآثار الجانبية في اليابان بينما لم يجدوا هذه الأعراض في الأماكن الأخرى.

هذا بالإضافة إلى أن تجربة الأدوية على الحيوانات لا دلالة شاملة لها في الصحة والصلاحية على الإنسان، فمن الواضح إن الحيوان لا يستطيع أن يصرح بما يحس به من أعراض كالغثيان والدوار والصداع والاكتئاب والحكة الداخلية وحرقة التبول وما أشبه ذلك لأنه لا يقدر على النطق.

وللحيوان قدرة تختلف عن قدرة الإنسان في مقاومة التلوث، فالطعام الفاسد قد لا يؤثر على القطة والكلب والفأر، بينما هذا الطعام يؤثر في الإنسان أي تأثير.

كما وإن الناس مختلفون في درجة تحسسهم ودرجة مقاومتهم للأمراض وللتلوث.

هذا وهناك نقطتين لابد من الإشارة إليهما، الأولى: إن بعض أسس تقييم الأخطار التي يعتمد عليها في الوقت الحاضر يمكن ظهور سقمها في المستقبل كما ظهر سقم وبطلان بعض الأسس التي اعتمد عليها سابقا من حيث نقصانها وعدم معالجتها لجميع الأبعاد، وإن الجهة المسؤولة عن تقيم الأخطار تخضع لضغوط سياسية واقتصادية أو لتبريرات واهية. ثانيا: إن لتقييم الأخطار علينا أن نعرف ثلاثة أمور:

أولا: تقييم الخطر ـ نوع أخطار المواد الكيماوية والتهابها وإشعاعها وسميتها.

ثانيا: تقييم الجرعة والاستجابة ـ أي بحث العلاقة الكمية ما بين المادة الكيماوية التي تدخل الجسم وبين الجرعة اللازمة للوصول إلى الموقع النهائي للهدف ـ

ثالثا: تقييم التعرض البشري ـ أي تحديد مقدار الجرعة التي يتناولها وفترتها الزمنية ـ

وهذه الأمور في بعض البلدان لا تأخذ منحاها الصحيح وذلك لعدم صلاحية الأساليب الشائعة لقياس الأخطار أو لأن العلاج لا يقع على جميع مصادر الأخطار وبنفس الطريقة أو لاختلاف مبدأ التحليل. هل للحالات المشكوكة أم لمطلق الحالات أو لوجود قانون توازن الخطر والفائدة والذي هو عبارة عن آليات متطورة تسمح لملوثي الطعام بتعريض الناس للخطر أو لأن القرارات التي توضع للحماية تنص إلى واحد في كل عشرة آلاف مستوى الخطورة بدل وضعها واحد بالمليون أو لأن عملية تقييم الأخطار تحتوي على مواطن للشكوك ولا يمكن معرفة كميتها بشكل مضبوط. يقول: جوزيف ف رودريكس في كتابه الأخطار المحسوبة: ص304: ينبغي أن يكون واضحا الآن أن مقيمي الأخطار لا يعلمون كيف يرسمون خطا فاصلا ما بين التعرضات المأمونة العاقبة وغير المأمونة بالنسبة لأية مادة كيماوية. وإن فكرة إطلاق اسم السلامة ـ السلامة من استعمال المواد الكيماوية ـ هي فكرة عنيدة علميا إذا كانت تعني غياب الخطر بشكل مطلق. فإذا عرفنا السلامة بهذه الطريقة يصبح من المستحيل أن نعرف متى حصلت هذه السلامة، نظرا لأننا والحالة هذه بحاجة إلى البرهنة أن شيئا ما وفي هذه الحالة الخطرة غير موجود، إن البرهان على عدم وجود خطر ممكن من ظرف واحد من مجموعة ظروف.

على أي حال: فالمضادات الحيوية لها آثار وخيمة بالنسبة إلى الإنسان، فبعضها يؤدي إلى حدوث تقرحات وتقيحات في الجسم، وإسهال في بعض الحالات، وضعف ماسكة البول إلى غير ذلك.

وعلى هذا، فاللازم على الحكومات أن تمنع الصيدليات عن منح هذه الأدوية لمن هب ودب إلا بوصفة طبية مؤيدة من طبيب أخصائي، وقد وجد أيضا إن لـ(البنسلين) آثارا سلبية، فهو يؤدي إلى سوء الامتصاص والغثيان والإسهال، فضلا أن البعض من الناس يعاني من حساسية شديدة ضد (البنسلين) وقد تؤدي هذه الحساسية إلى ردود فعل خطرة ناجمة عن مقاومة الأجهزة الدفاعية لجسم الإنسان لهذا الدواء.

والحاصل إن الجهل والاستعمار والاقتصاد المبني على المادة هذا الثالوث دخل دنيا الطب فسبب الكارثة للإنسان.

كما إن اللازم الاهتمام بالوقاية، ففي المثل: (قيراط من الوقاية خير من قنطار من العلاج) كما سبق ومعظم الأمراض هي قابلة للتوقي منها لو عرف كل شخص منا التزاماته الصحيحة وما يجب عليه اتجاه أسرته واتجاه جسده، بل وفي أوائل المرض يجب التوقي حتى لا يتسع الخرق فمن الخطأ الكبير الإسراع إلى الدواء مع أول حكة أو سعال، خصوصا عندما يتم أخذ الدواء دون استشارة الطبيب، ففي الحديث: (إن لجسدك عليك حقا)، ولا يحق للإنسان أن يضر نفسه ضررا بالغا، فإن البدن مودوع بيد الإنسان كسائر ودائع الـلـه سبحانه تعالى، فاللازم أن يراعي الإنسان جسده حتى الموت لأنه سيسأل عنه.

التلوث الغذائي

مسألة: الجهل والطمع سببا تلوث الغذاء بمختلف أنواع الملوثات، مما أدى إلى هلاك كثير من الناس أو إصابتهم بأمراض مختلفة يمتد بعضها للأجيال القادمة.

فالتلوث الغذائي قد يكون:

1 ـ تلوثا طبيعيا ناتجا عن تحلل الغذاء بسبب البكتيريا والفطريات أو طول فترة التخزين أو التعرض للإشعاع الطبيعي أو غير ذلك من العوامل التي قد لا يكون الإنسان سببا مباشرا فيها وإن كان من أسبابها البعيدة. وقد حدثني بعض الأصدقاء أنه وجد في مخازن جيش إحدى الدول معلبات يعود تاريخها إلى ربع قرن.

كما وإن من مصادر التلوث الطبيعي الإشعاعات الناجمة عن وجود بعض الصخور ذات الخواص الإشعاعية، حيث تنتقل هذه الإشعاعات للنباتات التي تنتقل بدورها عبر سلسلة الغذاء إلى الحيوان والإنسان.

كما وإن بعض الجراثيم تنتقل من الخنازير إلى الخضروات، فإذا أكلها الإنسان ابتلي بمختلف الأمراض. وقد رأيت بنفسي شخصا ابتلي بذلك مما سبب وفاته ولم ينفعه الذهاب حتى إلى المستشفيات الغربية لعلاجه، فرجع إلى العراق ومات بعد مدة من الزمن.

2 ـ وقد يكون تلوثا غير طبيعي، وينجم أساسا عن تصرفات الإنسان، سواء كان التلوث عن عمد لأجل الحصول على الأرباح أو غير عمد ؛ ومن أبرز صور هذا التلوث، التلوث الكيماوي للأغذية.

والتلوث الغذائي عبارة عن احتواء المواد الغذائية على جراثيم مسببة للأمراض أو مواد كيماوية أو طبيعية أو مشعة، تؤدي إلى حلول تسمم غذائي بسبب الأمراض الحادة الخاصة في المعدة أو الأمعاء.

وهذه الأمراض في الأصل من الأغذية الملوثة ببعض العوامل الجرثومية أو السموم قبل استهلاكها من قبل الإنسان.

وقد حدثني بعض من أثق به أن دولة أجنبية قامت بتصدير كمية من اللحوم الفاسدة إلى دولة الإسلامية مقابل تخفيض السعر مليون دولار. وقد رفض رابط تلك الدولة الموافقة على الصفقة، واستقال من منصبه نتيجة الضغط، وعين آخر مكانه. وكان أول عمل قام به الموظف الجديد هو الموافقة على صفقة اللحوم الفاسدة.

ويعتبر التلوث البكتيري أشهر أنواع التلوث الطبيعي للغذاء وأكثرها شيوعا، وتساهم الحشرات المنزلية كالذباب والصراصير والفئران وما أشبه ذلك في نقل الجراثيم المسببة لهذا التلوث، كما أن المياه والأغذية الملوثة تنقل البكتيريا المسببة للأمراض.

وهذه البكتيريات تفسد الحليب والألبان بصورة عامة، وتقضي على عصير الفواكه والزبد والزيوت والدهون ومنتجات الفطائر المحتوية على نسبة مرتفعة منها.

وهناك نوع من البكتيريا غير الهوائية تنمو في الأغذية المعلبة غير الحمضية كاللحوم والخضروات، وهي تنتج غازا يؤدي إلى انتفاخ العلب، كما تتسبب في ظهور رائحة غير مرغوبة فيها.

ومحتويات العلبة والبكتيريا المفسدة للغذاء على نوعين:

1 ـ قد يكون له رائحة كريهة يتمكن الإنسان من الكشف عنه.

2ـ وقد لا يكون له رائحة كريهة، الأمر الذي يصعب تشخيص فساده.

ومـن الملوثات الجرثومية بكتيريا (السالمونيـلا) وهي بكتيريا واسعة الانتشار مسببة العديد من الأمراض، فهي السبب فـي مرض حمى التيفوئيد، وكما وإن أضرارها لا تقتصر على الإنسان وحده بل تمتد لتشمل الحيوانات الاقتصادية حيث تسبب لها التهابات معوية.

كما تؤدي إلى هلاك جماعي في الدواجن، ويزيد من خطورة هـذه البكتيريا تعدد أنواعها، فهي كما يقول الأطباء تربو على ألفي نوع، والعلـم بكل وسائله الحديثة لا يتمكن من السيطرة على انتشار هذه البكتيريا ووقف آثارها الممرضة كليا.

ومـن أهـم مصادر هذه البكتيريا الأبقار والدواجن حيث تستوطن أمعاءها وأنسجتها، كما ينتشر بعض أنواعها في الكعك والفطائر، وحتى لو جففناها وجمدناها وما أشبه ذلك فلا تتوقف أضرار هذه البكتيريا.

وهناك أنواع من هذه البكتيريا تسبب الوفاة في بعض الحالات، وتنتشـر هذه البكتيريا فـي الأطعمة غير محكمة التغليف وفي المعلبات واللحوم المقددة وغيرها.

ثم إن التلوث الكيماوي للغذاء يكون بالتراكم والتكاثر في الخلايا الحية حيث يزداد تركيز الملوثات الكيماوية خلال مرورها عبر السلاسل الغذائية.

وذلك يسبب حدوث إصابات بأنواع شتى من السرطان نتيجة تناول الإنسان مواد غذائية ملوثة بالكيماويات والمعادن الثقيلة كالرصاص والزئبق وما أشبه ذلك.

وقد أصبحت مشكلة التلوث الكيماوي للغذاء مشكلة عالمية، فبدلا من أن يمدنا الغذاء بالطاقة التي تعمل بها خلايا أبداننا حتى يستطيع الجسم أداء وظائفه على أكمل وجه، وحتى نستطيع التحرك من مكان إلى مكان آخر، وحتى تتجدد الخلايا التالفة، وحتى نكون في صحة جيدة وتفكير سليم، بدلا من ذلك كله أصبحت المواد الغذائية في كثير من البلدان سببا للكثير من الأمراض والعلل.

وفي الكثير من الموارد تضيف الشركات مواد كيماوية للطعام والشراب من أجل إعطائه نكهة جيدة أو لونا جيدا أو رائحة طيبة، بينما ضرر هذه المواد الغذائية أكثر من نفعها.

فمثلا مادة السابكلاميت التي كانت تستعمل لتحلية المواد الغذائية والخمائر منعت نتيجة لاحتوائها على السموم، ومادة السكارين التي كانت تستعمل للتحلية منذ بداية القرن حتى السبعينات منعت نتيجة لاحتوائها على سموم سرطانية. وكذا استعمال دي إي أس الذي يستخدم للطيور أوقف استعماله عام 1961م لاحتوائه على مواد مسرطنة، وكذا الاستروجين التركيبي الذي استعمل حتى نهاية السبعينات كمشجع للنمو في الأغنام والماشية ثبت أنه أحد المسرطنات البشرية، وكذا الأسبس الذي يستعمل في مجففات الشعر، وكذا الفورمالديهايد التي تستعمل في بعض المواد المنزلية العازلة ثبت إنها مواد مسرطنة أيضا.

فاللازم العودة إلى الطبيعة في طريقة التغذية، كما أخذ العالم يعود إلى الطبيعة كمصدر للدواء، فقد قرأت في تقرير عن الولايات المتحدة الأمريكية أنها تستهلك كل عام ملياران من الأدوية الأعشابية، وفي بعض البلدان الشرق أوسطية افتتحت مشافي للعلاج العشبي.

والغالب أن الشركات المنتجة للمعلبات تتعمد تسميم الغذاء من أجل الربح المادي، لأنهم يريدون النكهات الصناعية والمحسنات والمضافات والمحليات والمناظر الجميلة المختلفة.

ونشرت بعض الجرائد محاكمة ثلاثة كانوا يتاجرون بالزيوت المغشوشة في إسبانيا، وكان هؤلاء الثلاثة قد تسببوا في قتل (650) شخصا، وكانت أولى ضحاياهم سنة 1404هـ (1984م) وآخرها في سنة 1410هـ (1989م). وبالإضافة إلى هؤلاء الضحايا أصيب عدة آلاف بأمراض متعددة نتيجة استعمالهم لهذا الزيت المغشوش.

واكتشف في بلد إسلامي أن هناك شركة تستخرج الزيوت من الحيوانات الميتة كالحمار وما أشبه ذلك.

وقد أثبتت بعض الدراسات أن الحيوانات تصاب ببعض الأمراض التي تسبب لها قلة منتوجاتها الألبانية، كذلك تؤثر في درجة خصوبتها الإنجابية، بل قد تصاب بالعقم وتتعرض للموت خنقا إذا ما زادت من حدة التلوث.

وبعض الحيوانات هي مصدر خصب للجراثيم والديدان، وهي تنقل هذه الطفيليات والجراثيم إلى الإنسان، ومن هذه الحيوانات الخنزير الذي يستفاد من لحمه بشكل كبير في دول أوربا.

والحاصل أن هناك عددا كبيرا من الأسباب التي تسهم في تفاقم مشكلة التلوث الكيماوي للغذاء مثل استخدام المبيدات الحشرية على نطاق واسع لقتل الحشرات أو التي تستخدم في الزراعة وكذلك الخضروات.

وهذه المبيدات قد تظل عالقة بالتربة الزراعية فترة مديدة من الزمن قد تصل إلى (15 سنة).

ومن مضار المبيدات: إضعاف التربة لأنها تقتل كثيرا من البكتيريا المفيدة الموجودة فيها. ولعل هذا الأمر سبب تأثر إنتاجية الأراضي الزراعية في

العديد من دول العالم، فرغم استخدام الأسمدة الكيماوية واستعمال الأساليب الزراعية الحديثة إلا أن معدلات الإنتاج الزراعي انخفضت لمقادير كبيرة.

كما تأثرت إنتاجية المحاصيل والفواكه نتيجة استخدام المبيدات بصورة كبيرة والتي أدت إلى هلاك عشرات الأنواع من البكتيريا التي خلقها اللـه سبحانه وتعالى في التربة الزراعية لتثبيت النيتروجين من الهواء الجوي ولتحليل المواد العضوية.

وقد لاحظت الأمر بنفسي، ففـي الأعوام الـتي كنا نستعمل فيها المبيدات يكون إنتاجنا ضعيفا من الرمان والعنب والتين في الحديقة الصغيرة التي كانت في بيتنا.

ولا تنحصر مضار المبيدات بهذا القدر، فهي تنقل عبر طعام الإنسان مختلف السموم الضارة. والأدهى أن الحشرات التي تتعرض للمبيدات تكتسب تدريجيا المناعة ضد هذه المبيدات، فتفقد أي تأثير لها.

المواد الكيماوية الحافظة

المواد الكيماوية الحافظة، إن المواد الكيماوية على ثلاثة أقسام:

أولا: المواد المتواجدة بشكل طبيعي والتي نتناولها من خلال الطعام أو سائر الوسائط الأخرى.

ثانيا: لمنتجات الكيماوية الصناعية التي تصنع لأغراض خاصة.

ثالثا: الملوثات الصناعية الناتجة عن استعمال الوقود وصناعة الكيماويات والصناعات الأخرى. وحديث الإمام المؤلف (دام ظله) هنا عن القسم الثاني، وسيأتي الحديث لاحقا عن القسم الثالث.

وهـي المواد المستعملة في صناعة التعليب، فإنها وإن كانت تزيد مـن صـلاحية الغذاء إلا أنها تصبح سامة إذا تجاوزت الحد المطلوب.

ومما يسبب تلوث الغذاء والدواء والأتربة وما أشبه ذلك في المعلبات وغيرها استخدام الألوان والأصباغ ومكسبات الرائحة في صناعة تلك المنتجات، حيث تبين أن هذه المواد مسؤولة عن العديد من الأمراض السرطانية.

فعلى سبيل المثال لقد ثبت علميا أن صبغة النعناع الأخضر الاصطناعية شديدة الخطورة، وكذلك الأمر بالنسبة للأصباغ الصناعية للرمان والصبغات المستعملة في صبغ بعض أنواع الحلوى السكرية، وصبغات رقائق البطاطس والألوان المشابهة للون البرتقال، والحساء المحتوي على عصير الطماطم الذي أضيف إليه لون صناعي.

هذا بالإضافة إلى أن إضافة حب الأسبرين في كل قنينة يسبب تلوثا في الطعام، الأمر الذي يسبب التسمم أيضا، ومما يزيد في تلويث الغذاء صنعه أو حفظه في المواد البلاستيكية والمواد النيكلية والمواد الكرتونية، فإن ذلك كله ثبت ضرره البالغ بالنسبة للطعام والشراب وما أشبه ذلك.

ومن أشد المواد المسببة للسرطان وأكثرها فعالية لإثارة هذا المهن مادة خاصة تستخدم لصبغ (المارغرين) لإعطائه شكل الزبدة الطبيعية، وذلك لخداع المستهلكين وجلب انتباههم لشراء هذه المواد.

وهكذا حال الأصباغ التي تستعمل لصبغ الرأس أو اللحية، وبعض المواد التي تستعمل لأجل إزالة الشعر من البدن أو لأجل التجميل للوجه ما أشبه ذلك.

ثم إن المعادن الثقيلة التي يتم التخلص منها بإلقائها في البحار أو في التربة الزراعية كالزئبق فإن هذه المعادن سامة جدا، وتعتبر الأسماك في طليعة الأغذية التي يمكن أن تتلوث بمثل هذه السموم. وقد أصبحت الأسماك غير صالحة عندما تصاد من أماكن معينة مشهورة بالتلوث كالبحر الأبيض المتوسط.

ومـن الجديـر بالذكـر إن أسماكا مسمومة تصدرها الولايات المتحدة الأمريكية إلى دول العالم الثالث بعد أن ثبت فسادها ومنع استعمالها.

ومن المضرات أيضا الهرمونات التي تستعمل للتعجيل في نمو الحيوانات والنباتات، وتنتشر هـذه الظاهرة فـي الدول النامية والدول المتقدمة على حد سواء إذ ذكروا فـي إحدى الدول العربية أن صاحب حقل للدواجن كان يضيف أقراص منع الحمل إلى طعام الدواجن، كما واكتشف في ألمانيا الاتحادية سنة 1408هـ (1988م) عجـول محقونة بالهرمونات وهي تسبب مرض السرطان.

وقد أشارت بعض الصحف إلى اكتشاف السلطات الحكومية في ألمانيا الاتحادية وجود عصابة دولية تقـوم بتصنيع نوع جديد مـن الهرمونات التي تساعد على الإسراع في نمو عجول التسمين وزيادة وزنها، بينما كان الأمر ضارا ضررا كثيرا.

أثر الغبار الذري على الغذاء

وهكذا يتلوث الغذاء أيضا بمواد مشعة نتيجة لتساقط الغبار الذري على النباتات والتربـة الزراعية أو نتيجـة لتلوث الهواء والماء بمخلفات التجارب النووية حيث تدخل المواد المشعة إلى أجسام النباتات وتنتقل عبر سلسلة الغذاء إلى الحيوانات والطيور والأسماك والإنسان.

وقد تنبه العلماء إلى أضرار إضافة المضادات الحيوية إلى غذاء الحيوان قبل نصف قرن حيث تبين أن استخدام هذه المضادات بصفة دائمة يؤدي إلى اكتساب أنواع معينة من البكتيريا مناعة ضد تأثير المضادات الحيوية، ولذلك تظل هذه البكتيريا موجودة فـي لحـوم الحيوانات والطيور ومن ثم تنتقل إلى جسم الإنسان عند تناول هذه اللحوم فتسبب له أمراضا لا يمكن معالجتها بالمضادات الحيوية.

تسمم الأطعمة:

تلوث الأطعمة يزداد يوم بعد يوم بصورة مفزعة حتى وفي البلدان المتقدمة التى بها أعلى مستويات الرعاية والعناية وقد يكون ذلك ناتجا عن إحدى الأسباب الآتية:

1- تلوث البيئة باستخدام المبيدات الحشرية المدمرة لصحة الكائنات الحية .

2- انتشار الميكروبات والفيروسات .

3- الطريقة التى يتم إعداد الطعام بها ومعالجته .

مشاكل التلوث من تصنيع الغذاء :

1- كل طن من المكونات الغذائية يحتاج إلى 5 طن ماء للغسيل والتنظيف فتلوث البيئة من خلال هذا الماء الملوث، ويعد المصنع ناجحا إذا أعاد استخدام الماء مرة أخرى فى مصانع التغذية بعد تنقيتها .

2- كلما كان هناك إنتاج، كلما كان هناك استهلاك للطاقة والوقود وبالتالي = تلوث .

3- مخلفات صلبة: قشر ونوى .

4- مواد التعبئة والتغليف: مواد لا تحلل مثل علب العصائر أو أكياس البلاستيك الضارة .

5- عيوب السلع المعبأة: مثل المياه الغازية التى لا تروى العطش على عكس ما فى يظهر فى الإعلانات .

6- تلوث بمخلفات سائلة مثل المصارف فلذلك لابد من معالجتها.

7- المبيدات الحشرية المميتة .

8- مصادر الخطر: هو أي شئ يمكن ان يوجد فى الغذاء فى الماء أو البيئة المحيطة بنا ويمثل خطورة على صحة المستهلك .

-المصادر:

طبيعي - كيماوي - بيولوجي .

-مصدر طبيعي:

1- مثل أكل العجوة بداخلها نوى تلحق الضرر بالأسنان يمثل خطر .

2- غلق الأكياس بدبوس وأثناء تصنيع الخبز يقع الدبوس فى الخبز وعند أكله يدخل البلعوم يمثل خطر .

3- مصدر خطر أثناء التوزيع .

الأغذية الحساسة :الأغذية التى تقدم للأطفال والأفراد فى فترة النقاهة أو الشيوخ لأنهم أكثر الأشخاص تأثرا بذل .

-مصدر كيماوي:

-وجود بقايا مبيدات أو أدوية بيطرية أو أسمدة آو مضادات حيوية أو ألوان مثل الفورمالين فى الجبن .

-مصدر بيولوجي:

الكائنات مثل البكتيريا - الفطريات - إفرازات .

-نقاط التحكم الحرجة :

إذا لم يتم التحكم بدقة فى هذه النقاط الحرجة يمكن أن يمثل المنتج مصدر خطر للغذاء، الهدف من ذلك:

1- إنتاج غذاء سليم .

2- الإقلال من حالات التسمم الغذائي .

3- زيادة الصادرات .

4- تنشيط السياحة لتوافر الثقة لدي السائح في جميع موارد المضيف .

كيفية تقدير مصادر الخطر :

1- إزالة مصدر الخطر .

2- منع وصوله من الأساس: إن وجد .

3- خفض الخطر إلى الحد المقبول وهذا هو الحد الحرج .

4- في حالة حدوث مصدر خطر :ينبغي توفير المعلومات التي يتم بها تجنب مصدر الخطر .

5- لابد من وجود سجلات لمعرفة كيفية التقدير الصحيح ومن المسئول عن ذلك .

6- متابعة دورية وتقييم للبرنامج المتبعة .

7- تختلف كل جهة عن الأخرى في طبيعة مصادر الخطر التي تهددها، فينبغي أن تتوافر الخطط التي تلائم كل نوعا من أنواع الخطر .

تأثير البيئة على الكائنات الحية:

1- بقايا الأسمدة :

النبات في الأرض: يوضع علية سما، وبقايا الأسمدة في التربة ، وتضر بالإنسان .

2- تلوث النبات ببقايا المبيدات .

3- التربة ملوثة بمعادن ثقيلة من عوادم السيارات التى تسير في الطرق الزراعية أو تلوث النبات مباشرة .

4- من الممكن أن يلوث الماء بمياه صرف صحي .

5- الهواء المحيط بالنبات ممكن أن يكون ملوثا .

6- تسمم أو مشاكل مرضية من النباتات المريضة .

7- ممكن أن يتحول النبات إلى علف بكل ما يحتوي عليه من ملوثات ثم يأكله الحيوان .

8- تبادل بقايا الأدوية البيطرية فى الحيوان إلى الإنسان عن طريق اللحم و اللبن مثل المهدئات التى تعطى للحيوان لكي يسمن .

9- المبيدات التى يرش بها الحيوان .

10- بقايا المنظفات والمطهرات على الأواني .

11- بقايا مواد التشحيم والمواد المعدنية .

التلوث البيئي وأثره على سلامة الغذاء

تعد مشكلةالتلوث البيئي من أخطر مشكلات العصر،وأكثرهاتعقيدا وأصعبها حلا، فهي مشكلةذات أبعاد صحية واجتماعية واقتصادية، لذا لا يجب أن تعامل قضايا البيئة على أنها مجرد قضية تلوث بيئي بل يجب ان تعالج بوصفها ادارة وتنمية الموارد الطبيعية، ولايجب تبسيطها، واعتبارها مسألة عادات وسلوكيات سيئة في المجتمع، بل قضية ذات أولوية تتطلب لحلهامشاركة شعبية وفعالية أكثر للمؤسسات الاعلامية في المجتمع.

سلامة وأمن الغذاء

يؤكد الباحث عماد سوسان المهتم بالشأن البيئي، ان الأغذية تعتبرأحد المكونات الاساسية للبيئة المحيطة بالإنسان والتي تحدد نوعها بالمتغيرات الأخرى ويسبب التلوث البيئي نشوء مشكلات تتعلق بصحة الإنسان وسلامته، حيث تزداد نسبة الأمراض التي يطلق عليها اسم امراض التلوث البيئي ومنها حدوث تشوهات الأجنة وزيادة نسبة الأمراض الوراثية.

التلوث البيئي البيولوجي

يذكر الباحث سوسان ان هذا النوع من التلوث الغذائي يسبب كائنات حية ممرضة منها البكتيريا والطفيليات والفيروسات والفطريات وتصل إلى الإنسان عن طريق مصادر الغذاء الحيوانية والنباتية، ويعتبر الإنسان أحد مصادر هذا النوع من التلوث، وتنتج هذه الميكروبات سموما ميكروبية ينجم عنها حدوث حالات التسمم الغذائي ويعتبر الغذاء الملوث بالميكروبات من أهم أسباب اصابة الإنسان بالأمراض.

وتكمن خطورة بعض هذه الميكروبات في أنها تفرز سموما مقاومة للحرارة، ولا يقضى عليها إلا بالتسخين لمدة طويلة، ومن أخطر أنواع البكتيريا التي تسبب التسمم الغذائي بكتيريا (الكلوستريديوم) حيث تعيش هذه الميكروبات في معلبات لحوم الأبقار والدواجن والأسماك وبعض الخضراوات

والفواكه، وقد يتلوث الطعام ببعض أنواع الفيروسات مثل فيروس التهاب الكبد، أما عن الفطريات فيعيش بعضها على الألبان والفول السوداني والحبوب والزبدة وتفرز هذه الميكروبات سموما خطيرة.

التلوث البيئي الكيميائي

ويعتبر هذ النوع من ا لتلوث الأكبر حجما بين أنواع الملوثات البيئية ومن أهم مصادره المبيدات الحشرية والفطرية ومبيدات الحشائش، حيث تعدمشكلة متبقيات المبيدات في الغذاء الأكثر خطورة، لما لهذه المركبات من خاصية التراكم في الإنسان والحيوان والبيئة، وينتج ذلك عادة من الاستخدام السيء لهذه المبيدات وبالنسبة للغازات الناتجة من عوادم السيارات يعتبر غاز أول أكسيد الكربون السام من أهم نواتج عوادم السيارات المؤثرة على البيئة وعلى الإنسان ومن نواتج عوادم السيارات السامة عنصر الرصاص الذي يصل إلى الغذاء إما بسبب الزراعة بجانب الطرقات أو عرض المواد الغذائية بطرق غير صحية على جوانب الطريق وهذا العنصر يسبب الأمراض للانسان ومنها أمراض الجهاز العظمي و العصبي.

أما الأسمدة الكيميائية وهي مواد ملوثة للتربة والمياه ولها آثار سيئة على صحة الإنسان، وتعتبر أيضا مخلفات المصانع من أخطر المواد التي تلوث التربة والماء الناتج عن مخلفات المصانع وهي مركبات سامة ولها أثرها السيء على البيئة والغذاء وعلى صحة الإنسان، وتصل هذه الملوثات إلى الغذاء عن طريق الاستعمال المباشر لها كالأسمدة والمبيدات أو غير المباشر الغازات الناتجة عن المصانع وغيرها ولأن هذا النوع من التلوث هو الأكبر والأخطر لذا يجب وضع برامج لتقليل انبعاث الغازات من المصانع ومن عوادم السيارات وتقليل استخدام المبيدات والأسمدة الكيميائية والتركيز على بدائل أكثر امانا، وترشيد استخدام المبيدات ومنع استيراد واستعمال المبيدات المحظور استخدامها في العالم.

كما ان هناك بعض الملوثات الكيميائية في الغذاء والتي عادة ما تضاف بفعل الإنسان والتي تشمل المضادات الحيوية والهرمونات التي تستخدم لعلاج الحيوانات ولتسريع نموها، وتشمل أيضا النكهة واللون،وهذه المركبات الكيميائية اثبتت مسؤوليتها عن العديد من أنواع السرطان المنتشر حاليا.

التلوث البيئي الإشعاعي

يقول الباحث سوسان أنه تم التركيز على هذا النوع من التلوث لكثرة مصادر الاشعاع التي تشمل مصادر طبيعية ومنها الأشعة الكونية والأشعة المنبعثة من الصخور،ومن بعض العناصر المشعة.

أما المصادر الناتجة عن أنشطة الإنسان فهي تشمل أشعة اكس والأشعة المستعملة في المجالات الطبية بالإضافة إلى الأشعة الصادرة من المفاعلات النووية والأسلحة الذرية والأشعة الصادرة عن الأجهزة الكهربائية والالكترونية وتكمن خطورة هذه الأشعة لدى نقلها إلى جسم الإنسان في كونها تسبب أمراضا خطيرة مثل السرطان وأمراض الدم والجلد وتشوه الأجنة.

المشاكل الصحية المتعلقة بالبيئة

المشاكل الصحية المتعلقة بالبيئة :

-إن الأمراض المعدية في تزايد مستمر كل عام، وتقتل حوالي 17 مليون شخصا في العام الواحد، وعلى وجه الأخص الشباب وصغار السن في الدول النامية وينتج ذلك عن أسباب عديدة تتداخل مع بعضها البعض من خلال البيئة التي تحيا فيها:

1- عدم توافر الرعاية والعناية الصحية .

2- الفقر وعدم إتاحة موارد مالية لمكافحة الأمراض .

3- تلوث البيئة الحاد .

4- تزايد الاتصال والاحتكاك بين الأفراد مما يؤدى إلى إنتشار الأمراض وانتقالها بسهولة في ظل التزايد السكاني المستمر .

5- السفر والتنقل من مكان لمكان .

6- التقدم العلمي والتكنولوجي إحدى مسببات انتشار الأوبئة .

7- تغير المناخ .

-مسببات الأمراض:

1- مسببات غير حية .

2- فيروسات .

3- مسببات حية .

1- مسببات غير حية:

شمس - رطوبة - حرارة - تربة - تغذية، وهى أمراض غير معدية "أمراض فسيولوجية" فهي غير طفيلية لا تنتقل من شخص إلى آخر .

2- مسببات حية :

أمراض معدية وتنتقل من شخص لآخر وأمراض طفيلية وتنشأ من بكتريا أو فطر أو فيروس .

3- الفيروسات:

يتركب أي فيرس من عنصرين:

1- حامض نووي DNA أو RNA

2- غطاء بروتيني لحماية الحامض النووي من العوامل البيئية والأنزيمات المحللة للأحماض الأمينية .

وأول من أطلق مصطلح الفيروس هو "فينو فبسكى" وعرفه بأنه سائل حي معدي عديم التركيب الخلوي .

-الفيروسات في النباتات والحيوانات:

1	2	3
نبات	**حيوان**	**كائن غير حي**
صغيرة جدا	إجبارية التطفل	لا يتكاثر ولا يتنفس
شكلها كروي أو عضوي	يسبب أمراض معدية	لا يمتلك القدرات اللازمة للأنظمة
حامض نووي + بروتين	حساسة للحرارة والكيماويات	لا ينمو لها تمتلك أعضاء خاصة للتكاثر
	شخصية وراثية تتنقل إلى الأبقار	عديم التركيب الخلوي
	يتضاعف داخل العائل	يمكن الحصول مع بعض الفيروسات
	يحدث له طفرات	في صورة بلورات

- وأمثلة الأمراض الأخذة فى التزايد والانتشار وسط خضم التلوث البيئي التي أدت إلى تدهور الأحوال الصحية للإنسان:

انتشار بعض الأمراض مثل:

-الدرن :

يصنف على قمة قائمة الأمراض المؤدية للموت فى العالم بأسره بوجه عام، حيث حوالي 3/1 سكان العالم مصابين بهذا المرض، وقد يهدد حياة أكثر من 100 مليون شخص على مدى الخمسين عاما المقبلة. ويتفاقم هذا المرض فى كل عام عن الذي يسبقه لارتباطه بوباء مرض الإيدز .

-الملاريا:

يصاب بهذا المرض سنويا ما بين 300- 400 مليون شخصا، وقد ارتفعت نسبة الضحايا من هذا المرض بحوالى 5 بالمائة منذ عام 1995 وغالبيتهم من الأطفال .

الحساسية البيئية:

-وتنتج هذه الحساسية من إحدى العوامل الآتية :

-حبوب اللقاح.

-غبار القطن .

-شعر الحيوانات الأليفة.

-حساسية من الموكيت نتيجة للغبار والحشرات العالقة به .

-الأغذية المحفوظة والمعلبات ومكسبات اللون .

-حساسية من أجهزة التكييف .

-حساسية ضوئية (من أشعة الشمس).

السرطان البيئي:

ويعتمد علي عوامل عديدة تؤدي إلي حدوثه :

-عامل آدمي: وهذا يعتمد علي درجة المناعة .

-عامل بيئي: والتعرض للملوثات .

-عامل طبي:

-التعرض للأشعة .

-العلاج الهرموني .

-عامل غذائي (الأغذية المحفوظة والشوى علي الفحم).

-ثقب طبقة الأوزون والتعرض للأشعة فوق البنفسجية .

أنواع الأمراض السرطانية المنتشرة بسبب ملوثات البيئة:

-يزداد سرطان المثانة في المناطق الريفية، وللعاملين في مجالات الأشعة، وصناعات النسيج لأن بعض الأصباغ تسبب هذا السرطان .

-سرطان الجلد لمن يتعرضون لفترات طويلة للشمس .

-سرطان الدم للعاملين بمجال الأشعة .

-سرطان الشفة واللسان واللثة، للمدخنين وخاصة عند مضغ التبغ .

-سرطان الثدي .

-سرطان عنق الرحم .

*المشكلات الاجتماعية والنفسية :

1- التدخين .

2- الإدمان .

3- الخمور .

انتشار أمراض سوء التغذية .

أمراض القلب والشرايين:

-مسبباتها الأساسية:

1- التدخين .

2- السمنة .

3- نوعية الغذاء .

4- قلة الحركة .

5- الضغوط النفسية .

6- تعاطي الكحوليات .

7- قلة تناول المنتجات البحرية .

مرض السكر:

-ومعدل انتشار هذا المرض عالي للغاية نتيجة :

1- العوامل الوراثية .

2- السمنة المفرطة.

3- تناول أقراص منع الحمل .

4- البعد عن المجهود البدني .

5- كثرة عدد مرات الحمل و الولادة .

6- تناول بعض العقاقير والأدوية مثل الكورتيزون .

7- التعرض لبعض الملوثات الكيميائية .

كيفية الوقاية من الأمراض:

-تتم علي ثلاث مستويات:

المستوى الأول :منع حدوث المرض .

المستوى الثاني :الوقاية من تداعيات المرض

أ -الاكتشاف المبكر للمرض .

ب- العلاج الجيد لمنع حدوث المضاعفات .

المستوى الثالث: التأهيل

-علاج مضاعفات المشاكل الصحية لاستعادة وظيفة العضو .

-علاج نفسي .

-علاج فسيولوجي .

ظاهرة الاحتباس الحراري

تتسبب هذه الظاهرة في انتشار من 50 - 80 مليون بعوضة التي تحمل مرض الملاريا إلى مناطق متفرقة من أنحاء العالم .

إن الغلاف هو الذي يحافظ على درجة حرارة الأرض بحيث يظل المناخ فوق سطحها دافئا فهو بمثابة المعطف الصوف الذي يدفئ الإنسان في فصل الشتاء، فبدون هذا الغلاف الجوى سيكون معدل درجة الحرارة على سطح الأرض لا يتعدى 18 درجة مئوية. تصل الحرارة إلى سطح الأرض عن طريق الشمس التي تعمل بالطبع على تدفئتها، وبمجرد أن ترتفع درجة الحرارة تبدأ هذه الحرارة الزائدة في الانبعاث على صورة أشعة تحت الحمراء مثلها مثل الإناء الساخن الذي تنبعث منه الحرارة حتى بعد إبعاده عن الموقد. ويحتجز الغلاف الجوى بعضا من هذه الحرارة والباقي ينفذ إلى الفضاء الخارجي، وتساعد الغازات المنبعثة والتي تسمى مجازا باسم غازات الصوب الخضراء في احتجاز كمية أكبر من هذه الإشعاعات، وبالتالي تعمل على زيادة درجة حرارة سطح الأرض ولذلك نجد أن الصوب الخضراء هي مثال جيد لشرح المشكلة التي تواجهها الأرض عن بما نسميه بظاهرة الإحترار العالمي (أو ارتفاع درجة حرارة سطح الأرض).

فالصوب الخضراء تعمل على الحفاظ على درجة حرارة الهواء بداخلها دون حدوث أي تغيير فيه ودون أن يتسرب خارجها، وبالمثل نجد أن الغازات الطبيعية مثلها مثل الصوبات الخضراء في احتجاز هذه الحرارة التي تتزايد نتيجة لامتصاصها الأشعة تحت الحمراء مما يسبب تزايد مستمر في درجة حرارة الأرض وهذه الغازات تتمثل في بخار الماء، وثاني أكسيد الكربون، وغاز

الميثان والأوزون وأكسيد النتريك وهذه غازات طبيعية، أما الكيميائية تتمثل في: "الكلورو فلورو كربون" ويرمز إليه برمز "أس. أف .أس ."

غاز أكسيد الكربون :

يتكون من حرق الحفريات المستخدمة في الطاقة، ويخرج عند تنفس الإنسان (الزفير)، ويتحول بواسطة النبات إلى أكسجين، نسبة امتصاصه للأشعة تحت الحمراء 55بالمائة .

أكسيد النتريك :

يتكون بفعل المخصباب الزراعية، ومنتجات النايلون، نسبة امتصاصه للأشعة تحت الحمراء 6بالمائة.

غاز الميثان :

ينتج في مناجم الفحم، وعند إنتاج الغاز الطبيعي، وعند التخلص من القمامة، ونسبة امتصاصه للأشعة تحت الحمراء 15بالمائة .

أما بالنسبة "للكلورو فلورو كربون" فنسبة امتصاصه لهذه الأشعة تمثل 24بالمائة .وهو الأمر الذي يهدد حياتنا على سطح الأرض .

طبقة الأوزون:(Ozone layer)

جزء من الغلاف الجوى الذي يحيط بالكرة الأرضية .وتتكون طبقة الأوزون من غاز الأوزون، وهذا الغاز يتكون من ثلاث ذرات أكسجين مرتبطة ببعضها ويرمز إليها بالرمز الكيميائي (O_3)أو ه3.

ويتكون الأوزون من تفاعل المواد الكيميائية إلى جانب الطاقة المنبعثة من ضوء الشمس متمثلة في الأشعة فوق البنفسجية .وبارتفاع حوالي 30 كم ، وفى طبقة الاستراتوسفير (إحدى طبقات الغلاف الجوى) يصطدم غاز الأكسجين - والذي يتكون بشكل طبيعي من جزيئات ذرتي أكسجين (O_2) أوه 2 بالأشعة فوق البنفسجية المنبعثة من الشمس، وهذه الذرات تصبح حرة

لكي تندمج مع أجسام أخرى، ويتكون غاز الأوزون عندما تتحد ذرة أكسجين واحدة (O) أوه مع جزيئين من الأكسجين (O_2) أو ه2 لتكون (O_3) أو ه3.

ويمكن أن تتكون طبقة الأوزون في ارتفاع أقل من 30 كم ويتم ذلك عن طريق تفاعل المواد الكيميائية مثل: الهيدروكربون وأكسيد النتريك إلى جانب ضوء الشمس بنفس الطريقة التي يتحد بها الأكسجين مع الطاقة المنبعثة من الشمس.

ويكون هذا النوع من التفاعل بما يسمى" بسحابة الضباب والدخان "حيث تأتى هذه المواد الكيميائية من عوادم السيارات لذلك نحن نرى هذه السحابة بأعيننا فوق سماء المدن.

وكلما تكونت طبقة الأوزون على ارتفاع عال كلما كان ذلك مفيدا.

أما إذا تكونت على ارتفاعات منخفضة كلما كان ذلك خطيرا وضارا بالإنسان والحيوان والنبات لأنها تسبب التسمم.

وعلى الرغم من وجود غاز الأوزون بعيدا عن الأرض فهو لا يسبب أي أذى مباشر لسكانها، على العكس تماما بالنسبة للنباتات فيصل تأثيره إليها، فغاز الأوزون يمتص الطاقة الحرارية التي تنعكس من سطح الأرض وهذا يعنى أن الطاقة تظل قريبة من سطحها ولا يسمح لها بالنفاذ وهذا ما يمكن أن نسميه بظاهرة الاحترار العالمي) الاحتباس الحرارى (ولذا يطلق على غاز الأوزون بغازالصوبات الخضراء.

ولكن أمام طموحات الإنسان التي تصل إلى حد الدمار جعل من هذه المواد الكيميائية مادة تساعد على إتلاف بل وتدمير طبقة الأوزون .

ويمكن أن تتكون طبقة الأوزون في ارتفاع أقل من 30 كم ويتم ذلك عن طريق تفاعل المواد الكيميائية مثل :

الهيدروكربون وأكسيد النتريك إلى جانب ضوء الشمس بنفس الطريقة التي يتحد بها الأكسجين مع الطاقة المنبعثة من الشمس، ويكون هذا

النوع من التفاعل بما يسمى" بسحابة الضباب والدخان" حيث تأتي هذه المواد الكيميائية من عوادم السيارات لذلك نحن نرى هذه السحابة بأعيننا فوق سماء المدن.

وكلما تكونت طبقة الأوزون على ارتفاع عال كلما كان مفيدا. أما إذا تكونت على ارتفاعات منخفضة كلما كان ذلك خطيرا وضار بالإنسان والحيوان والنبات لأنها تسبب التسمم .

الصناعات البلاستيكية وسلامة البيئة

في هذا العصر الجديد لا يكاد يخلو منزل أو مكان من المنتجات البلاستيكية والألياف الصناعية حيث أصبحت من متطلبات الحياة لما تقدمه من خدمات جلية للحياة العصرية.

ويبقى هاجس المهتمين بالصناعات البلاستيكية و المثقفين من طبقات المجتمع حول ملائمة هذه الصناعات للحياة الإنسانية من الناحية البيئية والغذائية والصحية لذا تعكف كثيرا من المنظمات العالمية على وضع شروط وضوابط ملزمة لمصنعي المواد الخام من النواحي البيئية والصحية.

ويسعى جميع منتجي ومصنعي المواد البلاستيكية والألياف الصناعية إلى الالتزام بالموصفات الصحية العالمية ومطابقة جميع شروط السلامة البيئية عن طريق اختبار منتجاتهم لدى معاهد عالمية معتمدة من قبل هيئة دولية.

ودأبت شركات البيتروكيماويات باعتبارها من صناع مواد البولي إيثلين بمختلف أنواعها والبولي بروبيلين والستايرين وبولي كلوريد الفينيل والألياف الصناعية على الحصول على شهادات المطابقة الصحية و الغذائية كل حسب تطبيقها النهائية.

إن المواد البلاستيكية تستخدم عادة في صناعة الرقائق المستخدمة في تغليف الأطعمة وعلب المشروبات والمأكولات كالعصائر و الحليب و التمور وأكياس تعبئة المنتجات الزراعية كالدقيق و الشعير بالإضافة إلى أنابيب مياه الشرب و المواد الاستهلاكية الطبية مثل خراطيم الهواء و العبوات الطبية. كما تستخدم المواد البلاستيكية بالإضافة إلى الألياف الصناعية (البوليستر) في صناعة السجاد والموكيت واللحف وحفائظ الأطفال والملابس.

وعلى كل حال فإن كل أصناف البلاستيك تحتاج إلى مواد مثبتة لحمايتها أثناء الإنتاج والتشكيل كالمواد المانعة للأكسدة والمقاومة للأشعة فوق البنفسجية، كما تضاف مواد أخرى تعتمد على استخدام المنتج النهائي.

إن هذه المواد المثبتة بالإضافة إلى المواد التي تنتج من التفاعلات الجانبية تخضع إلى عملية مراقبة دقيقة ودائمة بحيث لا تتجاوز الحدود المسموح بها صحيا وبيئيا لذا حرصت الشركات المنتجة لخام البلاستيك على اختيار جميع منتجاتها البلاستيكية والألياف الصناعية لدى معاهد عالمية معتمدة وبصفة دورية للتأكد من مطابقة هذه المنتجات للمواصفات الصحية العالمية.

إن جميع المواد البلاستيكية التي تنتجها مصانع البتروكيماويات والتي تستخدم في تصنيع المنتجات البلاستيكية المخصصة للتعبئة أو تغليف المنتجات الغذائية حاصلة على الشهادات الضرورية لتأكيد سلامة هذه المنتجات الاستخدامات الغذائية، وعلى سبيل المثال لا الحصر فإن منتجات البولي إثيلين موافقة لمتطلبات النظام الأمريكي FDA regulation 21 CFR 177.1520 و النظام الأوربي EEC/128/90، ومنتجات البولي بروبيلين موافقة للنظام الأمريكي FDA 177.1520 regulation 21 CFR، اما منتجات بولي كلوريد الفينيل فهي موافقة للنظام الأمريكي FDA regulation 21 CFR 175.300.

ومنتجات البوليستر موافقة للنظام الأمريكي FDA regulation 21 CFR 177.1630 وكذلك الأنظمة الأوربية التالية EEC/128/90 و ECC/572/85 و EEC/711/82 ومنتجات البولي ستايرين موافقة للنظام الأمريكي FDA regulation 21 CFR 177.1640 وهذه المواصفات قد أخذت بعين الاعتبار منذ إنشاء هذه المصانع.

المنتجات البلاستيكية النهائية المخصصة للاستخدامات الغذائية تخضع لاختبارات عديدة للتأكد من صلاحيتها لهذه التطبيقات، ومن أهم هذه الاختبارات اختبار الانتقال الشامل (Global Migration Test) والذي يجري بموجب الأنظمة الأوربية التالية 85/ 572.90 /128.92 /39.9.95 / 11.87/ 48/8.97/711.93 حيث يتم تعرض المنتج البلاستيكي للعديد من السوائل التي تماثل الأطعمة مثل زيت الزيتون والسوائل ومحلول حمض الخل بتركيز 3بالمائة ومحلول الإيثانول بتركيز 15بالمائة وغيرها من المواد، يتم التعريض لمدد

متفاوتة تصل إلى عشرة أيام، وعند درجات حرارة تصل 100 درجة مئوية، بعد ذلك يتم استخلاص مستحلبات يفترض أن تحتوي على العناصر و المركبات التي انطلقت (Migrated) من المنتج البلاستيكي إلى محاليل الاستخلاص، ويلي ذلك فحص المستحلبات لمعرفة مكوناتها و الوقوف على احتمالات احتوائها على عناصر سامة أو مسببة للسرطان أو غيره من الأمراض، وبالتالي تحديد درجة تركيزها في المستحلب، ومقارنة ذلك بالنسبة المسموح بها في الأنظمة المذكورة أعلاه.

ويتبين من ذلك أن فحوص إجازة المادة البلاستيكية لتغليف الأغذية تجرى تحت ظروف قاسية تتجاوز الظروف العادية التي يتم عندها استعمال وسائط التغليف البلاستيكية لتغليف المواد الغذائية.

بناء على ذلك يمكننا القول إنه لا خطر على صحة المستهلك من كون الأطعمة أو المشروبات الساخنة توضع أو تعبأ في أكياس أو صحون أو قوارير بلاستيكية مرخصة.

وتسعى شركات البيتروكيماويات لتزويد جميع مصنعي ومستخدمي منتجاتها بهذه الشهادات العالمية لتبعث مزيدا من الاطمئنان ولتؤكد حرصها الدائم على سلامة المستخدم و المستهلك.

ولكن قد يتساءل البعض عن النواحي البيئية للمواد البلاستيكية من حيث العمر الزمني اللازم لكي تتحلل هذه المواد، والواقع أنها تحتاج لزمن طويل جدا، إلا أن عملية تدوير المواد البلاستيكية واستخدمها في تطبيقات أخرى ثانوية قلل خطورتها على البيئة ويظل الوعي وإدراك الإنسان هما الدافع الأكبر للمحافظة على البيئة.

وقد يثير البعض قضية المواد القابلة للتحليل كمواد البولي بروبيلين المستخدمة في صناعة أكياس تعبئه الحبوب كالقمح والشعير ومدى استخدام هذه التقنية في المدى القريب، والواقع يقول إن هذه التقنية حديثة جدا، ولا

تزال في طور البحث والتطوير في بعض الدول الصناعية المتقدمة مثل كندا والولايات المتحدة لذا سيكون لاستخدامها في الوقت الراهن صعوبة للمنتج والمستهلك، بالإضافة إلى ضرورة وعي المستهلك بهذه المواد حيث تختلف بطبيعتها عن المنتج من حيث التحلل والتخزين.

وبوجه عام فإن استخدام المواد البلاستيكية والألياف الصناعية يعتبر آمنا صحيا وليست هناك مخاوف حقيقية تدعو للقلق أو الخوف من استخدام هذه المنتجات إذا تمت عملية تصنيعها واستخدامها بصورة متوافقة مع توصيات مصانع المادة الخام.

التلوث بالمبيدات

لم تعد الفواكه والخضروات التي نتناولها بنفس الطعم والرائحة وحتى اللون بعضها أصبح لونه مبالغ فيه والآخر مختلف وليس ذلك فحسب بل إن بعض المنتجات الزراعية أصبحت تظهر في الأسواق في مواسم غير مواسمها.

ذلك هو رأي المستهلك أي المواطن الإنسان ارقي مكونات البيئة الحية والسبب يعود إلى التلوث الغذائي للمنتجات الزراعية وغيرها من المصادر الغذائية الأخرى الذي أصبح في معظمه مؤدي للتسمم فالتسمم لا يقتصر على التسمم المباشر أو الأعراض المباشرة والظاهرة بل يشمل التسمم البطيء أو الإتلاف البطيء للمكونات البيولوجية وهكذا يشمل الأعراض المؤجلة التي تؤدي إلى ظهور الأمراض المفاجئة بعد حين من الزمن.

إن تغير لون وطعم ورائحة المنتجات الزراعية ناتج عن استخدام الكيماويات من مبيدات وصبغيات عند زراعتها وجنيها بل إن استخدام الأسمدة بكميات تجارية وتحويل الأرض الزراعية إلى مستودع للسماد الكيماوي هو ما يلوث هذا المنتجات الزراعية بل ويفقد التربة خصوبتها وكل تلك الملوثات التي هي من أسباب ومصادر التلوث الغذائي الكيميائي والذي يشمل التلوث بالا سمده والإشعاع والغبار الحامل للعناصر الكيميائية الضارة بالإنسان والكائنات الحيوانية الأخرى.

لقد أدت الإضرار الكيماوية بالمنتجات الزراعية إلى ظهور علم من العلوم الطبية يعرف باسم (علم السرطان البيئي) وحتى لا نعدد الفجائع المقلقة والخطيرة بصحة الإنسان فإننا سنتطرق هنا بشكل موجز وسريع للتسمم الغذائي للمواد الزراعية للمنتجات الزراعية بالمواد الكيميائية والتي تستخدم وللأسف في بلادنا بشكل مخيف جدا إلى حد اكبر من القول حيث كثر استخدام أنواع عديدة ومتعددة من المبيدات الحشرية الكيماوية الخطرة والمحرمة دوليا في زراعة المنتجات التي نتناولها هذا بالإضافة إلى كيماويات أخرى تستخدم كمنضجات سريعة وصبغيات تستخدم لإضفاء الألوان الجذابة

للمنتجات الزراعية وكذا أعطاها لمعان وبها اصطناعيين كما أن هناك أنواع أخرى من الصبغيات الكيميائية التي تستخدم للإسراع في زراعة ونمؤ المحاصيل الزراعية وإنتاجها السريع بكميات وفيرة.

إن الكيماويات المستخدمة في الزراعة أثبتت التجارب والأبحاث تأثيراتها الضارة والخطيرة على البيئة وعلى صحة الإنسان في المدى الطويل حيث أتضح إن هذه الكيماويات غير قابله للتلاشي بيولوجيا أي إنها تبقى في الجسم البشري بإعراض وأمراض مؤجلة لان نتائجها السيئة لا تظهر على الإنسان إلا بعد زمن طويل مثل الأعراض السرطانية التي تظهر فجاه وفي أعمار متأخرة عند بعض الناس أنها أشبة بالقنابل الموقوتة في الجسم البشري.

إن المبيدات الحشرية كان الغرض من اكتشافها في أول الأمر لمكافحة الآفات الزراعية مع مراعاة شروط التعامل معها عند عملية الرش ومراعاة مقاييس استخدامها إلا أن العشوائية التي يتبعها الفلاحين هي ما أدت إلى أضرارها وخطورتها إذ أنهم لا يراعوا المقاييس العلمية أو الفنية في رش كميات المبيدات ومدى ارتفاع نسبة السمية فيها وهكذا عدم مراعاة فترة الأمان التي يجب اتباعها ثم يكون جني المحصول.

إذ انه بإتباع الفترة الزمنية اللازمة التي تكون فيها قد انتهت تأثيرات وخطورة المبيد على المحصول ولكن عدم إتباع الفترة الزمنية هذه يكون المزارع قد عمل على نقل المادة الكيميائية وبفعاليتها السامة ومباشرة إلى الجسم ابشري عندما يتناول الإنسان تلك المنتجات الزراعية وليس ذلك فحسب بل إن بعض المزارعين يجتهدون في تجريب وخلط أنواع متعددة من المبيدات

إن أخطار هذه الكيماويات تتعدد يوما بعد يوم لهذا فقد اتجهت بلدان أمريكا وأوربا وغيرها إلى منع استيراد ها واستخدامها لكن بعض هذه البلدان يعمل على تصديرها إلى البلدان النامية في الوقت الذي لا يستوردوها ويحرم استخدامها في بلدانهم.

وتعتبر بلادنا العربية من البلدان التي تستهلك أنواع عديدة ومتعددة من هذه المبيدات والكيماويات والصبغيات بكميات كبيرة بل إن استخدامها يزداد يوما بعد يوم ولعل نزعة الربح السريع والوفير عند الكثيرين وراء تحويل العديد من المزارع إلى حقول تضج بالكيماويات المتعددة والخطيرة.

تعريف المبيدات الحشرية:

هي مواد كيميائية تقضى على الآفات .

تعريف الآفات :

أي كائن حي يصيب الإنسان أو ممتلكاته (من نباتات أو حيوانات) ويسبب له الضرر، فالحشرات من الآفات وكذلك الميكروبات والحيوانات الزراعية والطفيليات والطيور والقواقع والقوارض مثل الفئران .

ففي أوائل الأربعينيات تم اكتشاف مبيدD.D.T وكان يستخدم عند اكتشافه لمكافحة الحشرات الناقلة للأمراض في الإنسان ومن أهمها مرض الطاعون (ينقل عن طريق البرغوث) وهذا الوباء انتشر أثناء الحرب العالمية ثم اتجه التفكير فى استخدامه لمكافحة البعوض والملاريا .

1- تركيب :D.D.T ذرة كلور لذلك فهو يعتبر من مجموعه المبيدات الكلورفية العضوية. وتستخدم سلسلة المركبات الكلوروفية العضوية فى مكافحة آفات المحاصيل الزراعية بجانب مكافحة الحشرات المتعلقة بالصحة العامة .

-مجموعه D.D.T أو المركبات الكلوروفية:

1- مشابهات "Analogue"

2- يزوميرز"Isomerse"

-ومن أمثلتها :

أ- الدرين .

ب- توكسافين :استخدم في بداية الخمسينات حتى بداية الستينات لمكافحة دودة ورقة القطن .

أسباب انتشار المبيدات :

أ- تأثير سريع (تأثير سام للآفة).

ب- الحصول عليها سهل .

ج- طريقة الاستعمال بسيطة .

د- سعرها رخيص .

هذا بدون النظر إلى تأثيرها على البيئة والإنسان مثل ظهور بعض الأمراض بنسبة كبيرة والتي اكتشفتها أستاذة البيولوجي "راشيل كارسينس "وذلك أثناء صيد السمك فقد لفت نظرها وجود أسماك ميتة على سطح الماء، ولاحظت مع الوقت قلة عدد الطيور المهاجرة سنة بعد سنة نتيجة رش هذه الأماكن بالمبيدات للقضاء على الأعشاب .

-مشاكل المبيدات الكلوروفية :

1- التسمم .

2- لها درجة عالية من الثبات في البيئة، تستمر في التربة والماء لمدة 30 سنة.

3- لها قابلية للذوبان في الدهون والتراكم، وتتخلل جسم الإنسان أو الحيوان أو النبات بدرجة معينة ثم تدخل كمية أخرى وهكذا ثم يصبح التركيز عاليا في الكائن الحي .

2- نوع آخر من المبيدات تسمى المبيدات الفوسفورية العضوية: وتتكون من ذرة فوسفور.

-مشاكل المبيدات الفوسفورية العضوية :

1- خطيرة جدا وسامة على الإنسان والحيوان .

2- تختلف عن الكلوروفية: من حيث ثباتها فهي سريعة التحلل حيث تسبب شلل للكائن يعقبه الموت لأنها تفرز أنزيما ساما يعمل علي فصل التيار العصبي يسمي " AcetyleehalineEsterase"

3- نوع ثالث من المبيدات "كرباميت" :"مبيد سيفين"، ولها أربعة مشاكل:

1- مقاومة الآفات لهذه المبيدات ولا تموت منه .

2- قتل المتطفلات والحشرات النافعة مع الآفة .

3- ظهور آفات كانت غير موجودة "آفات ثانوية" وتتكاثر فى أنواعها وتصبح من الآفات الرئيسية .

4- ظهور الآفات بأعداد وبائية بعد أن كانت بأعداد محدودة "نتيجة مقاومة الآفات" والذي يموت الضعيف منها أو الحساس .

-طرق التعرض لمثل هذه السموم : طريق السلسلة الغذائية .

1- التسمم الحاد "Acute Poisoning - Acute Toxicity": يقاس بظاهرة الموت والحياة . ظهورمفعول السم بعد التعرض بفترة قليلة للتسمم .

2- التسمم المزمن:"Chronic Toxicity" :يقاس بظاهرة الأمراض وتأثيراته الناتجة من التعرض للمادة السامة لفترات طويلة والأعراض تظهر بعد مرور فترة زمنية طويلة. الأمراض مثل السرطان والتشوهات .

-أسباب أضرار المبيدات أو مشاكل المبيدات:

1- الاستخدام الخاطئ .

2- عدم تنظيف المبيدات في الوقت المناسب .

ولتقليل الأضرار يجب وضع ملصق البيانات على المبيد حتى تتبع الإرشادات الضرورية.

-كيفية التعرض للمبيدات :

1- التعرض المقصود "الانتحار أو القتل ."

2- التعرض لحادث بالرش بالمبيدات "غير مقصود".Accident -

3- التعرض المهني من تصنيع وتعبئة المبيدات أو أعمال الرش .

4- التعرض لمثبتات المبيدات من خلال الغذاء والماء .

طرق دخول المبيدات للجسم :

1- الاستنشاق أخطر طريقة.

2- الجلد "الاختراق" وخصوصا عن طريق الملابس أكثر من التعرض المباشر لأن الملابس تحتفظ بجزئيات المبيد، وبطول فترة ارتداء الملابس الملوثة يؤدى إلى التعرض المستمر للمبيد حتى يتم تغييرها .

3- التعرض عن طريق التناول مع البلع أو الهضم .

4- من خلال العين .

للحد من المبيدات الحشرية :

1- لابد من وجود رخصة لصاحب المحل والذي يرش المبيدات بعد أخذ دورات وامتحانات لأخذ رخصة مؤهلة بشهادة (رخصة أولى).

2- توجد مبيدات عامة للاستخدام العام أضرارها متوسطة أو قليلة وبالتالي مخاطرها محدودة وهذا النوع مسموح بتداوله .

3- مبيدات قاتلة عالية الخطورة ."Restricted - Pesticide" ولا تباع لأي شخص ولا تستخدم إلا بواسطة رخصة ثانية رخصة المبيدات محدودة الاستخدام .

4- أن تكون هناك وزارات مختصة تتابع مثل هذه الإجراءات ومنها :

أ- وزارة الزراعة .

ب- وزارة الصحة .

ج- وزارة البيئة .

د- وزارة الشئون الاجتماعية .

5- لابد من مرور وقت "فترة زمنية" من آخر رشة وطرح المحصول للاستخدام الآدمي "فترة الأمان أو التحريم."

6- لا تعتمد على المبيد فقط ولكن اعتمد على:

أ- المكافحة الحيوية .

ب- المكافحة الطبيعية .

ج- القوانين التشريعية .

د- استخدام تقاوي مقاومة الآفات .

هـ- تغيير مواعيد الزراعة.

و- تقليل فترة نصف العمر عن طريق تغيير درجة الحموضة "P.H" والتى من الممكن أن تصل (فترة نصف عمر المبيد) من 16 سنة إلى 40 سنة .

ى- الخضراوات المشكوك فى أمرها مثل البامية تسلق أولا قبل الطبخ للتخلص من تأثيرها.

البعوض أشد خطرا أم المبيدات؟!

توصل فريق من العلماء الى أن السبب الذي يجعل البعوض ينجذب للبعض من الناس دون الاخر هو كون بعض الأشخاص يفرزون رائحة جذابة تروق لتلك الحشرات الطائرة المغرمة بامتصاص الدماء.

والأشخاص الأقل قابلية للدغ من هذه الحشرات يفرزون رائحة خاصة تخفي الرائحة الاخرى التي تغري البعوض بالإنقضاض عليهم ولدغهم.

وربما الحل الذي يضمن للأشخاص الأكثر عرضة من غيرهم للدغات البعوض ابتعاد البعوض عنهم هو بقاءهم قرب أصحاب القدرات الخاصة على دفع البعوض بعيدا عنهم! بدلا من استخدام مبيدات البعوض التي تبيد الإنسان أيضا حيث يتزايد استخدام هذه المبيدات بكثرة في البلدان العربية وهذا حتما نتيجة لوجود المستنقعات وعدم معالجة مياه الصرف الصحي وانتشار مكبات القمامة المكشوفة في كل مكان مما يشكل وسطا مناسبا لتكاثر وتزايد هذه الحشرات.

أحد هذه المبيدات المستخدمة بكثرة في البلدان العربية هو مبيد ديكلوروفوس حيث يرش على شكل ضباب حراري (دخان أبيض) ممزوجا بالبنزين أو الكيروسين.

قبل الكلام عن هذا المبيد، من المعروف أن دخان المواد البترولية ينتج كثيرا من المواد المسرطنة والضارة بالجهاز التنفسي والعيون، وهذا بحد ذاته يشكل خطرا كبيرا مع تكرار التعرض لهذا الدخان.

وكثير منا قد شاهد الأولاد الصغار في المدن والقرى يركضون فرحين وراء العمال والسيارات التي تضخ هذا الدخان في الشوارع وبين البيوت فرحين بهذه اللعبة دون أي علم أو توجيه من الأهل بخطورة هذا التصرف.

الديكلوروفوس هو مبيد حشري فوسفوري عضوي استخدم أول مرة في بريطانيا عام 1955، تم استخدامه في الحرب العالمية الثانية كغاز قاتل من

غازات الأعصاب، ويستخدم حاليا بكثرة في الدول النامية، في عدة مجالات منها..

- في زراعة الفطر وضد كثير من الحشرات والخنافس في البيوت البلاستيكية وفي تربية الدواجن

- في الأدوية البيطرية وتربية الأسماك، وكبخاخ لحشرات الكلاب والقطط.

- في الصحة العامة كمبيد ضبابي دخاني ضد البعوض، وبخاخ حشري منزلي وفي المصائد الحشرية اللاصقة

- كما استخدم بكثرة في الدول النامية كمبيد حشري على الخضار، الفاكهة، الرز، وعدة محاصيل مثل القطن، القهوة، الشاي، الكاكاو، الموز، التبغ والبهارات.

الديكلوروفوس يعمل كمبيد تلامسي يؤثر على المعدة والجهاز التنفسي، وهو كغيره من المبيدات الفوسفورية العضوية يثبط عمل أنزيم الكولين أستيراز، مما يؤدي إلى تعطيل الجهازين التنفسي والعضلي.

وهو شديد السمية حيث أن الجرعة القاتلة الفموية (56إلى108مغ-كغ.).وهو مصنف من قبل منظمة الصحة العالمية في المجموعة "عالية الخطورة".

إضافة إلى أن التسمم به عن طريق الجلد مماثل لتناوله أو استنشاقه. في معظم حالات التسمم الشديد المباشر نتجت عن تلوث الجلد برذاذ المبيد المركز.

كما أنه يتبخر بسرعة لكنه يحتاج إلى ثلاثة أيام حتى ينتشر في المكان المرشوش فيه، ويبقى تأثيره من أسبوعين إلى ثلاثة أسابيع. ولا ننسى أنه بعد عمليات الرش يتركز في التربة ومن ثم يمكن أن ينتقل إلى المياه الجوفية.

كما أنه يؤثر على الجهاز العصبي المركزي، ويمكن أن يسبب أعراضا تتراوح بين الغثيان، إلى فقدان السيطرة على المثانة، وحتى فشل التنفس والغيبوبة، وصولا إلى الموت عند الجرعات القاتلة.

أجرى باحثون في برنامج سرطان الثدي وعوامل الأخطار البيئية في جامعة Cornell - New York عدة دراسات على الديكلوروفوس وفي إحدى الدراسات ازدادت إصابة فئران التجارب الإناث بسرطان المعدة، وسبب أيضا عدة إصابات بأورام البنكرياس وسرطان الدم (اللوكيميا) عند الذكور.

كما ظهر في الأبحاث أن المزارعين الذين استخدموا الديكلوروڤوس لمدة أكثر من 10 أيام في السنة، لديهم حالات كثيرة من سرطان الدم، مقارنة باللذين لم يستخدموه.

كما ظهرت زيادة كبيرة في حالات سرطان الدماغ عند أطفال العائلات التي استخدمت هذا المبيد.

وهناك عدة دلائل تظهر أن الديكلوروفوس يؤدي إلى عصاب متأخر الظهور عند الدواجن، وتغيرات سلوكية، عصبية ووظيفية عند فئران التجارب. كما أن الهيئة الدولية لأبحاث السرطان تعتبره مسرطنا محتملا للبشر.

مخاطره على البيئة

الديكلوروفوس سام للأسماك، والأحياء المائية المفصلية حساسة جدا تجاهه، كما أنه عالي السمية للطيور ونحل العسل. وسميته الشديدة في الماء جعلت التركيز المسموح به في الماء: ppm0.001 فقط!

وهو موضوع على اللائحة الحمراء في بريطانيا، كمادة ممنوع رميها في الماء الجاري، لكن الملوث المائي الأكبر الذي لا يزال موجودا هو زراعة أسماك السلمون الصناعية المزدهرة حاليا.. وفيها يستخدم الديكلوروڤوس كمبيد لـ قمل البحر الذي يمرض السلمون وبسبب العدد الكبير لمزارع السلمون (130

مزرعة في الساحل الغربي وجزر سكوتلاند) وتزايد الإنتاج من 600 طن علم 1980 إلى 48000 طن عام 1993.

أدى هذا إلى طرح كميات كبيرة من الديكلوروفوس في المياه الطبيعية، وقد تم اكتشاف أن أسماك السلمون البرية قد تأثرت وازدادت عندها معدلات عمى العيون وإعتام العدسة (الماء الأزرق والأبيض) بسبب تعرضها لالديكلوروفوس.

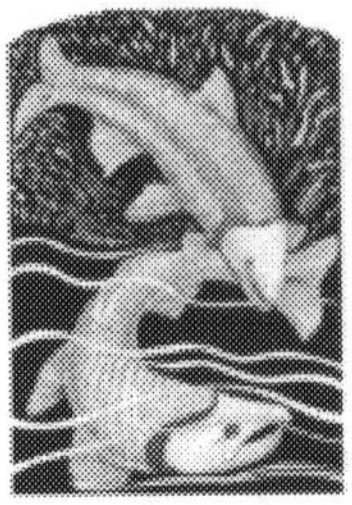

وقد بدأ البريطانيون منذ فترة طويلة باستخدام بدائل أخرى طبيعية بدل هذا المبيد.

إن استخدامه في البلدان النامية وخصوصا البلدان العربية بكثرة بالرغم من سميته الشديدة الفموية والجلدية، وسهولة تداوله في هذه الدول يشكل موضوعا خطيرا يجب النظر فيه فورا.بالرغم من أن منظمة الفاو والبنك العالمي وGermany) GTZ) و ODA UK)) لا يشجعون أبدا على تصنيع أو تداول هذه المواد.

وتظهر أبحاث Pesticides Trust (PAN UK) أن الديكلوروفوس يستخدم حاليا في كثير من الدول عشوائيا دون أي قانون، وأنه قد سبب كثيرا من حالات التسمم في: الصين، كوستاريكا، الهند، الباراغوي، ومصر. وهو يصنع بسهولة وبكميات كبيرة في الهند، البرازيل، المكسيك، وحتى في سورية.

وهو ممنوع الاستخدام في بريطانيا، السويد، الدنمرك. ومقيد الاستعمال في أميركا، الكويت، اندونيسيا، كوريا الجنوبية وفيتنام. حيث كان منعه في الدنمارك عام 1998 وفي بريطانيا عام 2002 باعتباره مادة مسرطنة. وتم سحب جميع المنتجات الحاوية على هذه المادة من الأسواق، ومنع الإعلان والترويج وتصنيع أي مبيد حشري يحتوي عليها.

وقد طلبت الحكومة البريطانية، بعد استشارتها لعديد من هيئات السرطان والصحة والبيئة، طلبت من البائعين إزالة هذه المنتجات فورا من على رفوفهم والاتصال بالشركات المصنعة أو شركات النفايات المتخصصة للتخلص السليم منها، وكان ذلك بعد نصيحة UK Advisory Committee on Pesticides في 20-4-2002، التي تحذر من خطورة تسبب الديكلوروفوس بسرطانات في الجلد والكبد والثدي.

كما أن المشكلة لا تتعلق فقط بمبيد الديكلوروفوس فقط، بل المشكلة كبيرة جدا وتشمل كثيرا من المبيدات كـ Deltamethrin و Malathion وغيرها.

وآلاف المبيدات المستخدمة بجهل تام، حتى المبيدات المدروسة والمرخصة لا يمكن الوثوق بها، لأن التأثيرات العصبية والسرطانية خصوصا على البشر قد لا تظهر إلا بعد سنوات من تلقي المبيد أو بقاياه، من الهواء، الماء، والغذاء.

لماذا لا تتم الاستفادة من تجارب دول أوروبا الغربية مثل ألمانيا والدنمارك، بتطبيق طرق المكافحة الحيوية والمتكاملة نصرخ عاليا يجب التوقف فورا عن تصنيع واستخدام مبيد الديكلوروفوس ومنعه بصفة رسمية من قبل وزارات الصحة والزراعة في البلدان العربية، وسحب جميع أنواع المبيدات الزراعية والمنزلية الحاوية على هذا المركب الخطير.

هل سيحتاج هذا لعشرات السنين؟ وإذا كانت الشركات المستفيدة من هذه المركبات لا تتوقف عن انتاجه لعدم تضرر مصالحها المادية فإننا نحن البيئيون نناشد الضمير لإيقاف مثل هذه المجازر التي تترتكب بحق الإنسان كل يوم.

التلوث الضوضائي

التلوث الضوضائي وطرق الحد منه

ماهو الضوضاء و كيف يمكن الحد منه؟

تعتبر الضوضاء من أنواع التلوث العديدة حيث أنها صنفت بأنها ضارة على صحة الإنسان، الحيوان، الطيور والنبات وأشياء غير حية أخرى، إن مشاكل التلوث الضوضائي تزداد يوما بعد يوم وخصوصا في المناطق الحضرية "المزدحمة بالسكان"، بجانب المناجم، الطرق السريعة، المطارات، المناطق الصناعية ومناطق أخرى توجد بها حركات إنشاء كالبناء وتنفيذ مشاريع.

الضوضاء نوع من التلوث الجوي/الاهتزازي يصدر على شكل موجات حيث أن كلمة ضوضاء مشتقة من التعبير اللاتيني "NAUSES" ويوجد هناك تعاريف كثيرة ومختلفة للضوضاء على سبيل المثال تعرف الموسوعة البريطانية الضوضاء بأنه "الصوت الغير مطلوب" أما الموسوعة الأمريكية فتعرفه بأنه "الصوت الغير مرغوب". يعتمد التلوث الضوضائي على مدى استيعاب أذن الإنسان له لأن البعض يستحمل الضوضاء بنسب متفاوتة عن الآخر، واعتمادا كذلك على العوامل النفسية. وبشكل آخر إن أي صوت ينتج عنه ضوضاء يعتبر مزعجا وهو من وجهة النظر القانونية قد يعرف بأنه تلوث خاطئ من الجو أدى إلى جرح مادي لحق الأفراد.

الضوضاء والصوت

الموجات الصوتية الغير مرغوب بها تعتبر من الضوضاء لأن أذن الإنسان حساسة جدا ومن الممكن أن تحتمل أمواجا صوتية يتراوح ترددها ما بين 20 درجة هيرتز إلى 2000 درجة هيرتز حيث يعبر الهيرتز عن التردد أو عدد الاهتزازات في الثانية. وأريد أن أوضح هنا أنه ليست كل الأصوات قابلة للكشف من قبل أذن الإنسان حيث أن هناك نوعان من الصوت..

1 – الصوت الخارجي: هو الصوت الذي يتجاوز مدى التردد 15 هيرتز تقريبا أي ما بعد الحد الأعلى للجلسة أو الاجتماع الطبيعي الذي له تردد عالي جدا لإثارة إحساس الجلسة أو الاجتماع.

2- الصوت الخارجي: هو الصوت الذي يصدر ترددا تحت 16 درجة هيرتز أي هو تحت المعدل الأدنى للجلسة أو الاجتماع الطبيعي والذي يعرف عموما باسم الاهتزاز.

نوضح هنا مثالا على أن بعض المدن الهندية الكبيرة التي تعتبر من أكثر المدن ضوضائية (مومباي، دلهي، شناي وكالكتا) حيث أن معدل الضوضاء بها يزيد عن 45 درجة هيرتز حسب تقرير منظمة الصحة العالمية "W.H.O " مع أن معدل الضوضاء المقرر عالميا هو كالتالي:

- من 25 – 40 مقبول في المناطق السكنية
- من 30 – 60 مقبول في المناطق التجارية
- من 40 – 60 مقبول في المناطق الصناعية
- من 30 – 40 مقبول في المناطق التعليمية
- من 20 – 35 مقبول في المناطق المستشفيات

يستخدم مصطلح "ديسيبل" كوحدة لقياس شدة الصوت، على سبيل المثال 0 ديسيبل هي عتبة الصوت المسموع، 10 ديسيبل تمثل شدة حفيف أوراق الأشجار الهادئ، 90-100 ديسيبل تمثل شدة صوت الرعد، 130 ديسيبل تمثل عتبة الألم عند الإنسان، 140 ديسيبل تمثل شدة صوت إطلاق صاروخ إلى الفضاء.

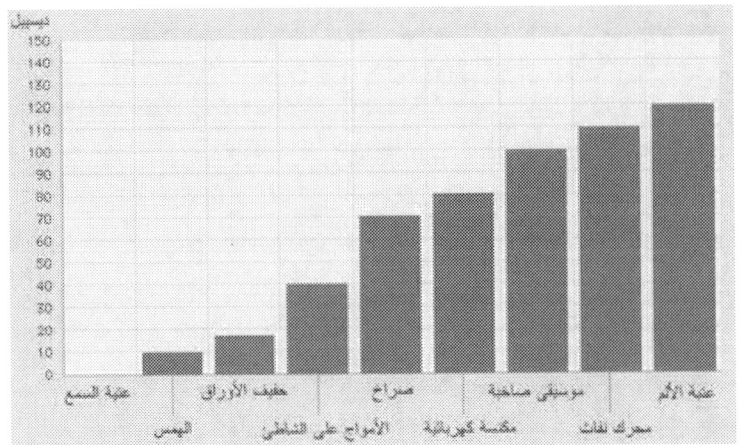

شدة الصوت

مصادر التلوث الضوضائي

1.وسائل النقل المختلفة كالسيارات والباصات وغيرها من وسائل النقل التي تملأ الشوارع ولاسيما الطائرات بأنواعها المختلفة، وهذا المصدر يعد صاحب النسبة الأكبر بين غيره.

2.عمليات البناء والإنشاءات والخدمات العامة.

3.الأجهزة المنزلية المختلفة من راديو وتلفزيون ومسجلات وغيرها من الأجهزة المختلفة وهذا المصدر تكمن خطورته في أنه قريب منا ومعنا في حياتنا اليومية تقريبا.

4.الضوضاء الناتجة عن صناعات مختلفة.

أنواع التلوث الضوضائي وتأثيراته

تنقسم حسب مصدر التلوث وقوة تأثيره..

1. تلوث مزمن هو تعرض دائم ومستمر لمصدر الضوضاء وقد يحدث ضعف مستديم في السمع.

2. تلوث مؤقت ذو أضرار فسيولوجية تعرض لفترات محدودة لمصدر أو مصادر الضوضاء ومثال ذلك التعرض للمفرقعات ويؤدي إلى إصابة الأذن الوسطى وقد يحدث تلف داخلي.

3. تلوث مؤقت دون ضرر تعرض لفترة محدودة لمصدر ضوضاء مثال ذلك ضجيج الشارع والأماكن المزدحمة أو الورش، ويؤدي إلى ضعف في السمع مؤقت يعود لحالته الطبيعية بعد فترة بسيطة.

حيث تقاس شدة الصوت بوحدة (ديسيبل) كما ذكرنا سابقا، وكل الأصوات التي نسمعها يوميا تندرج تحت مستويات رئيسية مقاسة بالديسيبل وهذه المستويات هي..

أ- المستوى 40-50 ديسيبل ويؤدي إلى تأثيرات وردود فعل عكسية تتمثل بالقلق والتوتر فهي تؤثر في قشرة المخ مما يؤدي إلى عدم ارتياح نفسي واضطراب وعدم انسجام صحي.

ب- المستوى 60-80 ديسيبل له تأثيرات سيئة على الجهاز العصبي ويؤدي إلى الإصابة بآلام شديدة في الرأس ونقص القدرة على العمل ورؤية أحلام مزعجة (كوابيس).

جـ- المستوى 90-110 ديسيبل يؤدي إلى انخفاض شدة السمع ويحدث اضطرابات في الجهاز العصبي والجهاز القلبي.

د- المستوى أعلى من 120 ديسيبل يسبب ألما للجهاز السمعي وانعكاسات خطيرة على الجهاز القلبي الوعائي كما يؤدي إلى عدم القدرة على تمييز الأصوات واتجاهها.

الحماية وكيفية السيطرة على التلوث الضوضائي

يتزايد الاهتمام بالتلوث الضوضائي، حيث تعددت مصادره وازدادت أخطاره خصوصا على الإنسان حيث يعمل على خلل بعض الأعضاء داخل جسم الإنسان لذلك يتطلب اتخاذ إجراءات وقائية من أهمها..

اشجار Casuarina تساعد في الحد من الضوضاء

1- الإصلاح المستمر للمكائن التي توجد بالمصانع وبهذه الخطوة من الممكن أن يقلل أو يعدم الضوضاء.

2- المراقبة الصارمة على الصناعات وتعديل العمليات للسيطرة على الضوضاء أثناء إصدار وتجديد رخص العمل.

3- إصدار التشريعات اللازمة وتطبيقها بحزم لمنع استعمال منبهات السيارات ومراقبة محركاتها وإيقاف تلك المصدرة للأصوات العالية.

4- تعتبر النباتات من أهم الطرق لامتصاص الضوضاء خصوصا الضوضاء النبضية. إن زراعة الأشجار مثل Casuarina ، بانيان، تمر هند و Neem على طول الطرق أو الشوارع العالية يساعد في تخفيض الضوضاء في المدن والبلدات.

5- منع استعمال مكبرات الصوت وأجهزة التسجيل في شوارع المدينة والمقاهي والمحلات العامة على سبيل المثال من الساعة 10 مساءا لغاية الساعة 5 فجرا.

6- نشر الوعي وذلك عن طريق وسائل الإعلام المختلفة ببيان أخطار هذا التلوث على الصحة البشرية بحيث يدرك المرء أن الفضاء الصوتي ليس ملكا شخصيا.

7- إبعاد المدارس والمستشفيات عن مصادر الضجيج.

8- إبعاد المطارات والمدن والمناطق الآهلة بالسكان مسافة لا تقل عن 30 كم.

9- يجب أن تكون خطوط السكة الحديدية والطرق السريعة بعيدة عن المناطق السكنية قدر الإمكان .

التلوث السمعى (الضوضاء)

التلوث السمعى (الضوضاء):

يرتبط التلوث السمعى أو الضوضاء ارتباطا وثيقا بالحضر وأكثر الأماكن تقدما وخاصة الأماكن الصناعية للتوسع في استخدام الآلات ووسائل التكنولوجيا الحديثة، فهي وثيقة الصلة بالتقدم والتطور الذي يسعى وراءه الإنسان يوما بعد يوم .

ما هو التلوث السمعى؟

إن الأصوات جزء لا يتجزأ من حياتنا اليومية، وأصبحت إحدى السمات التي تميزها. وهذه الأصوات لها مزايا عديدة فهي تمدنا بالمتعة والاستمتاع من خلال سماعنا للموسيقي أو لأصوات الطيور. كما أنها وسيلة ناطقة للاتصال بين كافة البشر، وتعتبر أداة لتحذير الإنسان وتنبيهه والتي نجدها متمثلة في: أجراس الباب، أو صفارات الإنذار.

كما تخبرنا بوجود خلل ما مثل: الخلل في السيارات. لكن الآن وفي المجتمعات الحديثة، أصبحت الأصوات مصدر إزعاج لنا، لا نريد سماعها لذلك فهي تندرج تحت اسم" الضوضاء ."

وتوجد أنواع عديدة لهذا التلوث السمعى أو ما نطلق عليه "الضوضاء:"

1- ضوضاء وسائل النقل .

2- ضوضاء اجتماعية .

3- ضوضاء صناعية .

4- ضوضاء الماء .

1- ضوضاء وسائل النقل:

-ما الذي يسبب ضوضاء وسائل النقل؟ توجد قائمة كبيرة وضخمة لمسببات هذا النوع من الضوضاء :

أ- ضوضاء الطرق والشوارع (السيارات):

وهى تأتي بشكل أساسي من السيارات والأتوبيسات وعربات النقل والدراجات البخارية (الموتوسيكلات)، وكل هذه الوسائل تسبب الضوضاء بطرق مختلفة. ومن أكثر الأشياء التي تزعج الشخص عند استخدام هذه الوسائل :

-عند إدارة المحرك .

-تغيير سرعات السيارة عن طريق محول السرعات .

-أصوات الفرامل .

-احتكاك الإطارات بالأرض .

-كاسيت أو إستريو السيارة .

-استخدام بوق السيارات .

ونصف المسئولية لإصدار هذه الأصوات المزعجة التي تلوث آذاننا وتسبب لنا المزيد من الضغوط، تقع علي عاتق السائق أو مستخدم هذه السيارة والتي تتمثل في :

-لابد أن يضمن سلامة سيارته وعدم وجود أعطال بها تسبب هذه الأصوات العالية .

-ولابد أن تكون القيادة سلسلة ببطء لتجنب الحوادث وعدم إزعاج الآخرين .

-عدم القيادة بجوار المناطق السكنية .

-تجنب القيادة ليلا إن أمكن .

-وضع العربة بعيدا عن المناطق السكنية، رغم أن هذا الحل لن يجد القبول عند الكثير لأنهم سيفضلون الضوضاء عن ترك العربة بعيدا عن المنزل .

ب- ضوضاء السكك الحديدية (القطارات):

لا ينزعج العديد من الأشخاص بالضوضاء المنبعثة من القطارات بقدر انزعاجهم من ضوء السيارات، وإذا ضربت المقارنة بينهما فنجد دائما تفضيل القطارات بشكل ما أو بآخر، ربما ذلك لأن نظرة أي شخص للقطارات تعكس اقتناعه بأنها وسيلة نافعة لا يمكننا تجنبها. بل ويرى العديد أنها لا تعتبر مصدرا للإزعاج علي الإطلاق .

ج- ضوضاء الطائرات (ضوضاء الجو):

وهذه مشكلة تؤرق الأشخاص الذين يعيشون بجوار المطارات. ولكن الضوضاء المنبعثة قلت عن الماضي بدرجة كبيرة لأن صناعة الطائرات تشهد كل ما هو جديد ومبتكر يوميا. حيث تحولت محركات الطائرات الكبيرة من محركات نفاثة إلي محركة نفاثة ذات مراوح وهذا ساعد علي تقليل الأصوات المنبعثة عند قيامها إلي جانب تقنيات أخرى عديدة.

وبالرغم من أن الطائرات أصبحت أقل إزعاجا عما كانت عليه من قبل لكن ازداد عددها وأصبح يوجد العديد من المطارات لكي تستوعب هذه الطائرات الأمر الذي يؤدي إلي وجود ضوضاء وعدم اختفائها تماما مع هذا العدد الآخذ في التزايد وإذا كان لا يتأثر البعض مازال يوجد القليل الذي يتأثر بها وخاصة أثناء أوقات الليل حيث الهدوء .

2- الضوضاء الاجتماعية:

وتأتي هذه الضوضاء علي قمة الأنواع الأخرى، ويتمثل مصدرها في "الجيرة" وتنبعث هذه الضوضاء :

1- الحيوانات الأليفة مثل (الكلاب).

2- الأنشطة المنزلية .

3- أصوات الأشخاص .

4- إصلاح السيارات .

5- أسباب أخرى .

وقد يستخدم المهندسون مواد معينة في الحوائط لعزل هذه الأصوات والتخفيف من حدتها ولكن هذه المواد باهظة التكاليف، ولذلك لم يتم التوصل إلي حل آخر ضد الضوضاء.

وبما أن البشر هم البشر طبيعتهم لا ولن تتغير وسيعملون دائما علي إزعاج غيرهم، فسيكون الحل بسيط هو أن نعي وندرك أن في كل وقت يضايقك سماع أصوات الضوضاء فأنت في نفس الوقت تضايق غيرك بضوضائك .

3- الضوضاء الصناعية (ضوضاء المصانع)

ويكون مصدرها المصانع أو أماكن العمل وهى تؤثر علي العاملين في هذه الأماكن، وعلي عامة الناس. نجد العامل في هذه الأماكن تتأثر حواسه السمعية من الأصوات التي يسمعها كل يوم، فهي ضوضاء خطيرة للغاية تضر بصحة الإنسان بشكل مباشر علي الرغم من أن باقي الأنواع تضر به أيضا إلا أن هذه أخطرها علي الإطلاق .

4- ضوضاء الماء:

بالطبع ستتعجب وتسأل نفسك "هل توجد ضوضاء في البحار والمحيطات أو في الماء بوجه عام".

توجد ضوضاء بالطبع في الماء لكن الإنسان هذه المرة لن يكون هو الوحيد المتأثر بما تسببه له من مشاكل ولكن تشاركه الكائنات البحرية الجميلة من الأسماك والحيتان.

إن صوت الأمواج ممكن أن يكون مصدرا للإزعاج، أو صوت محركات السفن أو حتى صوت بعض الأسماك وإن لم نكن نسمعها. لكن توجد مخلوقات أخرى تتأثر بهذه الأصوات وتسمعها من علي بعد مثل "الحوت"، إن الأغنية التي يتغنى بها الحوت مشهورة منذ سنوات عديدة لكنها ليست مجرد أصوات يطلقها، ومن الاعتقاد القوي أن الحوت يستخدم هذه الأغنية لكي يتصل بغيره من الحيتان التي تبعد عنه مئات الأميال.

وبازدياد هذه الضوضاء يزداد الخوف من عدم مقدرة الحيتان علي العثور أو الاتصال أو سماع بعضهم البعض الأمر الذي يؤثر علي الهجرة الجماعية لهم ومن ثم مقدرتهم علي التكاثر وتعرضهم للانقراض .

هل تعلم أن الضوضاء مفيدة في بعض الأحيان!

إن الضوضاء ليست بالأمر السيئ طوال الوقت لكن لها فوائدها أيضا، وخاصة إذا أراد تجاهل أصوات عالية أخرى يتبرم منها ولا يريد سماعها ومثال علي ذلك :

- إذا كنت تعيش بالقرب من شارع مزدحم بالسيارات، ولا تريد سماع أصواتها المزعجة فاستخدام النافورة التي ينبعث منها صوت الماء ستكون ضوضاء محببة إليك وتريد سماعها بدلا من أصوات السيارات المزعجة .

- كما أن أصوات المكيفات الهوائية العالية تكون مفيدة في بعض الأحيان إذا كنت تعمل في مكتب مزدحم بالموظفين ولا تستطيع التركيز، فصوته المزعج سيكون سيمفونية عذبة بالمقارنة مع أحاديث الموظفين .

كيفية تجنب إحداث الضوضاء:

- احترس مما تسببه من ضوضاء لغيرك، لا تسبب الإزعاج لمن يحيطون بك، فإذا كنت تعاني من ضوضاء الأشخاص الذين يعيشون من حولك، فلتكن أنت من ضمنهم. كن حساسا ومراع للآخرين.

-لا تقم بالأنشطة الحيوية في ساعات متأخرة من الليل، أو إذا كان هناك مريض أو من يذاكر أو ينام .

-اخفض صوت التليفزيون والكاسيت .

-تجنب إقامة الحفلات المزعجة.

-ضمان سلامة ما تستخدمه من أدوات حتى لا تطلق أصواتا مزعجة .

-لا تزعج من حولك بالحيوانات الأليفة التي تمتلكها .

-عدم استخدام الأجراس أو المنبهات العالية .

-تذكر دائما :

أ -أن تقلل من الضوضاء الموجودة .

أو ب -أن تجعلها مقبولة .

أو ج -أن توقفها وتمنعها علي الفور إن أمكن ذلك .

مقياس الضوضاء:

مقدار ما يتحمله الإنسان من ضوضاء حتى لا تسبب له الأرق في النوم، ويقاس معدل الضوضاء هذا بوحدة تسمى الد يسيبل واختصارها (دى . بى) والتي تتراوح من 35 - 30 كحد أقصى لما يتحمله الإنسان من ضوضاء .

الآثار المترتبة على الضوضاء:

1- فقدان السمع .

2- التوتر العصبي .

3- الشعور بالضيق .

4- الإصابة بالصداع وآلام الرأس .

5- فقدان الشهية .

6- فقد التركيز وخاصة في الأعمال الذهنية.

الحلول الفعالة لتجنب إحداث الضوضاء:

1- دفع الغرامات .

2- مصادرة الآلات التى تحدث ضوضاء عالية .

3- كما أن هناك بعض البلدان تتجه إلى إنتاج نوع من الأسفلت يعمل على امتصاص الضوضاء الناتجة عن المرور لحوالي 5 ديسيبل فقط .

التلوث البيئي وتأثيره على المواطن والوضع الاجتماعي

القسم الاجتماعي

تعاني المدينة العراقية بشكل عام ومدينة بغداد بشكل خاص الكثير من المشاكل المرتبطة بالبيئة ابتداء من تلوث الهواء وانتهاء بالتلوث البصري، ولما هذه القضية من تأثير على المواطن العراقي وعلى وضعه الاجتماعي سنتناول تحليل هذه المشاكل البيئية بشكل من التفصيل ومن ثم طرح المعالجات الضرورية لحلها عند اعادة اعمار مدينة بغداد وباقي المدن العراقية. فقد صنف الأستاذ المهندس (حيدر كمونة) أنواع التلوث التي تصيب المدن العراقية الى-:

اولا: تلوث هواء:

لا يخفى ما لتلوث الهواء من مشاكل تأخذ مداها وبعدها بالتأثير على الجانب الصحي للانسان ومن المعروف ان هناك مصادر لتلوث الهواء اهمها :

الصناعة وانشطتها.

المركبات (السيارة)

فالمعامل الصناعية تعمل على تلوث هواء المدينة من خلال التراكيز المنبعثة منها نتيجة العمليات الصناعية والتفاعلات التي تحدث خلال هذه العمليات فمركبات ثاني اوكسيد الكاربون ومركبات الكبريت وغيرها هي من العوامل الاساسية المسببة للتلوث وهذا التلوث يعود لاسباب عديدة منها-:

1. قرب الصناعة ومواقعها من المناطق السكنية.
2. تبعثر المناطق الصناعية في المدينة واختلاطها بالفعاليات الأخرى وعدم استخدام اساليب المجمعات الصناعية.
3. بالنسبة الى مدينة بغداد تتركز الاستثمارات فيها ويتركز السكان فيها أيضا مما ساعد على نشوء صناعات رئيسة

تدعمها صناعات ثانوية وكلها لا تخضع للشروط الصحية المناسبة.

4. عدم استخدام المعايير المعتمدة للمنبعثات وحسب نوع الصناعة وعدم وجود نظام مراقبة فعال يحد من تجاوز تراكيز الملوثات عن الحد المسموح به داخل المدينة.

5. عدم استخدام الارتفاعات المناسبة للمداخن لتحديد مناطق ترسب الملوثات، اذ من المعلوم انه كلما زاد ارتفاع المدخنة، كلما ازدادت سرعة الرياح التي تعمل على تشتيت الملوثات وبالطبع ان ذلك يرتبط وبشكل مهم مع حالة الجو ان كانت الرياح سريعة، غير مستقرة، مستقرة وعلى مركز الغيمة المتكونة من الملوثات وفي ضوء ذلك يتحدد سقوط الملوثات.

6. وفي المجالات التكنيكية لابد للمعامل الصناعية من استخدام الفلاتر والمرشحات للتقليل من تراكيز الملوثات المنبعثة الى الخارج.

7. عدم احاطة المناطق الصناعية بأحزمة خضراء وتوقيعها خارج هذه الأزمة بمسافة مناسبة.

8. عدم الاختيار المناسب للمواقع الصناعية على اساس العوامل البيئية والطبيعية فاختيار موقع لصناعة معينة في واد يجب ان يحسب لعملية الانقلاب الحراري التي من الممكن ان تحدث واختيار موقع لصناعة معينة قريبة من استعمالات اخرى تتناقض معها كأن تكون مستشفى او منطقة سياحية وسكنية وغيرها كلها من الاسباب التي تؤدي الى تدهور صحة الإنسان في المدينة.

أما السيارة (المركبة) فان الملوثات التي تنبعث منها هي:

مركبات الرصاص أو غاز اول اوكسيد الكاربون ومركبات النتريك وغيرها فهي من الملوثات التي لها تأثير مباشر وسريع على صحة الإنسان بفعل الاستعمال اليومي للمركبة في كل وقت ومكان.

ان انتشار المركبات بهذا الشكل الكبير في مدينة بغداد له من الابعاد ما يجعلنا نقول ان تأثير الملوثات المنبعثة من المركبات هو سم يومي ذو تركيز يؤدي خلال الوقت الى موت الإنسان. ولا يقتصر دور السيارة على هذا الجانب اذ ان الازدحام المروري بسبب الحجم المروري الكبير المار في شوارع المناطق السكنية كان له تأثيرات من الناحية النفسية والجمالية.

كذلك ان عملية اختراق المركبات للمحلات السكنية يعني اختلال عامل السلامة المرورية وتعرض الناس والاطفال الى الحوادث فضلا عن المؤثرات الصحية الاخرى على السكان من حيث استخدام المنبهات وعدم الالتزام بالاشارة الضوئية وبالسرعة المناسبة داخل المدن.

كما ان الاستخدام الواسع للمركبات يحتاج الى مواقف للمركبات، وهذه هي اصلا غير متاحة بالشكل السليم ما يعني تجاوز الوقوف على اماكن السير وازعاج المشاة والتأخيرات المصاحبة لعملية سير السابلة فضلا عن الضوضاء.

ولابد من الذكر ان ما ينتج عن عاملي الصناعة والمركبات من ملوثات له دور كبير في تساقط ما يعرف (بالأمطار الحامضية) التي لها تأثيرات ليس فقط على الإنسان وانما على تلوث الماء والتربة، فمثلا مركبات الكبريتات المنبعثة من الصناعة عند تفاعلها مع بخار الماء الموجود في الجو ونزولها الى الارض يتكون عنها حامض الكبريتيك والمركبات الناتجة عن المركبة (مركبات النتريك) ينتج عنها حامض النتريك عند تساقطها مع الأمطار .

ثانيا : تلوث التربة

ان التلوث الحاصل للتربة في المدن العراقية واختلاط المياه الجوفية الحاملة للمياه المالحة مع المياه المستخدمة في الري يعمل على زيادة ملوحة التربة، فضلا عما يحدث من تراكم للغبار والاتربة بفعل عمليات الهدم والتراكم اليومي للمخلفات من دون القيام بعمليات صيانتها يجعلها تتحول من ترب صالحة للاستخدام الى ترب صبخة ومالحة وغير صالحة للعديد من الاستخدامات .

ثالثا: تلوث المياه

يلقي الدكتور الباحث مثنى عبدالرزاق العمر باللوم على مشاريع تنقية المياه في سبب تلوث المياه في العراق حيث يقول: بصفة عامة فان قطاع خدمات المياه في العراق يعاني من عدم كفاية مشاريع تنقية المياه ، فضلا عن تلوث المياه الجوفية بعدد من الملوثات في مقدمتها النترات والاملاح وفي العديد من الحالات ظهور المواد الغرينية والطينية.

ويضيف العمر، في احدى الدراسات التقويمية لمصادر المياه في العراق.. ان نهر دجلة يتسلم كميات كبيرة جدا من المياه الصناعية كانت تقدر في عقد التسعينيات بحوالي 18969 مترا مكعبا/ساعة وهو ما يقارب 163 مليون متر مكعب/سنة منها نسبة 92بالمائة تتجاوز الحدود المسموح بها بينما نسبة 8بالمائة فقط هي ضمن الحدود المسموح بها.

اما نهر الفرات فيتسلم كميات من مياه الفضلات الصناعية تبلغ 4735 مترا مكعبا/ساعة بما يساوي 41 مليون متر مكعب/سنة منها نسبة 21بالمائة فقط مطابقة للمواصفات، اما الكميات المصرفة الى شط العرب فهي اقل من ذلك.

ويضيف العمر: تتعرض المصادر المائية في العراق الى التلوث بمياه الصرف الصحي المعالجة جزئيا والمصرفة الى الانهر، حيث توجد في العراق حاليا 30

محطة لمعالجة مياه المجاري التي تلقى في الانهر وهي ذات طاقات تصميمية متباينة لكنها جميعا تعمل دون حدود الكفاءة المقبولة، في حين تخلو بعض المحافظات منها، وقد ادت عمليات النهب التي تلت سقوط النظام السابق الى اضعاف عمل محطة الرستمية التي تخدم نصف سكان مدينة بغداد تقريبا، مما ادى الى استمرار ضخ مياه الصرف الصحي (غير المعالجة) بحجم 1500 مليون متر مكعب يوميا الى نهر دجلة.

وقد اوجز الدكتور العمر اسباب التدهور النوعي في نوعية المياه الى رداءة المصدر المائي وتعرضه الى التلوث من مصادر عديدة، مع ضعف في الرقابة والمتابعة البيئية في المحافظات، مما يعني تحميل المشاريع والمجمعات المائية اعباء كبيرة ويحد من كفاءتها، إضافة الى تدني كفاءة المشاريع والمجمعات المائية والشبكات لاسيما اذا ما علمنا ان الكثير منها قد مضت على انشائه مدة زمنية طويلة جعلته اليوم خارج العمر التشغيلي.. كذلك احتياج العديد من المشاريع والمجمعات المائية الى الادوات الاحتياطية او المعدات الجديدة ومواد التعقيم، إضافة الى تسرب الملاكات الفنية الكفوءة خارج نطاق مديريات المياه في بغداد والمحافظات، واحلال ملاكات غير كفوءة للعمل في مجال تنقية المياه.

فضلا عن كثرة النضوحات من شبكات نقل الماء الصالح للشرب مما يتسبب بدخول المياه الجوفية او مياه الصرف الصحي الى شبكات مياه الشرب، ويضاف الى ذلك الاستخدام غير الرشيد لأنابيب نقل الماء، من قبل المواطنين حيث ان جميع تلك الامور اسهمت بتردي وتلوث مياه الشرب. ويشير العمر الى ان النشاط الصناعي له مساس مباشر بتلوث مياه الشرب ومصادر تلك المياه، حيث تقدر هذه المشاريع المؤثرة في البيئة المائية في العراق بنحو 137 مصنعا او نشاطا انتاجيا ذا طاقة عالية واغلبها محاذية للانهر ومن بين هذه المصانع او المعامل هي معامل الصناعات الغذائية مثل صناعة الزيوت النباتية وتعليب الفواكه والخضر، ومجازر اللحوم وصناعة السكر والالبان حيث تسبب هذه

المعامل بتلوث المياه بمواد متطلبة للاوكسجين الحيوي.. كذلك معامل غسل الاصواف حيث تلوث المياه بالعوالق الصلبة والمواد الدهنية ومعامل الغزل والنسيج الصوفي والدباغة حيث تسبب تلوث مياه الأنهار بالمواد الملونة ومعادن ثقيلة ومواد كيمياوية سامة إضافة الى مواقع استخراج النفط والخامات المعدنية التي تتركز في محافظات التأميم ونينوى والبصرة والانبار وتسبب تلوث مياه الأنهار بمواد عالقة مختلفة منها معدنية وغير معدنية ومواد هيدروكربونية..

كذلك معامل الصناعات الكيمياوية والبتروكيمياوية والدوائية والاسمدة حيث تتسبب هي الاخرى بتلوث مياه الانهر بمواد كيمياوية مختلفة البعض منها شديدة السمية على الإنسان والاحياء المائية وذو قابلية للتراكم الحيوي كالزئبق واملاح المعادن والمركبات العضوية ..

كذلك فان معامل الطلاء المعدني للمعادن والصناعات الورقية ومحطات توليد الطاقة الكهربائية جميعها تسبب تلوث المياه بمواد حامضية او قاعدية وترفع تراكيز الملوحة، وتسبب بتلوث المياه بالمعادن الثقيلة السامة كالنيكل والكروم السداسي، الخطر على صحة الإنسان .

مصادر تلوث المياه

يتلوث الماء بكل ما يفسد خواصه او يغير من طبيعته، بمعنى تدنيس مجاري الماء والآبار والأنهار والبحار والأمطار والمياه الجوفية بشكل يجعل ماءها غير صالح للانسان والحيوان والنبات والكائنات التي يعيش في الوسط المائي على حد سواء، ومصادر هذا التلوث هي مخلفات الإنسان والنبات والحيوان" الصناعية، الزراعية، الصرف الصحي"، التي تلقى في الماء أو تصب في أحد فروعه، كما تتلوث المياه الجوفية نتيجة لتسرب مياه المجاري أو مياه الصرف الصحي اليها وبما تحتوي من صبغات كيميائية ملوثة وبكتريا.
ويمكن أن نؤشر هذه الملوثات أو نختصرها في الأشكال التالية -:

أ- التلوث البيولوجي :-

وهذا التلوث ينتج عن ازدياد الكائنات الحية الدقيقة المسببة للأمراض، مثل البكتيريا والفيروسات والطفيليات والطحالب في المياه، وهذه الملوثات تأتي في الغالب عن طريق أختلاط فضلات الإنسان والحيوان بالماء بطريق مباشر من خلال صرفها مباشرة الى مسطحات المياه العذبة أو المالحة، أو عن طريق اختلاطها بمياه الصرف الصحي أو الزراعي وبالتالي الاصابة بالعديد من الأمراض.

ب - التلوث الكيميائي:-

ويأتي هذا التلوث من ازدياد الأنشطة الصناعية والزراعية، وخاصة بالقرب من المسطحات المائية أو مصادر المياه، فهي تؤدي الى تسرب هذه المواد الكيميائية أو ألقاء فضلات هذه الأنشطة في المياه، مثل الاملاح المعدنية والأحماض والأسمدة الكيميائية والمبيدات الزراعية وينتج عن تسرب هذه المواد الى المياه زيادة الاملاح من جهة والنترات من جهة أخرى ما يعمل على تغيير نوعية المياه وعدم صلاحيتها للأغراض المختلفة، وهنالك العديد من الفلزات السامة الغذائية في الماء تؤدي الى التسمم اذا وجدت بتركيزات كبيرة مثل الباريوم، الكادميوم، الرصاص، الزئبق، أما الفلزات غير السامة مثل الكالسيوم والماغنسيوم والصوديوم، فان زيادتها في الماء تؤدي الى بعض الأمراض مثل تغيير طعم الماء وجعله غير مستساغ، وكذلك التلوث بالمواد العضوية مثل الأسمدة الزراعية التي تغير رائحة الماء ونمو الحشائش والطحالب وتحول البحيرات الى مستنقعات مليئة بالحشائش والطحالب ما يؤدي الى زيادة استهلاك الماء وزيادة التبخر وقد تؤدي بالنهاية الى مايعرف بـ "ظاهرة الشيخوخة المبكرة للبحيرات.

جـ- التلوث الفيزيائي:

ويؤدي هذا التلوث الى تغيير المواصفات القياسية للماء: مثل تغيير درجة حرارته أو ملوحته، أو ازدياد المواد العالقة به سواء كانت عضوية أو غير عضوية، وينتج ازدياد ملوحة الماء، غالبا،عن ازدياد كمية بخار الماء للبحيرات أو النهر في الأماكن الجافة دون تجديد لهذه المياه أو في حالة قلة المصادر المائية، كما أن التلوث الفيزيائي الناتج عن ارتفاع درجة الحرارة يكون في الغالب نتيجة صب مياه تبريد المصانع والمفاعلات النووية، القريبة من المسطحات المائية، في تلك المياه تؤدي الى زيادة درجة الحرارة ونقص الأوكسجين وبالتالي موت الكائنات لحية في الأنهار والبحيرات وغيرها من المسطحات المائية الاخرى.

د - التلوث الاشعاعي:-

تقف عدة مصادر وراء التلوث الاشعاعي في مياه البحار والأنهار والمحيطات، فتجارب الاسلحة النووية ساهمت" تأريخيا " في زيادة تلوث المياه، كما تؤدي عمليات التشغيل العادية لمحطات الطاقة النووية الى تلويث البحر . والجزء الاكبر من هذا التلوث المشع في المياه ينتج من مصانع معالجة الوقود النووي، وتؤدي نفايات هذه المصانع الى انتشار التلوث المشع بطريقة خطرة في مناطق شاسعة تقطنها مختلف الأنواع البحرية، وقد اكتشف الكثير من المواد المشعة في الطحالب البحرية بعد ان تم البحث عنها لاعادة معالجتها .

وتنطوي المخلفات الكيميائية الصناعية في المحيطات على عدد هائل من المواد الشديدة السمية ومن بين المنتجات الكيمياوية يندرج نحو"4500" منتج كيمياوي تحت فئة التصنيف الأكثر خطورة وتعرف باسم" الملوثات العضوية الدائمة ."

وهذه الملوثات تقاوم التحلل ولديها القدرة على التراكم في الانسجة الحية فتؤدي الى خلل هرموني يسبب مشاكل تناسلية وسرطانية ويوقف جهاز المناعة وهي قادرة على الانتقال في الهواء الى مسافات بعيدة عن مصدر

انبعاثها، مع احتمال حدوث تلوث إشعاعي لأجيال لاحقة من البشر وبقية الكائنات.

ومن مصادر تلوث المياه الأخرى:

التلوث الناتج عن تسرب البترول الى مياه البحار والمحيطات، وهو اما نتيجة لحوادث غرق الناقلات" الذي يتكرر سنويا " أو نتيجة لقيام هذه الناقلات بعمليات التنظيف وغسل خزاناتها وإلقاء مياه الغسل الملوثة في عرض البحر.

إضافة الى ذلك تدفق زيت البترول الى البحار أثناء عمليات البحث والتنقيب عنه ، وتكون بقعة كبيرة من الزيت على المياه وبالتالي موت أعداد لا تحصى من طيور البحر والدلافين والأسماك والكائنات البحرية.

وكذلك تلوث مياه الأمطار، وخاصة في المناطق الصناعية، لأنها تجمع أثناء سقوطها من السماء كل الملوثات الموجودة بالهواء، التي من أشدها أكاسيد النيتروجين وأكاسيد الكبريت وذرات التراب، ويعتبر تلوث مياه الأمطار من الظواهر الجديدة التي بدأت مع انتشار المصانع بصورة كبيرة والقاء كميات كثيرة من المخلفات الصناعية والغازات والاتربة في الهواء أو الماء كما ان سقوط ماء المطر الملوث فوق المسطحات المائية كالمحيطات والبحار والأنهار والبحيرات يؤدي الى تلوث هذه المسطحات والى تسمم الكائنات البحرية .

ان انتقال المياه الملوثة الى الاسماك والمواشي والمحاصيل الزراعية تسبب أمراضا سرطانية خبيثة اذا تم تناولها من قبل الإنسان بدون معالجتها كأن تؤكل نيئة أو بدون غسلها جيدا.

شكلت شحة مياه الشرب وتلوثها ظاهرة مزمنة في العراق.. اذ ان حوالي 90بالمائة من اجمالي سكان العراق لايحصلون على احتياجاتهم من الماء الصالح للشرب، كما يؤدي تلوث الهواء في المدن والقرى الى انخفاض كفاءة الجهاز

المناعي لجسم الإنسان بسبب اصابته المتكررة بالامراض المعوية التي تسببها مياه الشرب وكذلك انتشار مرض السرطان بمعدلات غير مسبوقة.

وقد اعربت الدكتورة (منيرة العاملي) رئيسة لجنة البيئة في وزارة الصحة في عن مخاوفها لازدياد حالات التلوث في مياه الشرب بمدينة بغداد وعدد من المحافظات، مؤكدة ان أكثر المناطق التي تعاني من تلوث مياه الشرب هي مدينة الصدر ببغداد، ومحافظة البصرة.. مشيرة الى ان اسباب ذلك التلوث بالإضافة الى وصوله الى درجة عالية من التلوث من مصادر المياه وهما نهرا دجلة والفرات، فان بقية الاسباب تتمثل بعدم كفاية الاجراءات المتعلقة بتصفية المياه خصوصا كميات (الكلور) المستخدمة التي تلعب دورا في قتل الجراثيم بالمياه.

وتقول العاملي: ان لجان التفتيش والفحص اكتشفت ان معدلات الكلور المضافة في البصرة لا تتجاوز 0.05 جزء من المليون، وفي منطقة الباب الشرقي ببغداد 0.2 جزءا بالمليون ومدينة الصدر 0.7 جزءا بالمليون وفي منطقة الرشاد 0.5 بالمليون والكمية نفسها في منطقة الشيخ عمر وهذه النسب تعتبر متدنية جدا قياسا بالمعدلات الطبيعية الامر الذي يشكل خللا كبيرا في اعتماد نسب الكلور.

كما أشار تقرير لوزارة الصحة العراقية الى وجود حالات كبيرة وكثيرة من التلوث في المياه، فيما لخص هذا التقرير أسباب هذا التلوث بالاتي:-

1- قدم شبكات نقل المياه، وخاصة مياه الشرب، وهو ما يؤدي الى انتقال الملوثات اليها.

2- عدم كفاءة عملية التعقيم في مياه الشرب بإضافة مادة الكلور، وذلك إما لعدم توفر هذه المادة أو لحدوث أعطال في أجهزة ضخ الكلورين نتيجة عدم توفر قطع الغيار اللازمة لها.

3- ان تردي الوضع العام للمياه في العراق إضافة الى أعمال السلب والنهب والتدمير لوحدات تصفية المياه أدت الى ضعف انتاجية وحدات التصفية الحالية وتوقف تنفيذ العديد من المشاريع الخاصة بتنقية المياه.

4- عدم اهتمام المواطنين بنوعية مياه الشرب والطبخ المستخدمة في المنازل واستخدام تلك المياه بدون التأكد من صلاحيتها للشرب، اذ يجب تعقيم هذه المياه بغليها جيدا وتبريدها لتكون صالحة للاستخدام البشري.

أهمية التربية البيئية في تحسين نوعية حياة مجتمعنا المعاصر

إن الاهتمامات البيئية، تمتد من اعماق البحار إلى طبقات الاوزون الناضبة في طبقات الجو العليا، وان مشكلة التلوث البيئي لم تبدأ قبل عشرات السنين، وانما ابتدأت منذ ان قام الإنسان بقطع الأشجار لاستخدامها في حياته اليومية من بناء المساكن حتى رميها في الأنهار على شكل نفايات.

اخذ التدهور البيئي بعد هذا يشق طريقه تدريجيا نتيجة للتطور السريع في شتى المجالات لتتسع دائرة المشكلات البيئية حتى اصبحت الحاجة ملحة لتقييم الوضع الحالي للافادة من التكنولوجيا الحديثة في وضع حلول ناجحة للحد من مشكلة التلوث.

وبالرغم من المحاولات والجهود البالغة الأهمية التي تبذل من اجل حماية البيئة المتمثلة في سن التشريعات والسياسات البيئية، الا ان الحل الامثل يكمن في تكوين الإنسان وتنشئته وتوعيته وعيا تاما يصل إلى ضميره ويتحول إلى قيم اجتماعية لديه توجه سلوكه اليومي وتعتبره جزءا من هذه البيئة ومسؤولا عن عدم الاخلال بها، قبل مسؤوليته عن ازالة اثار هذا الاخلال وهذا ما يدعى بالتربية البيئية، التي تؤكد على تنمية سلوك الافراد بما يتماشى واهمية المصادر الطبيعية في حياتهم بحيث تجعلهم يتصرفون بدافع احترام القوانين ان وجدت أو يعملون على سن تشريعات تتماشى مع مصلحة المجتمع والفرد على حد سواء.

ابان الستينيات ادرجت المفردات البيئية والمعايير في بعض المناهج الدراسية والمواضيع ذات العلاقة في الدراسات الاولية والدراسات الجامعية وخاصة في الدول المتقدمة غير انه اصبح الان اهتمام الافراد في سائر ارجاء العالم بالامور البيئية من سمات العصر، وذلك لتعاظم المشكلات البيئية التي اصبحت تهدد المجتمعات الحالية ومستقبل الاجيال القادمة بالخطر. وعليه فان الاطار العام لمواجهة المشكلات البيئية يكون عن طريق التربية البيئية التي تعمل على خلق النمط السلوكي العلمي السليم تجاه بيئته. وعلى هذا الاساس فقد اهتم بحثنا هذا بنشر التربية بين مختلف المستويات بالنسبة للمجتمع وابتداء من الاطفال وحتى الدارسين في الجامعات وذلك لما لهذا الموضوع من أهمية بالغة في حماية وتحسين نوعية حياة مجتمعنا المعاصر. ويهدف البحث إلى ما يأتي:

1-زيادة الوعي بالنسبة للافراد والمجاميع الذين يعيشون في بيئة معينة بالشعور بالمسؤولية لتحسين نوعية البيئة لمنفعة المجموع.

2-تكوين فهم لاساسيات المبادئ الطبيعية وتقاليد العيش مع الطبيعة واحترام الحياة بكل اشكالها.

3-ادخال المشكلات البيئية بمناهج التعليم من اجل جعل الناس يحترمون البيئة.

4-تكوين اساسيات وطرق عمل مصممة لتحويل مواقف الناس وتصرفاتهم لمصلحة حماية البيئة.

5-ضرورة تعامل التربية البيئية مع ثلاثة حقول:

أ-التعليم الذي يخص البيئة.

ب-البيئة وسيلة تعليمية.

جـ- نشر الوعي البيئي.

6-وضع ستراتيجية خاصة بالتعليم البيئي تركز على تكوين قدرات معينة تساعد في نشر الوعي البيئي ومنع التلوث وايجاد الحلول عندما يحدث التلوث.

7-نشر بعض المفاهيم الخاصة بالتنمية البيئية ومحاولة خلق بيئة نظيفة غير ملوثة ليعيش بها الإنسان عيشة هنيئة مريحة وسعيدة.

2-البيئة ومفاهيمها: تطرقت الكثير من الدراسات المختصة بالبيئة إلى استخدام الكثير من المفاهيم والمصطلحات في تحديد معنى البيئة وعناصرها، ولاجل تسليط الضوء على اهم ما ورد للاستفادة منها في هذه الدراسة يمكن تحديد مفاهيمها على النحو الآتي:

اقرت منظمة اليونسكو التابعة للامم المتحدة عام 1967، تعريف الاستاذ النرويجي (س. وبك) بيئة الإنسان على انها ذلك الجزء من العالم الذي يؤثر فيه الإنسان ويتأثر به، أي الجزء الذي يستخدمه ويستغله ويؤثر فيه ويتكيف له.

-البيئة: هي الارتباط الضروري بين عنصرين لا غنى عنهما وهما وجود كائن حي وبيئة ملائمة.

-البيئة: هي التأثير المتبادل بين الكائنات الحية والجغرافية الطبيعية (الماء، والهواء، والارض)

-علم البيئة يبحث في المحيط الذي تعيش فيه الكائنات الحية ويدعى ايضا بالمحيط الحيوي والذي يتضمن بمعناه الواسع العوامل الطبيعية والاجتماعية والثقافية والإنسانية التي تؤثر على افراد وجماعات الكائنات الحية وتحدد مشكلاتها وعلاقاتها وبقاؤها.

- وفي مؤتمر استوكهولم عام 1972.. اخذ مفهوم البيئة، السعة والشمولية بحيث اصبح يدل على أكثر من مجرد عناصر طبيعية (ماء، هواء،

وتربة، ومعادن، ومصادر الطاقة ونباتات وحيوانات) بل هي رصيد الموارد المائية والاجتماعية المتاحة في وقت ومكان ما لاشباع حاجات الإنسان وتطلعاته.

ويشتمل اشباع حاجات الإنسان على ثلاث مهمات (توفير السلع والخدمات المطلوبة بكميات كافية، والحفاظ على انماط التنمية القابلة للاستمرار ببيئتنا على ان اشباع هذه الحاجات لا يقبل التحقق الا من خلال مشاركة الافراد والجماعات المعنية بطريقة تساعد على تجديد وحفظ وتحسين البيئة تحسينا فعالا وتنمية الموارد، فضلا عن كفالة افضل تفاعل ممكن مع مصادر التمويل والتزويد الاخرى من خارج المجتمع (6). -البيئة تتكون من مكونات طبيعية مثل الارض والماء والهواء والتربة والموارد الطبيعية المخزونة فيها كالنفط والثروات المعدنية وكذلك على اختلافها وهذه نطلق عليها (البيئة الطبيعية)

وهناك مكونات بيئية مصطنعة استحدثها الإنسان واوجدها للحاجة اليها، وهي امتداد للبيئة الطبيعية كالمدن والمستوطنات البشرية والصناعات باشكالها ووسائل المواصلات والنقل المتعددة والموانئ والقنوات والسدود وغيرها ونطلق عليها البيئة البشرية أو البيئة المصنعة أو البيئة المستحدثة من قبل الإنسان، وبذلك يمكننا تقسيم البيئة إلى قسمين رئيسين هما: البيئة الطبيعية والبيئة المصنوعة من قبل الإنسان.

وفي ضوء ما ورد في اعلاه يمكن تحديد مفهوم البيئة (بانها التفاعل بين التقنية والعوامل الخارجية التي تشمل العناصر غير الحية المحيطة بالإنسان.

وتعتبر البيئة بانها تحويل الظواهر المتراكمة في فوضى ظاهرة إلى سلسلة من الحقائق التي ترتبط برباط العلة والمعلول وذلك باستخدام المنهج العلمي الذي يجعل الحقيقة اقرب مساغا إلى الفهم والادراك. ولاجل التعرف على مفهوم البيئة يجب ان نقوم بتحليل عناصرها ومكوناتها.

واول عناصر هذه البيئة هو الإنسان وتشتمل البيئة على ثلاثة عناصر هي:

أ-الطبيعة

ب-النظام الاجتماعي

جـ-النظام الثقافي تمثل الطبيعة المسرح الذي يمارس عليه الإنسان انشطته المختلفة في تسخير الطبيعة لبقائه وديمومته.

والنظام الاجتماعي يشمل الجانب المتصل بسكان البيئة من انسان وحيوان التي تشمل الممارسات والاوضاع والعلاقات والتغييرات التي تمتاز بها المجتمعات الإنسانية.

اما النظام الثقافي فهو تراث الإنسان الذي اوجده من خلال انشطته المتنوعة لتسخير الطبيعة لخدمته وديمومة حياته.

لذا فان البيئة لا تقتصر بوجه عام على العوامل الطبيعية أو المادية، بل تشتمل العوامل والانشطة الاقتصادية والثقافية معا من اجل بقاء الإنسان على وجه الطبيعة.

3-النظم التربوية والمشكلات البيئية بعد ان عرفنا معنى البيئة، وان الإنسان مرتبط بها عن طريق نشاط حواسه ومنظومته العصبية فانها تؤثر عليه ايجابا أو سلبا في مواقع عمله وسكنه والاماكن العامة التي يرتادها سواء كانت داخل المدن أم خارجها.

ان تعدد وتعقد مشكلات البيئة في العصر الحالي، نتيجة الزيادة المطردة في تعداد السكان والتطور الحضاري والصناعي السريع والتقدم العلمي والتكنولوجي الكبير اصبحت تهدد الإنسان نفسه في معيشته وصحته وحياته، حيث ان سوء السلوك البيئي للانسان هو الذي ادى إلى قائمة المشكلات البيئية المعقدة التي تواجهها البشرية لذلك فان المفهوم الحديث للنظام البيئي اصبح يدور حول الإنسان وحمايته من نفسه وذلك بالدراسة والمحافظة على جميع

العوامل والخصائص البيئية التي تؤثر بالطريق المباشر أو غير المباشر على نوعية الحياة البشرية، حيث تشكل التكنولوجيا مع العلم اسس الحضارة الحديثة من ناحية، لكنها في ذات الوقت تهدد الجنس البشري في المراحل اللاحقة من ناحية اخرى.

هذه التطورات الهائلة في ميدان التكنولوجيا قد تؤدي إلى الحاق الضرر بالبشرية. فالمشكلات التي تواجه تطور واستقرار المجتمعات ومنها مجتمعنا العربي تحتاج إلى نظرة كلية، لان الوجود يحتاج إلى انسجام ومواءمة بين الطبيعة والإنسان، حيث يكتسب الإنسان مواقفة واتجاهاته نحو البيئة منذ ولادته ويتطلب هذا التغيير في المواقف والاتجاهات استجابة عالية وملائمة من قبل الإنسان كي تساعده على التكيف الافضل مع هذه المتطلبات. ان مفهوم بيئة الإنسان غير محدد، وتحت هذا المفهوم اصبحت التكنولوجيا مسؤولة عن تغيير بناء المجتمع من شكله البسيط إلى مجتمع الكفاية والوفرة لجميع متطلبات الحياة والتطور.

والمجتمع العربي كسائر المجتمعات يطمح إلى ايجاد حالة من الكفاية والتطور ضمن ما موجود من موارد. لكن هذا النشاط العلمي المتميز باستخدام التكنولوجيا وانتاجها قد ادى إلى ظهور الكثير من المشكلات البيئية.

وانطلاقا من ذلك فان العمل على تنمية الوعي بالمشكلات البيئية متعددة تندرج تحته علوم مختلفة ومتباينة تتطلب منا ان نعرف ونعرج في وقت واحد على اساليب متنوعة وكثيرة لكي نستطيع تغيير مواقف معينة تتسم بتعقد العلاقات وتشابكها.

ولذلك يعد موضوع التربية البيئية ضرورة ملحة وطريقة عملية لتزويد مجتمعنا العربي بالمعرفة والمهارات والالتزام بحماية بيئتهم أو تحسينها. ويمكن للناس في هذه العملية ان يتوصلوا إلى مفهوم ليس للمشكلات البيئية فقط مثل التلوث ونواحي النقص في التغذية والموارد الطبيعية الاخرى وتآكل التربة، وانما دراسة اسباب وعوامل الارتفاع والنهوض بها.

ولا يجب ان ينظر إلى موضوع التربية البيئية على انه مجرد موضوع اخر يناقش مع غيره من الموضوعات ليجد مكانه في البرامج الدراسية الراهنة، بل يجب ان ينظر اليه على انه وسيلة ايجاد نوع من الوحدة لعملية التعليم في عقل الدارسين. وفي هذا الاطار عبر (رينيه) من ان المشكلات البيئية ومشكلات الإنسان ومشكلات التنمية مرتبطة بعضها بالبعض الاخر.

لهذا فان هناك صعوبات كبيرة تواجه المهتمين بدراسة المؤثرات البيئية، وهذا بدوره يعود إلى حقيقة هي ان اغراض الافراد وافعالهم وكذلك اهداف المجتمعات وانشطتها قد تحد على أساس جزئي ومرحلي. كما اكد (رينيه) ان الطريقة المتعددة الجوانب، والتي تعتمد على علوم مختلفة للدراسة والعمل ليست سهلة من حيث التطبيق والاستخدام عند الممارسة الفعلية.

لذا فان البحث في معالجة المشكلات البيئية يتطلب نمطا جديدا من التعليم والبحث والدراسة يساير متطلبات التغيير في الحياة من جميع جوانبها.

كما ان معظم المشكلات البيئية ليست ذات طبيعة عامة واحدة على مستوى العالم لانها تكتسب ملامح ومؤثرات محلية ووطنية وقومية تختلف باختلاف المناطق والتضاريس الجغرافية، أي انها ذات اشكال وصور متعددة.

وبما ان المجتمعات العربية القطرية هي بمجموعها تكون المجتمع العربي الكبير متشابهة في الغالب من حيث بيئاتها الاجتماعية والمناخية وتضاريسها الارضية على اختلاف موارد بيئاتها الطبيعية.

لذلك فان المشكلات البيئية التي تواجه مجتمع بلد عربي معين هي نفسها في اغلب الاحيان موجودة في بلد عربي اخر ولكن بدرجات متباينة تبعا لعوامل ومتغيرات اجتماعية وجغرافية واقتصادية وثقافية.

ولهذا فانه عندما ينظر اليها في سياقها العملي أي للمشكلات البيئية وفي ضوء خلفيتها الاجتماعية والاقتصادية والثقافية، يظهر لنا ان المشكلات لا

تخضع كلها لخط واحد من الحلول والمعالجات ولكن بحكم ما تم وصفه للمنطقة العربية فان هناك خطوط عامة رئيسة مشتركة لحل ومعالجة تلك المشكلات.

وهذا ما اكده مؤتمر تحسين البيئة المنعقد في دبي وباشراف من جمعية حماية وتحسين البيئة التابع للامم المتحدة.

والذي اشار إلى ان المنطقة العربية تواجه مشكلات بيئية مشتركة تمثل مشكلات حقيقية تواجه التطور والاستقرار الاجتماعي في الدول العربية، ومن ضمن القرارات الختامية التي اصدرها المؤتمر الذي حضره مختصون وباحثون في مجال حماية البيئة وتحسينها هو التأكيد على حتمية التربية البيئية والثقافة البيئية من خلال النظم التربوية التعليمية في مناهج الدراسة والبحوث التي تقدمها الجامعات والمعاهد ومراكز البحث العلمي المنتشرة في البلدان العربية كوسيلة من وسائل الاعلام في حماية البيئة ومعالجة مشكلاتها.

في حين اكدت اليونسكو 1972 بان الحروب تبدأ في عقول الناس ايضا مما يدعو إلى ارساء الاسس البيئية الإنسانية في هذه العقول.

لهذا يتطلب ذلك جمع شمل انواع الانشطة الإنسانية المتباينة لتنسجم مع المطامح الإنسانية وذلك عن طريق النظم التربوية والتوجهات الثقافية للمجتمعات الإنسانية كتوجه وقائي وعلاجي لمشكلات البيئة.

4- التربية البيئية واهدافها: من المعروف ان الإنسان يعتمد اعتمادا مطلقا في حياته وتقدمه على البيئة وما فيها من مصادر طبيعية وعليها يعتمد في تطوير معيشته ومؤسساته الاجتماعية والاقتصادية بل ووجوده ايضا، حيث لا يمكن ضمان أي تطور للمجتمع البشري دون ضمان حماية البيئة التي يعمل فيها الإنسان صانع التطور.

اننا الان امام مفهوم جديد للتنمية يجمع بين الإنسان والبيئة في اطار واحد، ولا يجعل التنمية عملا من جانب واحد، ولا نتحدث الان عن الإنسان كشيء منفصل عن البيئة ولا عن البيئة منفصلة عن الإنسان، بل الحديث كله عن البيئة الإنسانية، وعليه فان من اهداف التنمية الشاملة هو المحافظة على البيئة وتحسينها.

وهكذا برزت أهمية التربية البيئية في الاعوام الاخيرة وذلك لتوعية الشعب بما في النظام البيئي من مصادر طبيعية ضرورية لاستكمال مشروعات التنمية القومية، ولان التربية البيئية تعتبر شرطا اساسيا واوليا لاي جهد يبذل في ميدان الانماء، لانها توفر لدى الجمهور بشكل عام، ولدى المسؤولين السياسيين والاداريين والفنيين والتربويين بشكل خاص الادراك الحسي للبيئة والمشكلات المرتبطة بها، وتنمية القيم والمعارف والمهارات التي من شأنها تسهيل تحقيق الانماء الاجتماعي الشامل وتحسين نوعية الحياة حيث ان التربية البيئية هي احدى وسائل تحقيق اهداف حماية البيئة وانها لا تعد في حد ذاتها فرعا منفصلا عن العلوم أو موضوعا مستقلا للدراسة، انما تتضمن مختلف فروع المعرفة وتتداخل مع الخبرات التربوية في كل المجالات، بما ييسر الادراك الكامل للمشكلات، ويتبع عن ذلك القيام باعمال عقلانية للمشاركة في المسؤولية اتجاه البيئة الطبيعية وتجنب المشكلات والارتقاء إلى بيئة سليمة.

فالعملية اذن عملية شاملة تهدف إلى اذكاء الوعي البيئي على صعيد الوحدات التي تؤلف المجتمع وليست عملية تربوية تقليدية حدسية تقتصر على التعليم فقط دون التنوير الجماهيري.

ان التعريف الاجرائي للتربية البيئية- كما حدده برنامج اليونسكو- هي عملية تهدف إلى توعية سكان العالم بالبيئة الكلية، وتقوية اهتمامهم بها، والمشكلات المتصلة بها وتزويدهم بالمعلومات والحوافز والمهارات التي تؤهلهم فرادى وجماعات، والعمل على حل مشكلات البيئية والحيلولة دون ظهور

مشكلات جديدة، وتكون هذه العمليات مستمرة وتكون متواصلة لبناء هذه البيئة.

وفي مؤتمر الامم المتحدة للبيئة البشرية الذي عقد في استوكهولم (السويد) عام 1972، وضع المجتمعون تصورا شاملا للمشكلات البيئية الراهنة والمستقبلية وابرز ما صدر في هذا المؤتمر العالمي الدعوة نحو ايجاد وعي بيئي لدى كل فرد في المجتمع العالمي وبمختلف مستويات العمر، يؤدي به الى المشاركة في حماية البيئة ورعايتها وضرورة المحافظة عليها.

وضمن توصيات المؤتمر جاء التأكيد على الاهتمام بما يعرف بالتوعية البيئية أو التعليم البيئي (أو التربية البيئية) التي هي مسميات لفكرة واحدة تهدف إلى توعية كل قطاعات المجتمع بالبيئة والمشكلات الناجمة عن التعامل المتبصر معها... وقد افرز هذا الاتجاه برامج للتوعية تظهر في وسائل الاعلام كما استوعب رجال التربية هذا الهدف من خلال تطعيم المناهج الدراسية في مراحل التعليم المختلفة بالتربية البيئية.

ان الظروف والمؤثرات البيئية تؤثر بصورة مباشرة وغير مباشرة على حالة الإنسان النفسية والصحية، حيث ان البيئة الجيدة التي يتوفر فيها الجو والماء النقي والتربة النظيفة الصالحة للزراعة يتمتع سكانها بحالة نفسية وصحية جيدة.

اما البيئة التي يكون هواؤها وماؤها ملوثين، وتكثر فيها الضوضاء والازدحام، والارض القذرة غير الصالحة للزراعة، يتصف سكانها بحالة نفسية وصحية غير جيدة.

وبهذا فان التربية تعمل على تنمية السلوك الايجابي تجاه البيئة، وخصوصا في هذا العصر الذي اصبح التلوث يسود العالم، مما ادى إلى ضرورة تبني مفهوم تعليم حماية البيئة إلى مفهوم التعليم البيئي ضمن البرامج

الدراسية والذي بدوره سوف يحقق نتائج فورية لحل المشكلات البيئية مما يدعو إلى وضع برامج تربوية جديدة تتلاءم ومتطلبات حل المشكلات البيئية.

فقد تم الاتفاق بين المهتمين بشؤون التربية على وضع مفهوم شامل للتربية وعلى جميع المراحل الدراسية وهو ادراك الإنسان للاعتماد المتبادل بينه وبين بيئته وبوعيه بالحياة كلها وبمسؤوليته في المحافظة على البيئة على نحو يتلاءم مع الحياة والعيش في أرجائها.

وفي هذا المجال فقد حددت الولايات المتحدة الامريكية (التربية البيئية) بانها تنمية وعي المواطن وفهمهم للبيئة ومعرفة علاقتهم بها والاضطلاع بمسؤولية المحافظة عليها لضمان بقائها والعمل على تحقيق حياة افضل.

كما حدد (Dr.Sten,Forse Lius) مفهوم التربية بانه القدرة على معرفة القيم وتوضيح المفاهيم التي تهدف إلى تنمية المهارات اللازمة للفهم وادراك العلاقات بين الإنسان وثقافته وبيئته الطبيعية- الحيوية.

وعلى صعيد الوطن العربي وفي وقت الحاضر لم تحظ الدراسات البيئية بالاهتمام الذي تستحقه على الرغم من ان البيئة في الوطن العربي تحتوي على الكثير من المصادر الطبيعية المتجددة وغير المتجددة التي تؤثر على حضارة هذه المنطقة بل وفي حضارة ومستقبل العالم، فمثلا عند دراسة الحيوانات والنباتات كثيرا ما ينصب الاهتمام على التفاصيل التركيبية والتشريحية والتصنيفية، دون اهتمام يذكر بدراسة الكائنات كعوامل في البيئة تؤثر فيما بينها وتؤثر بدورها في الإنسان.

ولقد حددت ندوة بلغراد التي عقدت في عام 1975 بدعوة من اليونسكو وبالتعاون مع برنامج الامم المتحدة للبيئة، غايات واهداف وخصائص التربية البيئية بانها: اعطاء الإنسان القدرة على فهم ما تتميز به البيئة من طبيعة معقدة نتيجة للتفاعل الدائم بين مكوناتها البايولوجية والفيزياوية والاجتماعية والثقافية.

وتمد الفرد بالوسائل والمفاهيم التي تمكنه من تفسير علاقة التكامل والتكافل التي تربط بين هذه المكونات المختلفة في الزمان والمكان بما يساعد على ايضاح الطريق السوي نحو استخدام موارد البيئة بمزيد من العقلانية والحيطة لتلبية الاحتياجات المادية والروحية للانسان في حاضره ومستقبله له وللاجيال من بعده.

والتربية البيئية كذلك تسعى إلى ايجاد وعي وطني باهمية البيئة بالنسبة لمتطلبات التنمية الاقتصادية والاجتماعية والثقافية بحيث تؤدي إلى اشراك السكان كافة طوعا لا كرها وبطريقة مسؤولة وفعالة في صياغة القرارات التي تمس نوعية البيئة بجميع مكوناتها. ففي عام 1972 اهتمت اليونسكو بتطوير البرامج التعليمية وانشأت وكالة انباء خاصة (سميت ببرامج الامم المتحدة للبيئة/ اليونسيف) كما تم أول تبادل دولي واسع النطاق للبرنامج المذكور في عام 1974 عندما انعقد المؤتمر الدولي الخاص بالتربية البيئية في بلغراد وناقش المؤتمر اوراق العمل الخاصة بالتعليم البيئي (التربية البيئية).

وفي عام 1977 انعقد مؤتمر دولي في الاتحاد السوفياتي السابق كان من احد اهدافه الاساسية الاهتمام بالبيئة عن طريق التربية والثقافة.

وقد خرج بتوصية حدد فيها مفهوم وهدف التربية البيئية باعتبارها عملية تهدف إلى توعية الإنسان بالبيئة الكلية المحيطة به وتقوية اهتمامه بها وبالمشكلات المتصلة بها وتزويده بالمعلومات والمهارات التي تساعده على حل المشكلات البيئية التي تواجه مسيرة حياته.

والتربية البيئية اخيرا تهدف إلى ايجاد وعي باهمية التكامل البيئي في العالم المعاصر ومعروف بان هناك تفاعلا بين الإنسان والبيئة منذ ان ظهر النوع البشري على هذا الكوكب وتتميز البرامج الخاصة بالتربية البيئية بانها القيام بالاجراءات اللازمة للتفاعل مع الواقع البيئي في المنزل أو المدرسة أو محيط العمل أو المحيط الاجتماعي وما شابه ذلك من المؤسسات التربوية الاخرى.

ولاجل تحقيق هذه الاهداف يجب وضع الخطط اللازمة لتطوير البرامج الدراسية وتنفيذها مع تضمين تلك الاهداف اهدافا خاصة يمكن تحقيقها من خلال الانشطة التعليمية المختلفة وفي ضوء ذلك يمكن تحديد الهدف العام للتربية البيئية بانه (اعداد المواطن الملم بالبيئة الكلية والمهتم بها وبالمشكلات المتصلة بها والمزود بالعلم والمعرفة والمهارات اللازمة للعمل على حل المشكلات البيئية الحالية والحيلولة دون ظهور مشكلات جديدة وللوصول إلى تلك الاهداف يتطلب ايجاد اوضاع وعمليات لمساعدة الافراد والجماعات على ما يأتي):

1-توعية الناس بانهم جزء لا ينفصل من النظام البيئي وان كل ما يفعلونه يغير بيئتهم تغييرا ضارا أو نافعا.

2-اكتسابهم المعلومات والمهارات الاساسية التي تساعدهم على حل المشكلات البيئية التي تواجههم في حياتهم اليومية.

3-تزويدهم بالمهارات التي تساعدهم في اصلاح مساوئ البيئة ومنع حدوثها وهذا بدوره يتطلب صياغة اهداف واضحة ومحددة يستطيع النظام التربوي تحقيقها على شكل سلسلة من الانشطة العلمية والتعليمية وهي:

أ-الوعي:من المهم مساعدة الافراد على اكتساب وعي يعمق في نفوسهم الاحساس بالبيئة الكلية وما يتصل بها من مشكلات.

ب-المعرفة: اذ ينبغي مساعدة الافراد على اكتساب طائفة متنوعة من الخبرات المتصلة بالبيئة الكلية والفهم القائم على أساس الاحوال البيئية وما يتصل بها من مشكلات والقدرة على نقد العيوب والمساوئ في البيئة.

جـ-الاتجاهات: ضمان مساعدة الافراد على اكتساب قيم اجتماعية وشعور جديد بالاهتمام بالبيئة وبعث الرغبة في المشاركة الفعالة في حماية البيئة وتحسينها.

د-المهارات: اذ تساعد الافراد على اكتساب المهارات اللازمة لحل المشكلات البيئية.

هـ-المشاركة: يجب مساعدة الافراد على تنمية الشعور بالمسؤولية والاحساس بان المشكلات البيئية تتسم بطابع الجدية مما يتطلب ذلك اتخاذ الاجراءات المناسبة لحل المشكلات البيئية.

5-التطور التكنولوجي والبيئة: تعتمد الحضارة الحديثة على التطور العلمي والتكنولوجي، فقد اصبح بالامكان تحقيق مستويات عالية من الوفرة المادية من ناحية كما انها اصبحت تهدد الجنس البشري في المراحل المقبلة من ناحية اخرى.

ولعل التغييرات التي احدثتها الثورة العلمية والتكنولوجية في البيئة حيث تزايدت الاخطار وتفاقمت المشكلات وتنبه الإنسان على ضرورة التصدي للمشكلات البيئية حتى تبقى البيئة موطنا مريحا لحياته. ولعل تحويل مدينة بتسبرج في الولايات المتحدة الامريكية من مدينة مليئة بالدخان إلى مدينة خالية من الدخان والضباب مثال جيد للحملة التي شنها الإنسان ضد تلوث الهواء.

فقد كانت مدينة بتسبرج تعرف قبل الاربعينيات من هذا القرن بالمدينة (الدخناء) وكان من المتعذر على اهلها ان يروا الجانب الاخر من الشارع، اما اليوم فبامكان الشخص ان يرتدي في مدينة بتسبرج قميصا ابيض من الصباح الى المساء دون ان يتسخ وفي امكان ربات البيوت ان ينشرن غسيل الملابس في صباح يوم مشمس دون ان يلجأن إلى اعادة غسلها عند الظهر بسبب تلوثها بالدخان والغبار.

وتقدر السلطات المحلية بالمدينة بانه قد تم توفير مبلغ زهاء (40) مليون دولار من نفقات غسل الملابس، حيث ان كمية الدخان والغبار قد انخفضت نسبتها 94بالمائة منذ الحرب العالمية الثانية وهي نسبة لا شك مدهشة، وبلغ

مدى الرؤية من مركز الاعمال في المدينة زهاء (15) كيلومترا إذا قيس بحالة نسبة الظلام التي كانت سائدة فيما مضى.

وكان سر النجاح في مكافحة الدخان والغبار يرجع إلى التعاون بين افراد المجتمع، حيث تم تجنيد كل عنصر من عناصر المجتمع للقيام بجهد مشترك فقد قرر اصحاب المساكن البالغ عددها (50000) مسكن ومعظمهم يستعمل الفحم في التدفئة باستبدال هذه المادة أو بتركيب المواقد المانعة للدخان، وتبرع اصحاب المعامل بمبالغ ضخمة لمنع انبعاث الدخان من مداخن المصانع، أو انابيب العوادم، حيث كانت تحتوي على (1400) منشأة صناعية وتجارية، واخذ اصحاب سكك الحديد والبواخر التي كانت تقوم بحركة مرور مطردة في المنطقة باستعمال زيت الديزل بدلا من البخار، وتطوعت مناجم الفحم في الحد من إشعال الحرائق في المواد التالفة، وقد بلغت جملة الاستثمارات في تغيير الوقود وتركيب أجهزة النظافة لتنقية الهواء منذ الحرب العالمية الثانية رقما يزيد عن (380.000.000) دولار تحمل اصحاب المساكن 25بالمائة من هذا المبلغ وتحمل رجال الصناعة 75بالمائة منه.

ويظهر من ذلك بان اهم العوامل التي ادت إلى التغلب على المشكلة العويصة التي تعرضت لها مدينة بتسبرج هو ان الإنسان القاطن في المدينة اخذ يتعاون مع الاجراءات التي اقترحت في حينها واصحاب المعامل لم يكتفوا بتكليف مهندسيهم بالحد من انبعاث الدخان بل انهم قاموا باجراء ابحاث فنية للحد من انبعاث الدخان.

لقد عادت هذه الاكتشافات المهمة بالفائدة ليس على المنطقة فحسب بل على الولايات المتحدة الامريكية كلها كما افادت في وضع مواصفات لمنع التلوث عند تصميم المصانع الجديدة.

ان هذا الاسلوب في مقاومة التلوث البيئي يعد من الاساليب الرائدة، حيث ان الكثير من الصناعيين في العالم مازال همهم ازدهار منتجاتهم، ولو كان ذلك على حساب نوعية حياة الناس ولعل الدليل على ذلك التشريعات

الكثيرة التي تسنها الحكومات من اجل حماية البيئة من الملوثات المتنوعة التي تنجم عن العمليات الصناعية.

ولا شك ان افضل من التوسع في سن التشريعات اتاحة الفرصة لرجال الاعمال والصناعة بالانضمام في برامج خاصة للتربية البيئية تبصرهم بما تفعله مصانعهم في البيئة البشرية من تلوث مسببة بذلك في تردي نوعية الحياة.

ان الاعتقاد السائد من ان التكنولوجيا سوف تحل المشكلات الاجتماعية والاقتصادية وتوفير افضل الخدمات للبشرية ليس دائما هو الصحيح، حيث انها في بعض الاحيان قد تؤدي إلى الحاق الضرر بالبشرية. فالمشكلات التي تواجه استقرار وتطوير البشرية تحتاج إلى نظرة كلية، لان الوجود يحتاج إلى انسجام بين الطبيعة والإنسان وكذلك احساس حقيقي بواقع حركة المجتمع وتطوره

.. اذ يعتبر الإنسان قلب بنائنا التكنولوجي الحالي وعن طريق العلم والتكنولوجيا اتسعت قدرة الإنسان على صنع وتطوير الالات الصناعية اتساعا مطردا.. وكانت نتيجة هذا البناء التكنولوجي المتطور الهائل في كثير من البلدان هو ظهور المشكلات البيئية، فالعلم والتكنولوجيا هما الدعامتان الجوهريتان في وجود وتطوير المجتمعات الصناعية (8).

ان ضرورة التكنولوجيا لاشباع حاجاتنا تعتبر من اقوى الحجج التي تقدم للتعجيل بالتطور الصناعي، حيث ان متطلبات البشرية عبر التاريخ والحاجة إلى فهم العالم موجودة مع الإنسان دائما.

فالتطور قانون شامل يسري على العالم سواء كان عالم الجماد ام الحياة وهو يفضي بان الحي والجماد دائم التحول والتطور.

وهذه الحركة التطورية الصاعدة لا تسري على الحياة والجماد فحسب بل هي وللانسان تشمل الحياة الاجتماعية والقيم والمفاهيم.

فالتنظيم الاجتماعي وحل المشكلات الاجتماعية يجب ان يقومان على الاسس والمبادئ التي يستند عليها العلم والتكنولوجيا المتطورة من اجل التوافق والاتزان البيئي.

لهذا فقد اصبحت التكنولوجيا مسؤولة عن تغيير بناء المجتمع من شكله البسيط إلى مجتمع الكفاية والوفرة لجميع متطلبات الحياة والتطور. لكن القدرة على خلق الثروة من خلال استخدام التكنولوجيا وانتاجها قد ادت إلى ظهور الكثير من المشكلات البيئية.

وفي هذا الاطار تبرز أهمية التربية البيئية وضرورة اتخاذ جهود مشتركة ومنسقة قطرية واقليمية ودولية، ومن اجل اعادة الانظمة البيئية إلى توازنها الطبيعي، يجب خلق عقلية جديدة من البشر تفهم الطبيعة وتوازناتها وعلاقة الإنسان بها، بحيث يشعر كل فرد بمسؤوليته في المحافظة عليها ولا يخفى ما للتعليم والارشاد من اثر كبير في ذلك.

6-الاستنتاجات والتوصيات: -الاستنتاجات

1- ينبغي ان تشمل التربية البيئية جميع فئات الشعب وشرائحه، حيث انها ليست مهمة المدرسة فقط بل مهمة كل من المدرسة والبيت ووسائل الاعلام والمنظمات الجماهيرية والجمعيات العلمية والمهنية في نشر الوعي البيئي الذي يهدف إلى توضيح العلاقات الاساسية التي تربط بين الإنسان واطار حياته، مع حث الافراد على انتهاج انماط من السلوك تنم عن الاحساس بالمسؤولية تجاه البيئة بغية حمايتها وتحسينها باستمرار.

2- ان الخطر الآجل الذي يتمثل في اضرار واخطار بيئية، كالاستنزاف غير الرشيد لمصادر الثروة الطبيعية والبيولوجية، وتلوث الارض والماء والهواء، والقضاء على الكثير من الحيوانات واجتثاث المساحات الخضر والزحام والضوضاء والامراض والاوبئة، يمكن درؤها عن طريق التربية البيئية التي تشمل جميع شرائح وفئات المجتمع، كل حسب عمره وعمله، وبهذا الاسلوب

يمكننا مواجهة المشكلات التي تثيرها البيئة امام المجتمع المعاصر بالتربية البيئية التي تهدف إلى غرس الوعي البيئي والاخلاق البيئية.

3- لقد سنت العديد من القوانين لتنظيم استغلال المصادر الطبيعية وصيانتها ولكن وجدنا بأن تلك القوانين وحدها لا يمكن ان تؤدي إلى ضمان التصرف السليم من قبل الافراد تجاه البيئة، حيث ان الاساس في ذلك هو العنصر التربوي بالدرجة الاولى.

فعملية التربية في هذا المجال امر غاية في الأهمية، اذ انه عن طريقها يمكن تنمية سلوك الافراد بما يتماشى واهمية المصادر الطبيعية في حياتهم بحيث تجعلهم يتصرفون بدافع احترام القوانين ان وجدت أو يعملون على تشريعها بما يتماشى ومصلحة المجتمع والفرد على حد سواء.

-التوصيات:

1- بما ان الجامعات تضطلع بمسؤولية التعليم والبحث العلمي، فقد اصبح من اهم مهماتها هو اجراء التحليلات التقنية لمشكلات البيئة العديدة التي تواجه المجتمع في الوقت الحاضر وايجاد الحلول المناسبة لها ولكي تؤدي الجامعات العلمية دورها الاساس في مساعدة الإنسان على التطور والتقدم فقد اصبح لزاما على جميع المؤسسات التربوية مساعدة المتعلم على ادراك بعض المفاهيم المعينة اللازمة لاعداد مجتمع ملم باحوال البيئة.

2-ان توعية المواطنين بخصائص الطبيعة وطرق المحافظة عليها يجب ان تدخل في البرامج التعليمية منذ المراحل الابتدائية حتى الجامعية.

ولغرض تطوير قيم بيئية عامة وقومية تختص بايجاد التوازن في عوامل التوافق مع البيئة ومستوى المعيشة يلزم مراعاة ما يلي في مجال التعليم البيئي:

أ-النظام البيئي والسكان: ان ايجاد نوع من العلاقة الثقافية بين النظام البيئي والتعريف بأهم ما يتعرض له من مشكلات بالنسبة للسكان وتبصيرهم

بأهم الوسائل والطرق ليتم المحافظة على نظامهم البيئي (المحيط البيئي) من خلال:

-تطوير مفهوم جماهيري اساسي للعلاقات الإنسانية، والتفاعلات البيئية ككل، وتفهم الحاجة للمحافظة على التوازن البيئي، مع مراعاة خلق الاهتمامات والحوافز للعمل على حل مشكلات البيئة، والتشجيع المستمر للفرد على تحسينها حيث انه ينبغي ان تكون التوعية البيئية مدى الحياة.

-يتعين على التربية البيئية ان توفر المسائل اللازمة وبدرجات تتفاوت في تعمقها وخصوصيتها تبعا لتباين جماهير المتعلمين لادراك وفهم العلاقات القائمة بين مختلف العوامل البايولوجية والفيزيائية والاجتماعية والاقتصادية التي تتحكم في البيئة من خلال اثارها المتداخلة في الزمان والمكان وتنمية الفهم للمصادر الطبيعية وطرق صيانتها وحتى استغلالها وتدارس اهم الحلول التي يمكن ان تعالج مشكلات المحافظة على المصادر الطبيعية على المستويات المحلية والعالمية.

-دمج التربية البيئية في تربية جمهور السكان عامة (الاطفال والشباب والكبار) من خلال التعليم النظامي بما في ذلك التعليم العالي والتعليم غير النظامي بغية التوصل إلى تفهم افضل للمشكلات البيئية وتوجيه سلوك السكان وتصرفاتهم وجهة مواتية لصون البيئة وتحسينها.

ومما تقدم نلاحظ ان التعامل مع النظام البيئي بعقلانية وببعد علمي يجنب البيئة وبالتالي السكان مشكلات لا تعد ولا تحصى تضر بهم وبمحيطهم الحياتي.

ب-الاقتصاد البيئي والتكنولوجيا ان التطور التكنولوجي مثلما كانت له فوائد اقتصادية واجتماعية كانت له اثار سلبية انعكست على البيئة مسببة اضرار اقتصادية ومادية.

واصبحت عملية تفادي تلك المشكلات عملية مكلفة تحتاج إلى مبالغ طائلة تعجز الحكومات والدول على تخصيصها ببرامج البيئة والحفاظ عليها.

ان اختلال التوازن ما بين ما يحققه التطور التكنولوجي من مكاسب وما يخلفه من اضرار اصبح مشكلة حقيقية تواجه البيئة والاقتصاد وبالتالي تعريض المجتمع إلى ازمات اقتصادية ومشكلات بيئية.

ولذلك تعد عملية التعليم البيئي من افضل وسائل تبصير المجتمع بابعاد الاستغلال السيئ للموارد واستخدام التكنولوجيا الملوثة المسببة لتدهور النظام البيئي ولذلك يقترح إجراء ما يأتي:

- دراسة وملاحظة جميع مراحل وعمليات التطور والتنمية وتجسيدها من الناحية البيئية، حيث ان عملية التوعية البيئية تنطلق اساسا من مبدأ ان يتمكن الناس من معرفة اولا كيفية اشباع حاجاتهم الاساسية، ومن ثم معرفة كيفية المحافظة على التوازن والربط بين النمو الاقتصادي والنمو البيئي وذلك من خلال المحافظة على التوازن بين الشروط البيئية الثلاثة وهي ان تكون بيئة: صحية- منتجة- ممتعة.

-توضيح بأن جميع النشاطات البشرية ومؤسساتها المختلفة لها جذورها العميقة في الاعتماد على المصادر الطبيعية، بل وتعتمد عليها اعتمادا كليا مع اعطاء البصيرة للتعرف على الدلالات التي قد تشير إلى إهدار وضياع المصادر الطبيعية.

- ادراك الدور الذي تتعرض له الموارد الطبيعية التي تمتلكها الدول النامية في صراعها للحصول على الاستقلال والاعتماد على الذات في تحقيق التطور والتنمية الاقتصادية من خلال تعزيز التطور التكنولوجي.

- شرح وابراز الوقائع التاريخية التي تدل على سوء استغلال بعض المصادر الطبيعية وما ترتب عليه من اثار ونتائج اقتصادية واجتماعية، وتصحيح الاعتقاد الخاطئ الذي قد يسود عند البعض بان المصادر الطبيعية لا ينضب

معينها مهما عبث الإنسان بها وتحديد المعايير التي من شأنها ان تساعد على التمييز بين ما هو متجدد من المصادر الطبيعية وبين غير المتجدد منها وفي ذات الوقت تقدير المجهودات التي بذلت في الماضي والتي تبذل حاليا والتي قد تبذل مستقبلا في المحافظة على مقومات البيئة وضمن استغلالها بشكل عقلاني دون الحاق الضرر أو هدر الموارد.

- ايضاح دور العلم والتكنولوجيا في تطوير علاقة الإنسان بالبيئة ومعاونة الإنسان على ادراك ما يترتب على اختلال توازن العلاقات من نتائج قد تؤثر على حياة الإنسان الاجتماعية والاقتصادية مع تعريف المواطن بالبيئة الطبيعية التي لم تمسها يد الإنسان وتلك التي تناولها الإنسان بالتغيير من اجل مجتمع معاصر.

ومع كل ذلك يمكن القول بان عنصر التطور والتكنولوجيا لكي يكون في اتجاه يخدم المجتمع يجب ان يحقق الموازنة والمواءمة مع النظام البيئي لذلك المجتمع لتحقيق التطور والتنمية المستديمة ورفع مستوى الاقتصاد الوطني والقومي دون الحاجة إلى خلق مشكلات وتحميل البيئة اعباء يتطلب من المجتمع حلها ومعالجتها.

جـ- القرارات البيئية وكيفية تنفيذها:

ان حماية وتحسين البيئة تتطلب وضع سياسات وقرارات تنسجم والواقع الاجتماعي والاقتصادي ومستوى المشكلة البيئية وابعادها وحتمية معالجتها وفق ما تتيسر من امكانات ووسائل، ولذلك فان عملية وضع القرارات وسن التشريعات تتطلب من اصحاب القرار اتباع ما يأتي:

- توفير معلومات دقيقة عن البيئة والمشكلات الجدية والانية المتصلة بها للمواطنين حتى يمكنهم اتخاذ القرارات السليمة لاسلوب التعايش معها وحلها.

- البحث عن التوازن بين احتياجات المدى القريب واحتمالات المدى البعيد وما قد يطرأ من التزامات عند اتخاذ القرارات الخاصة بالبيئة وينبغي ان تكون التربية ذات نهج يجمع بين فروع العلم المختلفة.

- ولاتخاذ القرارت وتنفيذها بشكل سليم لا بد من فهم العلاقة بين احتياجات المجتمع وتفاعلاته مع البيئة وينبغي ان نبرز في عملية التربية البيئية أهمية وضرورة التعاون المحلي والاقليمي والدولي في حل مشكلات البيئة واتخاذ القرارات على المستوى المحلي وعلاقتها بالمستوى الاقليمي والعالمي ومدى انسجامها واختلافها.

ان عملية وضع القرارات وتنفيذها تتطلب الفهم الدقيق والشامل لواقع البيئة ومستوى المجتمع ومدى تقبله وتطبيقه للقوانين والتشريعات التي تصدرها الجهات المختصة لحماية وصيانة البيئة ووسائل تنفيذها.

التلوث بالنفايات

التلوث بالنفايات:

-من أنواع التلوث البيئى التلوث بالنفايات والتى تشتمل على:

1- القمامة.

2- النفايا الإشعاعية.

-التلوث بالنفايات:

1- القمامة:

والمقصود بها هنا القمامة ومخلفات النشاط الإنسان في حياته اليومية. ونجد أن نسبتها تتزايد فى البلدان النامية وخاصة فى ظل التضخم السكاني. وسنعقد مقارنة بسيطة بين مكونات القمامة ونسبتها فى بعض الدول .

الدولة	المكونات					
	ورق	مواد عضوية	رماد	معادن	زجاج	مواد أخرى
أمريكا	42	22.5	10.5	8	6	11.5
فرنسا	296	24	2.5	4.2	3.5	14
السويد	55	12	-	6	15	12
مصر	10	55	10	5	5	15

-وقد تؤدي هذه النفايات مع غياب الوعي الصحي إلى جانب ضعف نظم جمعها والتخلص منها إلى الأضرار الجسيمة الآتية :

-انتشار الروائح الكريهة .

-اشتعال النيران والحرائق .

-بيئة خصبة لظهور الحشرات مثل الذباب والناموس والفئران .

-تكاثر الميكروبات والتي تسبب الإصابة بـ:

1- الإسهال .

2- الكوليرا .

3- الدوسنتريا الأميبية .

4- الالتهاب الكبدي الوبائي .

5- التيتانوس.

6- السل .

7- الاضطرابات البصرية .

8- انتشار أمراض جراثيم الماشية .

2- النفايا الإشعاعية:

1- النفايا العسكرية:

ما زال النقاش يدور حول كيفية التعامل والتخلص من النفايا الإشعاعية التي لم يتم الوصول إلي حل مرضى بصددها على الرغم من إيقاف البرامج النووية الخاصة بدول العالم ولم تعد هناك دولة ما تخفى نشاطها الإشعاعي، فالأمر لم يعد سرا لكن ما زال هناك من التحديات التي نراها جميعا واضحة جدا.

فالمشكلة لا تكمن في صناعة المزيد من الأسلحة النووية وإنما في طريقة التخلص منها الذي يزيد الأمور تعقيدا ويضيف بعدا آخر للمشكلة، أو استخدام الطرق الصحية في تخزينها إلي جانب المشاكل المالية الضخمة المتطلبة في تغطية تكاليف إزالة التلوث التي بدأت تحدثه بالفعل هذه النفايات .

2- نفايا المدنيين:

لا تقتصر النفايا الإشعاعية على العسكريين فقط وأسلحتهم المدمرة لكنها تمتد أيضا للمدنيين حيث تتمثل في:

توليد الكهرباء التي تصدر نفايا إشعاعية من الصعب التعامل معها وغيرها من الوسائل السليمة التي لا تستخدم في الحروب، كما يسئ المدنيين إلي البيئة من خلال طريقة التعامل مع النفايا الإشعاعية عن طريق "الدفن" وينظرون إليها علي أنه الخيار الوحيد أمامهم للتخلص منها، لأنه بالرغم من محاولة كافة الدول لإيجاد مخرج آمن، فقد فشلوا في تحقيقه.

ولا تقتصر حجم الكارثة على دفن هذه النفايا لأنها ستمتد إلي البيئة المحيطة بها وخاصة الأطعمة التي يتم زراعتها في هذه الأرض الملوثة والتي ستؤثر بالطبع علي جودة حياة الإنسان وتدمر جيناته أي أن آثارها ستدوم وتستمر ولا يمكن محوها ولن يكون ذلك حلا على الإطلاق بل إضافة مشكلة جديدة لمشاكل تلوث البيئة .

التلوث البيئي و الأرصاد الجوية

تعرف البيئة Environment على أنها مجموعة النظم الطبيعية التي يعيش فيها الإنسان . وتتمتع هذه النظم في ما بينها بوجود توازن يسمى بالتوازن البيئي وهذا التوازن هو الذي يحفظ لكل جزئية في النظام إمكانية وجودها وازدهارها. وفي حال حدوث إخلال بهذا التوازن فان النظام البيئي بجميع جزيئاته يعمل على إعادة التوازن.

مثال: حدوث حريق جزئي في غابة سوف يعمل على زيادة ثاني أكسيد الكربون ومن ثم زيادة في النمو الخضري للنباتات الناجية بسبب وفرة ثاني أكسيد الكربون حسب عملية التمثيل الضوئي للنباتات ومن ثم تعويض النقص في الغابة الناتج عن الحريق وبالتالي عودة معدلات الأكسجين وثاني أكسيد الكربون للوضع الطبيعي.

ولكن لو كان الحريق شاملا فان عملية التعافي من الخلل سوف تصبح مستحيلة أو طويلة جدا وبالتالي سوف تبدأ باقي أجزاء النظام البيئي بالتأثر وبالتالي تزداد حالة عدم الاتزان البيئي مؤدية لاحقا إلى ما يعرف بالتلوث البيئي ثم كارثة بيئية.

التلوث البيئي

يعرف على انه إحداث خلل في نظام التوازن البيئي بتغيير صفة (كيميائية ، فيزيائية ، إحيائية) أو أكثر من صفات جزئية أو أكثر من الجزئيات المكونة للنظام البيئي بسبب سلوكيات يمارسها الإنسان .

أنواع التلوث البيئي

1-التلوث الفيزيائي : ومن أهم أشكاله التلوث الضوضائي ،الضوئي ، الإشعاعي والتلوث بالنفايات الصلبة

2-التلوث الكيميائي : ومن أهم أشكاله التلوث بالمبيدات الكيماوية ، المنظفات الكيماوية ،الأسمدة الكيماوية ، التسرب النفطي ، الغازات السامة.

3-التلوث البيولوجي : ومن أهم أشكاله التلوث بالميكروبات و تداخل الأنظمة البيئية .

مصادر التلوث

- استعمال المبيدات و الأسمدة الكيماوية في الزراعة

- استعمال المنظفات الكيماوية

- تصريف المياه العوادمة إلى البحار والأنهار والسدود

- التسرب النفطي

التلوث الحراري : ارتفاع حرارة المياه بسبب استخدامها في تبريد محطات إنتاج الطاقة

- المخلفات الصناعية مثل الاسبست والمعان الثقيلة

- مخلفات المفاعلات النووية وهي مواد مشعة يدوم تأثيرها لفترة طويلة جدا

- الفضلات الصلبة المخلفة من وراء النشاطات البشرية

- الغازات الناتجة عن النشاطات البشرية الصناعية وعن المواصلات

- التجمعات البشرية وما ينتج عنها من تلوث ضوضائي وضوئي وكيميائي

- الحرائق والحروب

- نقل الكائنات الحية الحيوانية والنباتية من بيئاتها الأصلية إلى بيئات أخرى

- تدمير الغابات والبيئات الطبيعية

تتعرض كل مكونات الأرض للتلوث ومن أهم ما يستهدف بالتلوث الماء والهواء وبسبب الدورة العامة للهواء والماء فان كل من الماء والهواء والتربة تتبادل الملوثات باستمرار وتنشرها في كل الكوكب .

بعض أهم مظاهر التلوث

1- ظاهرة البيت الزجاجي (green house affect)

إن زيادة تركيز بعض الغازات في الغلاف الغازي عن تركيزها الطبيعي (من أهم هذه الغازات ثاني أكسيد الكربون) يعمل على منع الإشعاع الأرضي من التسرب إلى الفضاء الخارجي حيث أن الإشعاع الشمسي يعمل على تسخين الأرض والتي بدورها تقوم على إشعاع هذه الحرارة باتجاه الفضاء .

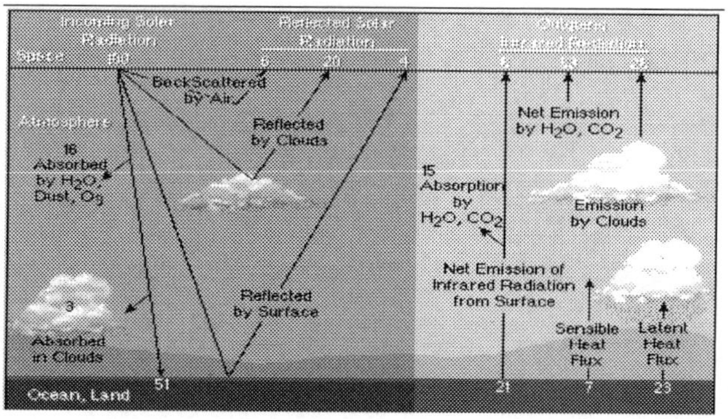

يتميز ثاني أكسيد الكربون بنفاذية للإشعاع الشمسي ولكنه غير نفاذ للإشعاع الأرضي مما يعمل على تدفئة جو الأرض عن طريق حجز جزء من الإشعاع الأرضي ولكن في حال زيادة تركيز ثاني أكسيد الكربون فان الحصة المحتبسة داخل الغلاف الغازي سوف تزيد مما يعمل على زيادة حرارة الأرض وبالتالي تغيير في المناخ العالمي وزيادة في منسوب مياه البحار على حساب جليد الأقطاب وهناك الكثير من الظواهر التي تؤكد على مثل هذا السيناريو .

2-استنزاف الأوزون: ozone depletion

ينتج عن بعض صناعات التبريد وغازات الدفع وإطفاء الحرائق و مخلفات الطيران النفاث العوادمة بعض المركبات التي تسمى بمركبات الكلوروفلوروكربون (CFC) أو الفريونات والتي تتفاعل مع غاز الأوزون (O3) الموجود في طبقة الستراتوسفير محولة إياه إلى أكسجين (O2) تتلخص مهمة الأوزون في الستراتوسفير في امتصاص الأشعة فوق البنفسجية مانعا إياها من الوصول لسطح الأرض وهذا سبب ارتفاع الحرارة في الستراتوسفير. وصول الأشعة فوق البنفسجية (UV) إلى سطح الأرض سوف يؤدي إلى زيادة الحرارة أيضا بالإضافة لخطرها على صحة البشر .

$$CCL3F \longrightarrow CL + CCL2F$$

$$CL + O3 \longrightarrow CLO + O$$

$$CLO + O \longrightarrow CL + O2$$

هناك الكثير من الدراسات تؤكد تآكل طبقة الأوزون وخاصة فوق القطب الجنوبي وان

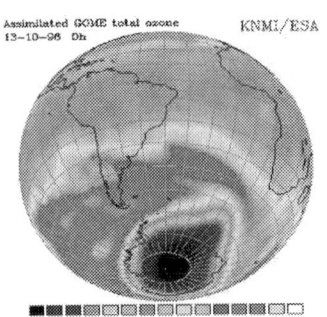

استمر تآكل هذه الطبقة بنفس المستوى فان خطر الأشعة فوق البنفسجية على الغابات والأحياء البحرية سوف يتصاعد وخاصة الحيود المرجانية التي تعتبر مصدر رئيسي لأكسجين البحار.

3-ارتفاع حرارة مياه البحار (Sea surface temperature rising)

لوحظ في الأعوام الأخيرة أن هناك سنوات تسجل فيها درجات حرارة مياه البحار والمحيطات أرقام أعلى من المعدلات المعتادة ويعتقد أن لكثير من الظواهر السابقة دور في هذا كما لوحظ أن هناك ارتباط واضح بين هذا الارتفاع وبين بعض الظواهر الجوية المدمرة مثل الأعاصير والفيضانات والجفاف .

من أشهر هذه المشاهدات ظاهرة النينو (Nino) وهي ارتفاع حرارة سطح المحيط قبالة تشيلي بشكل أعلى من المعتاد وعكسها هي ظاهرة النينا (Nina) ولقد ارتبط النينو بالأعاصير في منطقة الأطلسي وحدوث الجفاف في مناطق أمريكا الجنوبية الداخلية . في منطقة شرق المتوسط لا يوجد إثبات على تأثر المنطقة بظاهرة النينو ولكن ترتبط أمطار المنطقة بظاهرة الناو (NAO) وهي مرتبطة بحرارة مياه الأطلسي أيضا .

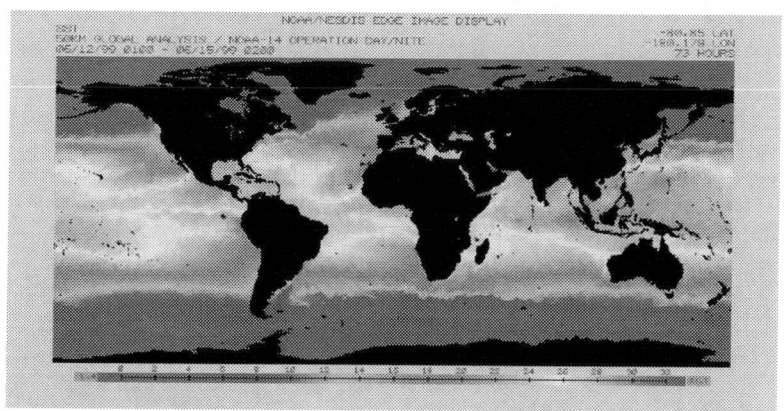

حرارة مياه البحار والمحيطات

4- المطر الحمضي (acid rain)

ينتج عن حرق الوقود الأحفوري العديد من الغازات السامة مثل اكاسيد الكربون والنيتروجين والكبريت والتي بدورها تذوب في قطرات المطر مسببة ما يسمى بالمطر الحمضي . من المعروف أن الأمطار الحمضية تعمل على تآكل الغابات كما أن سقوط مثل هذا المطر في البحار يعمل على خفض الرقم الهيدروجيني (PH) للمياه مما يؤثر سلبا على الكائنات البحرية وخاصة المرجان.في الأردن ربما تعمل مثل هذه الأمطار على تسريع معدل تآكل الآثار والتي تعتبر مصدر دخل رئيسي .

$$CO_2 + H_2O + sunenergy \longrightarrow 2CO_3$$

دور الأرصاد الجوية

ارتبطت علوم البيئة والتلوث بعلم الأرصاد الجوية شانها شأن العلوم الأخرى كالزراعة والمياه وذلك للتداخل الكبير الواضح والملحوظ بين أنظمة الجو وتجول الملوثات ممتطية دورة الرياح والمياه .

إن امتلاك دوائر الأرصاد الجوية في العالم لعدد كبير من محطات مراقبة الطقس يجعل منها وسيلة مراقبة فعالة لعناصر البيئة كما وجود منظمة دولية لرعاية وتنظيم عمل دوائر الأرصاد الجوية في العالم ساعد في تأسيس الكثير من برامج مراقبة البيئة في العالم ومن أهمها برنامج الأوزون (SAF-O3) المدار من قبل دائرة الأرصاد الجوية الفنلندية وبرامج مراقبة كيمياء الجو التابعة لمنظمة الأرصاد العالمية

(WMO) والتي تمارس عملها تحت اسم global atmospheric watch . إن وجود نماذج عديدة للتنبؤ بالطقس بشقيها قصير وطويل المدى (عالمية وإقليمية) ذات قدرات انحلال جبارة لدى كثير من دوائر الأرصاد الجوية في العالم اسهم في تفعيل برامج البحث في مجال محاكاة الواقع والتنبؤ بالمستقبل.

ولقد كان لنتائج هذه البرامج الأثر الأكبر في دق ناقوس الخطر بالنسبة للكثير من القضايا البيئية والتي أصبحت فيما بعد على رأس أولويات الدول والمنظمات الدولية .

كيف نخفف من التلوث

1. تقليل الاعتماد على الوقود الاحفوري والبدء في التوجه في الاعتماد على مصادر الطاقة المتجددة مثل طاقة الشمس والرياح والكتلة الإحيائية .
2. تقليل الاعتماد على المواد الكيماوية مثل المبيدات والأسمدة والمنظفات والبدء بالاعتماد على الأسمدة الطبيعية وطرق المكافحة الحيوية ومنظفات قابلة للتحلل .
3. تغيير العادات الاستهلاكية ونمط الحياة المستهتر لدى العديد من الناس من خلال زيادة الوعي البيئي وتنمية روح المواطنة والانتماء .
4. التوقف عن استنزاف المصادر الطبيعية مثل الغابات وصيد الأسماك وغير ذلك والتوجه نحو الاعتدال في ذلك .
5. تنقية المياه العوادمة قبل تصريفها للبحار .
6. التوقف عن إنتاج الغازات الضارة بالأوزون والبحث عن بدائل علما أنها متوفرة
7. العمل على سن تشريعات وقوانين قادرة على ردع المخالفين والمسيئين للبيئة والعمل على تحفيز التعاون الدولي في هذا المجال من خلال وضع اتفاقيات عالمية وتبادل الخبرات وتأهيل الكوادر.

التأثيرات البيئية والصحية للملوثات

تؤثر الملوثات الناتجة عن صناعة تجميع السيارات، من كيماويات ومعادن، على التنوع البيئي كما يمكن أن تؤدي إلى أضرار بالغة بصحة الإنسان . بعض هذه الآثار قد تحدث مباشرة والبعض الآخر قد يتبلور تأثيره علي مدي سنوات (ذو تأثير تراكمي) والتأثيرات الصحية بشكل عام ترتبط بتلوث البيئة.

والعمليات التي تتضمن استخدام الكيماويات ينبغي فحص واختبار إمكاناتها في تلويث البيئة. فتسرب الكيماويات يمكن أن يحدث خلال عمليات الشطف والغسيل والترطيب بالإضافة إلى عمليات التخلص من محاليل المعالجة المستهلكة. وقد تتسبب الوحدات الخدمية في تلوث البيئة بالكيماويات: تخزين الكيماويات، نقل وتداول الكيماويات، معالجة مياه الصرف، المخلفات الناتجة من معامل التحكم وضبط الجودة، التخلص من (أو إعادة استخدام) البقايا المتخلفة في حاويات تخزين الكيماويات الفارغة.

والمخلفات الكيميائية يمكن أن يكون لها تأثيرات بيئية واسعة النطاق تختلف بالضرورة من مادة لأخري، وذلك لاختلاف مسار تحولات تلك الكيماويات في البيئة. فبعض الكيماويات يمكن أن يهاجر من وسط بيئي إلى الآخر، كانتقالها من التربة إلى الماء أو من الماء إلى الهواء، و بعض هذه الكيماويات يمكن أن يتحلل سريعا في البيئة بينما البعض الآخر يقاوم بدرجات مختلفة التحلل وينتقل من موقع لآخر تبعا لتأثيرات قوي الطبيعة.

و تشمل قائمة المواد الخطرة في بيئة العمل: المواد المسببة للتآكل مثل الأحماض والقلويات التي تلتهم المعادن والأنسجة، والكيماويات المؤكسدة التي يمكن أن تؤدي إلى الحرائق أو تكون سببا في اشتعال النيران عند اقترابها من الأوراق ومواد التعبئة والتغليف أو النسيج، و المذيبات التي يمكن أيضا أن تؤدي إلى مخاطر الحريق والانفجار.

ملاحظة:

تختلف التأثيرات البيئية من وضع لآخر تبعا لنوع الصناعة و موقعها بالإضافة إلى الظروف البيئية المحيطة.

ويمكن أن تشمل قائمة المراجعة التالية العناصر الأساسية في تقدير التأثيرات البيئية المحتملة لعمليات تشطيب المعادن .

- تعرض عمال الصناعة المباشر للكيماويات والمخلفات المختلفة.

- تلوث المياه : مياه الصرف أو مياه الغسيل.

- الكيماويات المنصرفة إلى خطوط الصرف أو التربة.

- تأثيرات الكيماويات علي شبكة الصرف العمومية ومدي التلف الذي يمكن أن يلحق بها، بالإضافة إلى تأثير الكيماويات علي عمليات معالجة مياه الصرف، وكذا تأثير صرف الكيماويات في المناطق المجاورة لمجاري المياه المنصرفة. ليس هذا فحسب بل أن هذه الكيماويات يمتد تأثيرها الخطر إلى العاملين في صيانة منظومة الصرف الصحي التي تصرف فيها.

- تلوث الحمأة الناتجة بالمواد الخطرة والملوثات السامة.

- تسرب الملوثات إلى المياه الجوفية.

- التخلص من الكيماويات الفائضة أو الحمأة الناتجة من المعالجة.

- تلوث التربة من انسياب المياه بجوار مواقع تخزين الكيماويات والمخلفات الخطرة.

- حوادث النقل التي يمكن أن تحدث أثناء نقل الكيماويات من وإلى الموقع.

- الحوادث التي يمكن أن تحدث داخل المصنع من تسرب الكيماويات.

- استهلاك الطاقة والموارد الأخرى.

- تسرب الكيماويات إلى الهواء ومدي انتشارها خارج مواقع العمل مما يؤدي إلى تعرض السكان لها.

الملوثات العشر الكبرى في الصناعات الهندسية

فيما يلي سوف يتم تناول الخواص السمية والمعلومات الهامة حول أبرز الكيماويات المستخدمة في هذا القطاع من واقع السجلات الخاصة والمعتمدة علي بيانات الـ TRI (Toxic release) لعام 1993 في الولايات المتحدة الأمريكية.

وتشمل الكيماويات العشر الأكثر خطورة في صناعة محركات المركبات ومعداتها ما يلي: الطولوين، الزيلين، اثيل الكيتون الميثيلي، الأسيتون، أثيرات الجليكول، 1,1,1 ثلاثي كلوريد الايثان، الاستيرين، ثلاثي كلوريد الايثلين، الكحول الميثيلي.

ويمكن علي سبيل المقارنة بيان الملوثات العشر الأكثر خطورة في صناعة المنتجات المعدنية وفق بيانات TRI فيما يلي: اثيرات الجليكول، الزيلين، ايثيل الكيتون الميثيلي، ثلاثي كلوريد الايثيلين، الطولوين، ثنائي كلوريد الميثان، ايزوبيوتيل الكيتون الميثيلي ، الاسيتون ، رباعي كلوريد الايثلين.

كما يمكن أيضا تحديد الملوثات العشر الأكثر خطورة في هذا الجانب من مشروعات تصنيع المنتجات المعدنية والمتعلقة بالتغطية والنقش والأعمال المرتبطة بها وفق بيانات TRI فيما يلي: ايثيل الكيتون الميثيلي، الطولوين، اثيرات الجليكول، ثلاثي كلوريد الايثيلين، الزيلين (خليط من نظائره)، 1,1,1 ثلاثي كلوريد الايثان، ثنائي كلوريد الميثان، رابع كلوريد الايثيلين، حمض الهيدروكلوريك، كيتون الأيزوبيوتيل الميثيلي.

تأثيرات الملوثات الأساسية

المصدر الأساسي للمعلومات الواردة في هذا الجزء هو الكتاب السنوي لوكالة حماية البيئة الأمريكية (EPA) والخاص بالمعلومات العامة عن تسرب الملوثات السامة بالإضافة الي بنك معلومات المواد الخطرة (HSDB).

الأسيتون

السمية : يعتبر الأسيتون من المواد المهيجة للعين والأنف والحنجرة. وقد تشمل الأعراض الناجمة عن التعرض لكميات كبيرة من الأسيتون علي : الصداع ، الاضطراب، التشوش، التراخي ، الخمول، الميل للقيء، ضيق التنفس. ومعروف أن تفاعلات الأسيتون في الطبقات الجوية القريبة من سطح الأرض ينتج عنها الأوزون. والأوزون (المكون الرئيسي لدخان المدن) يمكن أن يؤثر علي جهاز التنفس خصوصا عند بعض الأفراد المصابين بالحساسية الصدرية أو الربو.

العلاقة بالسرطان : لا يوجد دليل في الوقت الحالي .

مصيره في البيئة : عند صرف الأسيتون في المياه فان بعض الكائنات الدقيقة تقوم علي تكسيره فتتصاعد أبخرته في الهواء. وتكسير الأسيتون بواسطة الكائنات الدقيقة يمكن اعتباره الآلية الأولي للتخلص منه، والأسيتون مركب شديد التطاير، وبمجرد وصوله إلي طبقة التروبوسفير (الطبقة الجوية المتاخمة لسطح الأرض) فانه يتفاعل مع الحفازات المختلفة مكونا الأوزون الأرضي وبعض الملوثات الأخرى.

الخواص الفيزيائية : الأسيتون مركب كيميائي عضوي متطاير وقابل للاشتعال.

اثيرات الجليكول

نتيجة لمحدودية المعلومات، فسوف يتم تناول أثير الجليكول كنموذج لمجموعة اثيرات الجليكول المختلفة.

السمية : لا يسبب أثير الجليكول مخاطر حقيقية علي الصحة إلا في حالة تصاعد أبخرته بتركيزات مرتفعة نتيجة التسخين أو التقليب الشديد أو إذا لامس الجلد بصورة مؤكدة ولمدة كافية أو تم تناوله عن طريق الفم. وفي الظروف الجوية المعتادة فإن أثير الجليكول يكون محدود السمية كما أنه لا يؤدي إلي تهييج العينين أو الجلد، وهو لا يمتص بسهوله عبر الجلد، ويرجع ذلك لانخفاض ضغطه البخاري والذي لا يتيح وجود تركيزات مرتفعة في الظروف الجوية المعتادة.

وعند التعرض لفترات طويلة، فإن أثير الجليكول يؤدي إلى آثار خطرة علي الجهاز العصبي المركزي و الكبد و الكلى. والأعراض التي تحدث نتيجة السمية المتوسطة لأثير الجليكول تشتمل علي: الغثيان، الميل للقيء، الصداع، الإسهال، المغص، بالإضافة إلى الإضرار بالرئتين ومنظومة الأوعية الدموية القلبية. وقد نتج عند استخدام مركب السلفانيلامين و الذي يحتوي علي أثير الجليكول في العلاج (في حالات الإصابة البكتيرية) أكثر من مائة حالة وفاه بالفشل الكلوي مما أدى إلى سحبه من الأسواق.

العلاقة بالسرطان : لا يوجد دليل في الوقت الحالي.

مصيره في البيئة : نظرا لأنه قابل للذوبان في الماء، فإن أثير الجليكول - هذا المركب الكيميائي العضوي المتطاير - يمكن أن يؤثر في البيئة فى صورته السائلة عند اختلاطه مع

المخرجات السائلة للمصانع البتروكيميائية أو يمكن أن ينبعث إلى الجو مع الغازات الناجمة عن عمليات الحرق. وأثير الجليكول قليل الأهمية من الناحية السمية عند التركيزات المنخفضة ولا يؤثر بالضرر علي الصحة العامة إلا عند التركيزات المرتفعة.

حمض الهيدروكلوريك

السمية : تعد أبخرة الحمض هي الأكثر تأثيرا في هذا الصدد، فالحمض في هذه الصورة يؤدي إلى مخاطر عديدة للجهاز التنفسي والرئتين. وتعرض الجلد له أو تناوله يؤدي إلى تآكل الأنسجة الحية تبعا لتركيزات الحمض. وحوادث تسرب الحمض ومحاليله في البيئة تؤثر تأثيرا ضارا علي الحياة المائية وذلك بخفض الأس الهيدروجيني (زيادة الحموضة) للمياه السطحية.

العلاقة بالسرطان : لا يوجد دليل في الوقت الحالي.

مصيره البيئي : عند تسرب الحمض أو محاليله إلى المياه السطحية أو التربة، فان تفاعلات التعادل هي النشاط الأساسي الذي يؤدي إلى فقد الحمض لهويته الضارة ويرجع ذلك إلى القدرة الكبيرة للمياه السطحية والتربة علي معادلة الحمض ومحاليله. وطبيعي أن يتوقف مدي معادلة الحمض علي نوعية البيئة وخواصها.

الخواص الفيزيائية: يعد من عوامل التآكل شديدة الفاعلية.

الميثانول

السمية : يعد من المواد سهلة الامتصاص في الأمعاء والشعب الهوائية وهو سام عند مختلف التركيزات المعتدلة والمرتفعة. ويتحول الميثانول في الجسم إلى حمض الفورميك والفورمالدهيد. كما يفرز من الجسم في صورة حمض الفورميك. وعند التركيزات المرتفعة فان أبرز أعراض السمية تشتمل علي تلف الجهاز العصبي المركزي بالإضافة إلى العمى. كما أن تعرض الحيوانات لمدد طويلة لتركيزات مرتفعة من الميثانول يؤدي إلى تلف الكبد والدم. ومن الناحية البيئية فالميثانول يعتبر ذو تأثير ضعيف علي الكائنات الحية المائية. و التركيز القاتل لنصف عينة الاختبار من الكائنات الدقيقة يصل إلى 1 مج/لتر. ومن غير المعتاد أن يبقى أو يتراكم الميثانول في الكائنات الحية المائية.

العلاقة بالسرطان : لا يوجد دليل حاليا.

المصير البيئي : عادة ما يتبخر الميثانول عند تركه معرضا للجو. ويتفاعل مع الهواء مكونا الفورمالدهيد والذي يسهم بدوره في تلويث الهواء. كما أنه يمكن أن يتفاعل مع عدد من الكيماويات التي يحتويها الهواء الجوي أو يمتص في مياه الأمطار. والميثانول يسهل التخلص منه في التربة والمياه وذلك بواسطة الكائنات التي تتغذى عليه.

الخواص الفيزيائية : الميثانول مادة سريعة الاشتعال.

كلوريد الميثيلين
(ثاني كلوريد
الميثان)
(DCM)

السمية : يصاحب التعرض المحدود لثاني كلوريد الميثان آثار ضارة علي الجهاز العصبي المركزي وتشمل هذه الأعراض: الصداع، الدوار، الغيبوبة، التهيج، فقد الحس بالإضافة إلى آلام الأطراف. و يؤدي ازدياد التعرض لهذه المادة إلى ظهور أعراض عصبية أكثر خطورة. وغالبا ما يأتي هذا كنتيجة لتحلل هذا المركب إلى أول أكسيد الكربون وزيادته في الدم. كما أن التعرض لهذا المركب يؤدي إلى تهيج الجلد والعيون بالإضافة إلى الشعب الهوائية. وقد أمكن الربط بين التعرض الدائم لهذا المركب وحالات الإجهاض المتكرر عند النساء. وقد سجلت حالات تلف تام للعيون والشعب الهوائية العليا بالإضافة إلى حالات موت عند تعرض العاملين لتركيزات مرتفعة من هذه المادة. ومادة الفوسجين السامة (وهي إحدى نواتج تحلل هذا المركب) تنتج عند الاحتراق في الهواء لمركب كلوريد الميثيلين. وتعرض التجمعات السكنية لهذا المركب (DCM) يؤدي إلى مخاطر صحية على البدناء والمصابين باضطرابات في الدورة الدموية والقلب.

العلاقة بالسرطان : من المحتمل وجود علاقة عند التعرض عن طريق الفم أو التنفس لهذا المركب . وان كانت البيانات المأخوذة عن إصابة الإنسان بالسرطان بسبب تعرضه لهذا المركب غير دقيقة فان البيانات المتوافرة عن تعرض الحيوان للسرطان كافية.

مصيره في البيئة : عندما يسكب هذا المركب علي التربة فان معظمه يتبخر في الهواء ويتبقى القليل والذي يمكن أن يتسرب إلى المياه الطبيعية في باطن الأرض. والتحلل

الحيوي لهذا المركب في المياه الطبيعية يتم بشكل بطيء للغاية قياسا للكمية المتبخرة في الهواء. ورغم ندرة المعلومات عن تراكم هذا المركب في الكائنات الحية المائية وامتصاصه في بقايا التربة، فإنها لا تعتبر من العمليات الهامة في هذا الصدد. فالتحلل المائي لهذا المركب لا يعد من العمليات الهامة في التخلص منه. أما الكميات التي تسربت في الهواء فإنها تتحلل في الظروف المعتادة وذلك بتفاعلها مع بعض الغازات الهوائية، وقد تصل فترة نصف العمر لبقائها في الهواء إلى عدة أشهر . ويمكن أن تصل كميات محدودة من هذا المركب إلى طبقات الجو العليا، ونتيجة لقوة الأشعة البنفسجية في هذه الطبقات فإنها تتفاعل مع الكلور متحولة إلى مركبات أخري. ونتيجة لقابلية هذا المركب للذوبان (DCM) فمن المتوقع أن تعود كميات منه إلى الأرض من جديد بمصاحبة الأمطار.

إيثيل الكيتون الميثيلى

السمية : ان استنشاق كميات محدودة من ايثيل الكيتون الميثيلي (MEK) ولمدة محدودة يمكن أن يؤدي إلى آثار سلبية علي الجهاز العصبي تترواح بين الإصابة بالصداع، الدوار، الغثيان وفقدان الإحساس في أصابع اليد والقدم وقد تصل إلى فقد الوعي. وبخار هذا المركب يؤدي إلى تهيج العيون والجلد والأنف والحلق ويمكن أن يؤدي إلى تلف العيون. والتعرض المتكرر لهذا المركب بكمية محدودة ولفترات متعددة قد يؤدي إلى آثار ضارة للكبد و الكلي.

العلاقة بالسرطان: لا يوجد اتفاق حول وجود علاقة حاليا.

المصير البيئي : تنتهي معظم الكميات التي تتسرب من هذه المادة إلى الهواء. وبالتالي فإنها تسهم في تلوث الطبقات

السفلية من الهواء، و ينتهي وجود هذا المركب في التربة والمياه بالتحلل الحيوي بواسطة الكائنات الدقيقة.

الخواص الفيزيائية : مادة متطايرة قابلة للاشتعال.

الطولوين

السمية : استنشاق أو تناول الطولوين يمكن أن يؤدي إلى الإصابة بالصداع، التشوش، الضعف و ضعف الذاكرة. كما أن الطولوين يؤثر بالسلب علي وظائف الكبد والكلي. وتفاعلاته المنتجة للأوزون في طبقات الجو السفلي تؤثر علي مرضي الرمد والمصابون بالحساسية الصدرية، وتظهر بعض الدراسات علي الحيوانات وجود ارتباط بين تشوهات الأجنة واستنشاق الأمهات للطولوين أثناء الحمل. في حين لم تظهر هذه النتائج عند تناول الطولوين عن طريق الفم وبكميات كبيرة. وطبيعي أن تكون لهذه النتائج انعكاساتها علي الإنسان.

العلاقة بالسرطان : لا يوجد دليل حاليا.

المصير البيئي : معظم الطولوين المتسرب إلى المياه والتربة ينتقل بخرا إلى الهواء. ويمكن لبعض الكائنات الدقيقة أن تتغذى عليه. ويتفاعل الطولوين في الهواء الجوي بمجرد تبخره في الطبقات السفلية مكونا الأوزون الأرضي المعروف وبعض الملوثات الأخرى.

الخواص الفيزيائية : مادة كيميائية متطايرة.

ثلاثي كلوريد الإيثان

السمية : تعرض الجلد المتكرر لـ 1,1,1 ثلاثي كلوريد الإيثان (TCE) يمكن أن يؤدي إلى إصابات وتشققات جلدية خطيرة . وتصيب أبخرة هذه المادة العين والجهاز التنفسي بآلام شديدة عند التعرض لها بتركيزات كبيرة. كما أن التعرض لتركيزات عالية من هذه المادة يمكن أن يؤدي إلى خلل ـ يمكن استعادته - في وظائف الكبد والكلي. وكذلك يؤدي إلى خمود الجهاز العصبي، اضطراب في السير، ذهول، غيبوبة، خمود الجهاز التنفسي وقد يؤدي إلى الموت. أما التعرض لكميات صغيرة (تركيزات منخفضة) من هذا المركب فانه يمكن أن يؤدي إلى العشي الليلي، هياج الحلق، الصداع، اضطراب التوازن، فقد الاتجاهات، الخمول، تشنج بالإضافة إلى تغيرات محدودة في الإدراك.

العلاقة بالسرطان : لا توجد أدلة حاليا.

المصير البيئي : تنتقل معظم الكميات المتسربة من هذا المركب في المياه والتربة إلى الهواء بالبخر. وهذا يؤدي إلى انتقال آثاره إلى مسافات بعيدة وعودته ثانية بشكل جزئي إلى المياه والتربة خلال المطر. ويمكن لهذا المركب أن يتحلل في الهواء ضوئيا ولكن ببطء شديد، وعندما يتسرب جانب منه إلى طبقات الجو العليا فان عملية التحلل الضوئي تصبح سريعة. والكميات المحدودة التي تبقي في التربة تمتص في معظمها بواسطة المياه الجوفية. ومركب الـ TCE لا يتحلل في الماء كما أنه لا يوجد بتركيزات ملحوظة في الكائنات الحية المائية.

ثلاثي كلوريد الإيثيلين

السمية : عندما تم استخدام هذا المركب في التخدير ظهر تأثيره شديد الضرر علي الكبد. والاستنشاق لفترات محدودة لهذا المركب وبتركيزات مرتفعة يؤدي إلى حدوث الغيبوبة التى قد تصل إلى الموت بسبب انهيار الكبد أو الكلي أو القلب، والتعرض لفترات محدودة وبتركيزات منخفضة لهذا المركب يؤدي إلى تهيج العين والجلد وتهيج الشعب الهوائية. وتناول هذا المركب يؤدي إلى الإحساس بطعم الحرق في الفم ويؤدي إلى دوار وميل للقيء وآلام البطن. ومن أبرز الآثار المتأخرة للتعرض لهذا المركب لفترات محدودة : تقرحات الكبد والكلي، التدهور العصبي الذي يمكن استعادته، الاضطرابات النفسية. والتعرض طويل الأمد لهذا المركب يمكن أن يؤدي إلى الصداع، اضطراب التوازن، نقص الوزن، تلف الأعصاب والقلب، الدوار، التعب، ضعف النظر، التوتر العصبي الشديد، مشاكل جنسية، التهابات الجلد واليرقان. ونواتج تحلل هذا المركب (خصوصا الفوسجين) يمكن أن تؤدي إلى الموت السريع نتيجة فشل الجهاز التنفسي.

العلاقة بالسرطان : يعتبر هذا المركب من المسببات السرطانية المحتملة عند التعرض له استنشاقا أو عن طريق الفم، وقد اعتمد هذا الرأي علي بيانات محدودة عن الإنسان وبيانات كافية عن الحيوان.

المصير البيئي : يتحلل هذا المركب في المياه عند تعرضه لضوء الشمس كما لوحظ تواجده بتركيزات متوسطة في الكائنات الحية المائية. والمنفذ الأساسي لهذا المركب الذائب في المياه هو البخر السريع إلى الهواء، ولا يتحلل هذا المركب

في الهواء الجاف بينما يتحلل سريعا في وجود الأدخنة الرطبة. و ينتج عن هذا التحلل ملوثات أخري مثل الفوسجين وثاني كلوروخلات الايثيل وبعض الكلوريدات الأخرى. كما يمكن لهذا المركب التحلل مباشرة إلى الفوسجين في ظروف الحرارة الشديدة مثل ظروف الأفران الكهربائية واللحام الكهربائي. وعندما يسكب هذا المركب علي التربة فإن السواد الأعظم منه يذهب إلى الهواء بخرا، أما المتبقي فإنه يتسرب إلى المياه الجوفية.

الزيلين (خليط من الأيزومارات)

السمية : يمتص الزيلين بعد استنشاقه أو تناوله وتعرض الجلد له سريعا في الجسم. والتعرض لفترات محدودة وتركيزات مرتفعة للزيلين يمكن أن يؤدي إلى تهيج الجلد والعين والأنف والحلق وصعوبة التنفس وتدهور وظائف الرئتين وضعف الذاكرة بالإضافة إلى احتمالات حدوث أضرار في الكلي والكبد. والتعرض لفترات محدودة أو ممتدة لتركيزات مرتفعة من هذه المركبات يمكن أن يؤدي إلى صداع، اضطراب التوازن، تشوش ذهني واضطراب العضلات. وتفاعلات الزيلين في طبقات الجو السفلي تنتج الأوزون الذي يؤدي بدوره إلى مشاكل في التنفس خصوصا للمصابين بداء الربو وحساسية الصدر.

العلاقة بالسرطان : لا يوجد أدلة حاليا.

المصير البيئي : تنتقل سريعا معظم الكميات المتسربة من هذا المركب في المياه والتربة إلى الهواء بالبخر، هذا علي الرغم من تحلل البعض منه بواسطة الكائنات الدقيقة في المياه والتربة. والزيلينات محدودة الحركة في التربة وقد تتسرب إلى المياه الجوفية أوتبقى في التربة لعدة أعوام.

والزيلينات ونتيجة لتطايرها السريع تتفاعل مع المكونات المختلفة للهواء في الطبقات الجوية السفلي مكونة الأوزون الأرضي وبعض ملوثات الهواء الأخرى.

الآثار البيئية والصحية لبعض الملوثات الأخرى

المواد العالقة تفيد الأدلة العلمية الجديدة في علوم الأوبئة أن معظم المشاكل الصحية الناتجة عن التعرض للمواد العالقة تأتي من المواد دقيقة الحجم والتي لا يتجاوز قطرها الميكرونات العشرة. فهذا الحجم الدقيق يمكنها من التغلغل عميقا في دروب الشعب والمسالك الهوائية في الرئة وبالتالي تؤدي إلى طائفة واسعة من الأمراض (مثل : نوبات الربو، الكحة و النزلات الشعبية).

وتشمل انبعاثات المواد العالقة علي : الرماد و السناج بالإضافة إلى مركبات الكربون الناتجة عن الاحتراق غير التام للوقود. كما يمكن أن تضم أيضا كثيف الأحماض والكبريتات والنترات كما يمكن أيضا أن توجد أبخرة المعادن في الغازات المنبعثة (الكادميوم، الرصاص، ... الخ).

أكاسيد الكبريت يعد تلوث الهواء بالاكاسيد الكبريتية مشكلة بيئية أساسية، فهذه المركبات تؤذي النبات كما تؤذي الحيوان بالإضافة إلى أنها تتسبب في أضرار للمنشآت. بالإضافة إلى ما سبق فإن الأمطار الحمضية والتي تنتج من ذوبان تلك الأكاسيد في الرطوبة الجوية تسبب مشاكل خطيرة بسبب انتشارها علي مساحات واسعة، فالأمطار الحمضية تؤدي أيضا إلى تآكل المعادن والمنشآت الجيرية وغيرها.

الأكاسيد النيتروجينية	وهي تسهم أيضا في تكوين الأمطار الحمضية بسبب ذوبانها في الرطوبة الجوية.
ثاني أكسيد الكربون	وينتج من احتراق معظم أنواع الوقود، ويسبب الظاهرة المعروفة بالصوبة الزجاجية (الحرارة المنبعثة من الأرض يتم امتصاصها بواسطة هذه الغازات وتسهم في ارتفاع حرارة سطح الأرض).
مياه الصرف	تعرض البيانات التالية نموذجا لخصائص المخرجات (مياه الصرف) في أحد مشروعات تصنيع المنتجات المعدنية بالقرب من القاهرة.

أكسجين حيوي ممتص BOD = 765 مج أكسجين / لتر

أكسجين كيميائي مستهلك COD=1524 مج أكسجين / لتر

الفوســـــفات الكلي = 18.2 مج / لتر

الزنـــــك الكلي = 72 مج / لتر

المواد الصلبة العالقة TSS = 1128 مج / لتر

الزيوت و الشحوم O&G = 196 مج / لتر

الأس الهيدروجيني pH = 10

من الضروري أن يؤخذ في الاعتبار أن المياه المتخلفة عن الصناعة تتباين مكوناتها وخصائصها بشكل كبير حتى داخل الصناعة الواحدة ومثالا علي ذلك ـ وفقا لتقرير عالمي ـ ، فإن تغطية (طلاء) متر مربع واحد من المعدن يمكن أن ينتج عنه من لتر واحد إلى 500 لتر من المياه الملوثة بالمعادن الثقيلة (كادميوم، كروم، رصاص، نحاس، زنك، نيكل) و كذلك السيانيدات والفلوريدات

والزيوت والشحوم وزيوت التشحيم والتزييت المتخلفة من الجراج والورش تمثل عبئا كبيرا عند صرفها علي شبكة الصرف العمومية. والمواد العضوية الموجودة في بيان الصرف تسهم في نمو البكتيريا والفطريات المستهلكة للأكسجين ويتوقف التأثير البيئي للمياه الملوثة علي مواضع صرفها. وقد وضعت وزارة الزراعة المصرية حدودا ومعاييرا خاصة بصرف المياه الملوثة على المصارف الزراعية والترع و المجرى الرئيسي لنهر النيل بسبب تأثيرها علي الزراعة. ومن المعايير الهامة التي تضمنتها هذه الحدود: الفسفورات، الكادميوم، الكروم السداسي والكلي، النحاس، الرصاص، الزئبق، النيكل، الفضة، الزنك، المعادن الكلية، السيانيدات (حرة) وكذلك الفلوريدات، هذا بالإضافة إلى المعايير الأساسية مثل الأكسجين الحيوي الممتص BOD، الأكسجين الكيميائي المستهلك COD والزيوت والشحوم O&G. إن صرف المياه الملوثة علي مجاري المياه الطبيعية قد يؤدي إلى خلل بالنظام البيئي للمياه و الحياة المائية، وعندما يتم صرف مياه شديدة التلوث على الشبكات العمومية فان احتمالات تعرض عمليات المعالجة إلى القصور والتدهور واردة بالإضافة إلى زيادة تراكم المعادن في الحمأة الناتجة.

ملاحظة :

معروف أن أي من أو جميع المواد المستخدمة في العمليات مثل (عمليات الطلاء الكهربائي) يمكن أن تجد طريقها إلى مياه الصرف، و ذلك خلال عمليات الشطف والغسيل أو تصريف مخلفات الأحواض.

وفي مثال الطلاء الكهربائي الذي تم تناوله فإن اختلاط السيانيد (الذي يستخدم أحيانا) مع مياه الصرف يمكن أن ينتج غاز سيانيد الهدروجين القاتل .

بعض المخلفات الصلبة

إن التخلص من الحمأة والمخلفات الكيميائية الصلبة إلى مواضع غير آمنة وغير مجهزة وغير مخصصة لذلك يمكن أن يؤدي إلى مشكلة تلوث المياه الجوفية. وعند تواجد محطات المعالجة فان كميات غير قليلة من الحمأة الجافة يمكن أن تنتج. وعندما تكون المياه ملوثة بالمعادن ويتم معالجتها بطرق مثل الترسيب الهيدروكسيدي (القلوي) فان مصير هذه المخلفات الصلبة ينبغي أن يكون معروفا بدقة (البيع إلى أعمال الاسترجاع، الصرف ألي أماكن مجهزة ومحكومة ... الخ).

وفي الحقيقة فان المخلفات الصلبة التي تنتج أساسا عن الكشط وغيرها من العمليات المشابهة والتي يتم جمعها وبيعها لا تسبب مشاكل بيئية ذات أهمية .

بالوعات ومصادر ثاني أكسيد الكربون

يطلق على الأشياء التي تعمل على إزالة الكربون من الغلاف الجوي بالوعة الكربون, وعلى سبيل المثال تعتبر النباتات الخضراء تستهلك ثاني أكسيد الكربون خلال عملية التخليق الضوئي بلوعة, في حين, يمثل حرق الخشب والوقود الأحفوري، منابع أو مصادر لثاني أكسيد الكربون.

وتشكل المحيطات مصدرا لثاني أكسيد الكربون ومصبا له كذلك, ويرجع السبب في ذلك إلى أن ثاني أكسيد الكربون الموجود في الهواء الملامس لسطح المحيط يذوب في الماء، ومن ثم تتم إزالته من الغلاف الجوي.

وفي الوقت نفسه، يتم إطلاق ثاني أكسيد الكربون المذاب في الغلاف الجوي, ويتوقف التوازن بين تلك العمليتين على عدة عوامل، كما يتغير بمرور الوقت.

وفي الوقت الحالي، تعد كمية ثاني أكسيد الكربون الذائبة في المحيطات أكثر من تلك التي يتم إطلاقها, ومعنى ذلك، أن المحيطات تشكل في الوقت الراهن بالوعات لثاني أكسيد الكربون.

وتعتبر ذرات الكربون في حالة تبادل مستمر فيما بين الكائنات الحية والميتة، والغلاف الجوي، والمحيطات، والصخور، والتربة.

ومع كل نفس خارج، نطلق ثاني أكسيد الكربون من رئتينا إلى الغلاف الجوي، والذي يحتوي على ذرات الكربون الموجودة في النباتات والحيوانات التي نتغذى عليها, وربما كانت ذرات الكربون الموجودة في أجسامنا اليوم كانت تنتمي فيما مضى إلى العديد من النباتات والحيوانات المختلفة، لعل من بينها الديناصورات وغيرها من المخلوقات المنقرضة.

ودورة الكربون مشكلة من مزيج من عمليات بيولوجية، وكيميائية، وفيزيائية، تعمل على نقل الكربون من مكان إلى مكان.

لقد تغير توزيع الكربون فيما بين الغلاف الجوي، والكائنات الحية، واليابسة، والمحيطات، على مر الزمن, فمنذ 550 مليون سنة تقريبا كان تركيز ثاني أكسيد الكربون في الغلاف الجوي 7000 جزء في المليون، وهو ما يمثل أكثر من 18 ضعفا لما هو عليه اليوم.

ولكن أين ذهب كل هذا الكربون الذي كان موجودا في الغلاف الجوي؟ لقد تحول في معظمه إلى صخور رسوبية مثل الحجر الجيري. وتعتبر كيفية حدوث ذلك جزءا من السلسلة الكبرى لدورة الكربون.

الحاوية - التصريف والتخلص

ـ الحاوية:

يقصد بها أي وعاء لحفظ أو نقل النفايات.

ـ التصريف:

يقصد به تسريب أو ضخ أو انبعاث أو رمي أي مادة، بما في ذلك النفايات والنفايات الخطرة إلى أو على أو في أي أرض أو ماء أو هواء سواء كان ذلك بصورة عرضية أو مقصودة.

ـ التخلص:

يقصد به حرق أو ترسيب أو حقن أو تصريف أي نفايات، بحيث يؤدي ذلك إلى إدخال هذه النفايات أو أحد مكوناتها إلى أحد الأوساط البيئية (التربة، الهواء، المياه، بما في ذلك المياه الجوفية).

ـ مرفق التخلص:

ويقصد به المرفق أو جزء من المرفق، الذي يتم فيه القضاء على النفايات بحرقها أو بأساليب حرارية أخرى، أو يتم التخلص من النفايات بوضعها في أو على أي أرض أو ماء، لتبقى هناك بعد توقف عمليات المرفق.

ـ المرفق (أو مرفق إدارة النفايات):

يعني أي مرفق (بما في ذلك الأرض والتغيرات التي تحدث فيها)، لتخزين أو معالجة أو التخلص من النفايات الخطرة.

ـ المنتج:

يقصد به أي شخص ينتج نفايات، أو يكون المتسبب الرئيس في إنتاجها.

ـ المياه الجوفية:

يقصد بها المياه تحت سطح الأرض في نطاق المنطقة المشبعة (أكبر من ضغط جوي واحد).

ـ مكونات النفايات الخطرة:

يقصد بها الخواص الكيميائية أو الفيزيائية أو البيولوجية للنفايات، والتي تماثل واحدة أو أكثر من خواص النفايات الخطرة.

ـ المحرقة:

هي أي جهاز مغلق يستخدم الحرق بواسطة اللهب المتحكم فيه لتدمير النفايات، وبحيث لا يكون الهدف الأساسي من الحرق الاستفادة من الطاقة الحرارية (مثل الغلايات)، أو تقليل أو استعادة المواد الناتجة (مثل الأفران الصناعية).

ـ بئر الحقن:

يقصد به البئر الذي تحقن السوائل فيه على عمق مناسب.

ـ الردم:

يقصد به عملية التخلص من النفايات، باستخدام طريقة هندسية لوضع النفايات في أو على الأرض، بحيث لا تكون بركة تخزين أو مرفق معالجة أرضية.

ـ مرفق معالجة أرضي:

يقصد به أي مرفق يتم فيه وضع النفايات أو دمجها مع التربة كوسيلة لمعالجة النفايات.

المصادر والمراجع

المراجع العربية :

1. أ.م هوى واخرون، الإنسان والبيئة -ترجمة وتلخيص عصام عبد اللطيف الموسوعة الصغيرة 39،دار الحرية للطباع -بغداد- 1979 ص 10.

2. تطوير تدريس البيئة في الولايات المتحدة الامريكية- مجلة المستقبل- العدد 2 القاهرة - 1979 ص (34).

3. دانيل، فيدران- التربية البيئية بين النظرية والتطبيق- مجلة مستقبل التربية - اليونسكو- مركز مطبوعات اليونسكو -القاهرة- 1978ص (75).

4. غرابيه، د. سامح ود. يحيى الفرحان- المدخل إلى العلوم البيئية- دار الشرق للنشر - الاردن- 1987- ص13.

5. الحمد، رشيد ود. محمد سعيد صباريني -البيئة ومشكلاتها- سلسلة عالم المعرفة (22) - الكويت- 1984- ص 14.

6. رضوان، عبد السلام- حاجات الإنسان الاساسية في الوطن العربي برنامج الامم المتحدة للبيئة- عالم المعرفة- العدد 150- الكويت- 1990- ص8.

7. الخطاط، د. سلمان- الفن البيئي- جامعة بغداد- 1990، ص8.

8. رينيه، ما هي، من اجل بيئة انسانية- مجلة مستقبل التربية- اليونسكو- مجلة تربوية دورية- مركز مطبوعات اليونسكو- القاهرة- 1970 ص (543)

9. نفس المصدر السابق، ص 544. 10-اجناس، ماش -البيئة والتنمية- المفاهيم الرئيسة لمدخل جديد للتعليم البيئي- العدد -4- اليونسكو- مركز مطبوعات اليونسكو - القاهرة- 1978، ص 545. 11-ستاب، ب.

ويليام- نمط نموذجي لمنهجية التربية البيئية- مجلة رسالة الخليج العربي- مكتب التربية العربي لدول الخليج- العدد 15- السعودية- الرياض 1985 ص180. 12-اليونسكو- التربية في مواجهة مشكلات البيئة، الوثيقة (14) من وثائق مؤتمر تبلبس للتربية البيئية- الاتحاد السوفياتي- 1977.

10. اليونسكو- مجلة التربية الحديثة- المكتب الاقليمي للتربية في البلاد العربية- العدد 36- 1985 ص8.

11. الحمد، رشيد ود. محمد سعيد صباريني -البيئة ومشكلاتها- سلسلة عالم المعرفة- 22 - الكويت- 1984 ص 12.

12. التربية البيئية في المناهج الدراسية -مصدر سابق- ص 584.

13. تطوير تدريس التربية البيئية في الولايات المتحدة الامريكية -مصدر سابق ص 36.

14. التربية البيئية والمناهج المدرسية- مجلة مستقبل التربية -العدد 3- القاهرة 1970 ص 591.

15. وليام ب. تدريس التربية البيئية والمحافظة عليها في الولايات المتحدة الامريكية مجلة مستقبل التربية -العدد 4- القاهرة- 1978 ص105.

16. لورانس د. كارنجتون- اتجاهات وقضايا في التعليم البيئي- مجلة مستقبل التربية القاهرة -العدد4- 1978 ص 158. 1 10 [Fuga 4 Help]

17. تلوث الهواء؛ تلوث الماء، وقائمة المقالات ذات الصلة التابعة لهما، مجلة علوم وتكنولوجيا، نوفمبر 2002م.

18. مجلة المنتدى. دبي العدد 149 ديسمبر 1995 م. "الأمطار الحمضية.. للاستاذ عبدالحميد غزي بن حسن".

19. صحيفة الجزيرة. المملكة العربية السعودية :-82 تاريخ 1/4/1995م. "الأمطار الحمضية والضباب الدخاني للاستاذ عبدالحمد غزي بن حسن".

20. مجلة القافلة. المملكة العربية السعودية. العدد ذو القعدة 1416هـ "الأمطار الحمضية للاستاذ اسماعيل امين الحلبي".

21. مجلة الثقافة المملكة العربية السعودية. العدد فبراير 1993م "التلوث البيئي الهم الكبير لسكان الارض للاستاذ عبدالحميد غزي بن حسن".

22. مجلة العلوم الاميركية. الكويت. العدد 8. المجلد السادس 1989. "المطر الحمضي

23. د. راشد أبانمي - خبير استراتيجي في الطاقة ".

24. قانون حماية البيئة في ضوء الشريعة، مجلة عالم المعرفة. العدد 152 اصدار المجلس الوطني للثقافة والفنون والاداب. الكويت. أغسطس 1990. "التلوث مشكلة العصر للدكتور احمد مدحت اسلام".

25. الإنسان والبيئة، للدكتور عبد الله عطوي، طبعة أولى، مؤسسة عز الدين1993 م.

26. التلوث البيئي فيروس العصر، للدكتور حسن أحمد شحاته، طبعة أولى، دار النهضة العربية، 1998م.

27. التلوث الضوضائي وفوق الصوتيات للأستاذ الدكتور محمد أحمد محمود جمعة، دار الراتب الجامعية.

28. موقع www.arabiccnn.com

الفهـرس